U0112663

主编简介

邓纯东 男，中国社会科学院"马骨干"博士生导师。现任十三届全国政协社会和法制委员会委员，中国社会科学院马克思主义研究院党委书记、院长。主持国家重点课题多项。在《人民日报》《求是》等报刊发表理论文章多篇。主编《中国特色社会主义理论研究》《中国梦与中国特色社会主义研究》《马克思主义中国化最新成果研究报告》等图书多部。

中国社会科学院
马克思主义理论学科建设与
理论研究工程项目

治国理政思想专题研究文库

"一带一路"
倡议研究

邓纯东　主编

Yi Dai Yi Lu
ChangYi
YanJiu

人民日报出版社

图书在版编目（CIP）数据

"一带一路"倡议研究／邓纯东主编．—北京：人民
日报出版社，2018.1
ISBN 978－7－5115－5259－4

Ⅰ.①一… Ⅱ.①邓… Ⅲ.①"一带一路"—国际合
作—文集 Ⅳ.①F125-53

中国版本图书馆 CIP 数据核字（2018）第 011103 号

书　　　名："一带一路"倡议研究
作　　　者：邓纯东

出 版 人：董　伟
责任编辑：周海燕　孙　祺
封面设计：中联学林

出版发行：人民日报出版社
社　　　址：北京金台西路 2 号
邮政编码：100733
发行热线：（010）65369509　65369846　65363528　65369512
邮购热线：（010）65369530　65363527
编辑热线：（010）65369518
网　　　址：www. peopledailypress. com
经　　　销：新华书店
印　　　刷：三河市华东印刷有限公司

开　　　本：710mm×1000mm　1/16
字　　　数：320 千字
印　　　张：19
印　　　次：2019 年 1 月第 1 版　　2019 年 1 月第 1 次印刷

书　　　号：ISBN 978－7－5115－5259－4
定　　　价：78.00 元

编者说明

中国共产党是高度重视理论指导、不断推进马克思主义中国化、善于进行理论创新的党。同时，我们党重视对马克思主义理论的学习和研究工作，重视用马克思主义中国化最新理论成果武装全党和教育人民，推进马克思主义大众化。

党的十八大以来，以习近平同志为核心的党中央坚持以马克思列宁主义、毛泽东思想、邓小平理论、"三个代表"重要思想、科学发展观为指导，坚持解放思想、实事求是、与时俱进、求真务实，坚持辩证唯物主义和历史唯物主义，紧密结合新时代条件和实践要求，以巨大的政治勇气和强烈的责任担当，对经济、政治、法治、科技、文化、教育、民生、民族、宗教、社会、生态文明、国家安全、国防和军队、"一国两制"和祖国统一、统一战线、外交、党的建设等各方面都做出了理论上的回答，以全新的视野深化对共产党执政规律、社会主义建设规律、人类社会发展规律的认识，进行艰辛理论探索，取得重大理论创新成果，提出一系列治国理政新理念新思想新战略。

围绕习近平总书记关于系列治国理政新理念新思想新战略的相关论述，学术界理论界发表了非常多的高质量的阐释性、研究性文章。为了更好地配合学习、研究和宣传习近平系列重要讲话精神，为了更好地推进和加强对习近平关于治国理政思想的研究，中国社会科学院马克思主义理论学科建设与理论研究工程决定编辑出版这套《治国理政思想专题研究文库》。文库从丰富的治国理政思想中撷取二十个方面的重要思想，分二十专题编辑出版。包括：《中国梦思想研究》《创新发展思想研究》《协调发展思想研究》《绿色发展思想研究》《开放发展思想研究》《共享发展思想研究》《意识形态工作思想研究》《经济建设思想研究》《文化建设思想研究》《生态文明建设思想研究》《人类命运共同体思想研究》等。文库采集的论文来自党的十八大至党的十九大期间，在重要报刊上发表的部分理论和学术文章。

限于篇幅，不能把所有的高质量文章收入；基于编者水平，可能会遗漏一些高质量文章。另外，在编辑出版过程中对个别文章的标题和内容有所改动。在选编工作中难免出现错误与不妥之处，敬请作者与读者一一谅解与指正。

2017 年 10 月

目　录
CONTENTS

大战略下的"一带一路"建设*

为何说"一带一路"是大战略？

1. 我国践行走和平发展道路的实践

习近平主席强调"一带一路"的提出是"时代的要求"。和平发展是时代的特征，谋和平、求发展是各国人民最大的诉求。世界发展历史表明，大国必争，强国必霸。我国不走传统大国崛起的老路，就要提出新的战略。我国的新战略既体现在主动提出与美国构建基于不对抗、开展对话与合作的新型大国关系，又体现在提出基于合作共赢的"一带一路"倡议上。如果说前者是政治与安全，后者则是经济与发展。"一带一路"不是一种对抗战略，只有以开放的思维与合作的理念来认识"一带一路"，才可以理解和认识它的时代要求含义。

2. 为世界提供了一种创新型发展与合作方式

（1）世界经济的发展正处于大的结构变化和发展方式的调整期。新兴经济体崛起，更多的发展中国家即将起飞，是大趋势。如何维护发展的大势，为发展中国家创建可持续发展的环境？美国领衔的跨太平洋战略经济伙伴关系协定（简称TPP）制定新规则，实际上是提高发展中国家进入世界市场的门槛。发展中国家最需要的是什么？从大势来说，一是开放的国际经济体系，二是改善自身的发展环境，特别是基础环境，开展新型的发展合作。"一带一路"可以作为推动发展合作的大平台，把我国经济发展与其他国家的发展结合起来，通过我国的投入和带动，汇聚各方的积极性，打造新的发展空间，创建新的发展引擎。

---

* 本文作者：张蕴岭，系中国社会科学院学部委员、国际研究学部主任。

（2）"一带一路"是一个开放的平台，在这个平台上，我国与相关国家一起规划项目。长期以来，对于发展中国家来说，发展融资，特别是基础设施建设、长期项目工程建设融资，非常困难。现行的国际金融机构能力有限，私人金融机构投资意愿不强，导致基础设施的发展滞后和发展的综合环境改善缓慢。通过"一带一路"，创建合作性融资机构和其他多种形式的金融机构，可以破解发展中国家的融资瓶颈，我国也可以在这个平台上发挥更大的作用。为此，我国倡导成立金砖国家银行、亚洲基础设施投资银行、上海合作组织发展银行，宣布出资成立丝路基金等，目的就是在此。有人把我国的"一带一路"倡议称之为"新马歇尔计划"，这是不对的。当年的马歇尔计划是美国援助战后的欧洲经济重建，而如今的新融资机构建设是共同参与、共同管理和共享资源。

3. 为对外开放提供巨大的新拓展空间和机遇

（1）"一带"，即丝绸之路经济带，是实现地区发展均衡的战略，也是对外关系结构均衡的战略。我国的对外开放是从沿海地区开始的。经过几十年的发展，那里获得了快速发展，成为我国的经济重心，但是这也导致两大不均衡：即国内发展的东西部发展不均衡，西部发展大大落后；对外关系的不均衡，东重西轻。西部向来是我国的重要地区，通过丝绸之路经济带建设，发展西部地区，加强与中亚、西亚国家的关系，对于我国的整体发展和国家安全具有重要的意义。

（2）"一路"，即建设 21 世纪海上丝绸之路，旨在倡导和建设新时代的海洋新秩序。西方大国崛起后所奉行的是基于控制海洋的"海权论"。我国要做海洋大国，不会走海洋争霸、海洋霸权的老路，而是要推动建设基于海上航行开放自由、海上共同安全和海洋资源共同开发的新秩序，合作发展的沿海经济带。

"一带一路"大战略的特点

1. 互联互通是"一带一路"战略设计的支撑基础

实现互联互通，就是要构建基于基础设施、制度规章、人员交流三位一体的全方位链接，发展四通八达的基础设施网络，实现"政策沟通、设施联通、贸易畅通、资金融通、民心相通"的"全方位、立体化、网络状的大联通"。"一带一路"战略的设计指导思想超越了自贸区和多边贸易体制，推进综合发展环境的构建，也突破了以我为主的利益观，强调共同建设、共同发展。"一带一路"的合作项目不是通过谈判，而是通过协商达成，是新型的发展合作方式。

2. "一带一路"是一个跨区域的开放性框架

"一带一路"是一个大框架，由多样性、多层次的协议、项目、工程、园区作为支撑。如丝绸之路经济带，就包括多个经济走廊：中国—中亚—西亚经济走廊、新亚欧大陆桥经济走廊、中俄蒙经济走廊、中巴经济走廊、孟中印缅经济走廊等；海上丝绸之路，既包括港口网络建设，也包括沿路产业园区，还包括海上安全合作机制、海洋资源开发保护等，不能把"一带一路"简单地画几条线。

3. "一带一路"战略的实施是一个长期过程

从基础做起，但也要着眼长远，要先易后难，先近后远，抓住重点。"一带一路"的建设重点是经济，同时还要拓展政治关系，发展安全合作，注重文化建设。对于"一带一路"，不仅是要我们自己认识清楚，也要让其他国家认识清楚。因为要靠大家建设，靠大家共同参与，特别是要让相关国家的人民感受到"一带一路"的建设带给他们的利益，让他们认识到参与者负有建设的责任。

"一带一路"建设面临的挑战

1. "一带一路"是一个新生事物，它的提出会面对许多怀疑，有观望，有疑虑，也有不支持

尽管目前有一些国家表示参与，但是真正做起来还会有许多障碍。如对于建设基础设施网络存有疑虑，不太愿意让我国主导大通道的建设，甚至把经济发展的问题政治化。如对于亚洲基础设施投资银行的建设，美国就公开表示反对，日本也拒绝参加，澳大利亚、韩国都表示不支持；对于公路、铁路网络建设，印度、缅甸也都表现出质疑；对于我国发展与一些国家（如巴基斯坦、斯里兰卡等）的海上与港口合作，也被赋予政治甚至军事含义。

2. 建设21世纪海上丝绸之路，首先遇到的问题是需要妥善解决南海争端，创建搁置争议、合作建设的环境和气氛，以合作代替争斗

要加强与争端当事国和东盟组织的协商，在落实好《南海各方行为宣言》的基础上，尽早完成南海行为守则的谈判，签署协议，推动落实。南海是"一路"的起点，只有这一步走好了，才能向外延伸。

3. 对海外国家的投资具有风险性

"一带一路"建设对基础设施建设的投资很大，资金能否收回来，要有战略性考量，要熟悉海外不同国家的政治法规和民族风俗。

"一带一路"建设的创新

"一带一路"的建设要体现新的发展理念和新的发展方式。如丝绸之路经济带的建设，要改变以往开发利用中亚资源的简单的能源关系，在中亚地区建设资源加工业、加工制造业以及服务业，使中亚地区的经济发展水平得到提升。只有中亚国家的经济得到更为全面的发展，彼此才可以从中得到更大的拓展空间。再如"一带一路"建设会为我国的设备产品出口和产业转移提供巨大的发展空间，但不能借机把落后产能、污染产业转移到合作伙伴国，要把教训留给自己，把经验传给别人，让当地人民得到实惠，尝到搭我国和平发展便车的甜头。"一带一路"战略的核心理念是合作共赢，因此要强调共同建设、共同参与、共同发展、共享利益，发挥各方面的积极性。

（原载于《中国国情国力》2015 年第 3 期）

中国倡导"一带一路"战略的意义与风险[*]

  "丝绸之路经济带"战略构想的倡议,是习近平主席 2013 年 11 月访问中亚四国期间,在纳扎尔巴耶夫大学演讲中提出的。同年 10 月,习近平又在出席亚太经济合作组织(APEC)领导人非正式会议期间提出愿同东盟国家加强海上合作,共同建设"21 世纪海上丝绸之路"的倡议。

  2014 年 11 月 6 日,中央财经领导小组召开了第八次会议。组长习近平主持了会议,研究丝绸之路经济带与 21 世纪海上丝绸之路规划,决定发起建立亚洲基础设施投资银行(简称亚投行)与设立丝路基金。

  2015 年 3 月 28 日,经国务院授权,国家发展改革委、外交部、商务部联合发布了《推动共建丝绸之路经济带和 21 世纪海上丝绸之路的愿景与行动》文件。这份文件从时代背景、共建原则、框架思路、合作重点、合作机制等方面阐述了"一带一路"的主张与内涵,提出了共建"一带一路"的方向和任务。文件指出,中国愿与沿线国家一道,不断充实完善"一带一路"的合作内容和方式,共同制定时间表、路线图,积极对接沿线国家发展和区域合作规划,并要求全国各省区制定实施"一带一路"战略的规划。"一带一路"的重点方向包括:丝绸之路经济带重点是中国经中亚、俄罗斯至欧洲(波罗的海);中国经中亚、西亚至波斯湾、地中海;中国至东南亚、南亚、印度洋。核心区为新疆。21 世纪海上丝绸之路重点方向是从中国沿海港口过南海到印度洋,延伸至欧洲;从中国沿海港口过南海到南太平洋。核心区为福建。

  "一带一路"战略引起了国际社会的普遍关注,对此也有不同的理解。因此,我们应该对一些重要的问题进行深入研究,提出合理阐释。

---

* 本文作者:陆南泉,中国社会科学院荣誉学部委员、教授、博士生导师。

提出"一带一路"战略构想倡议的背景与意图

研究"一带一路"战略构想首先要弄清问题提出的背景，就是说中国的意图、目的是什么。

1. **有利于我国深度融入经济全球化与区域经济合作的进程。** 近几年来，特别在国际金融危机后，欧美等发达国家掀起了新一轮区域经济合作浪潮。与我国相关联的周边国家，在区域经济合作方面已提出了很多战略设想，如美国提出的跨太平洋伙伴关系协定（TPP）、希拉里 2011 年 9 月提出的绕开中国与力图孤立中国的"新丝绸之路战略"；俄罗斯倡导的"欧亚经济联盟""跨欧亚发展带""北方海上之路"；蒙古国提出"草原丝绸之路"；等等。另外，亚太地区的自贸区与各种形式的经济圈等区域经济合作组织都在发展。在上述情况下，中国加强与世界各国特别是与亚太国家的经济合作，要有新的思路。所以，"一带一路"战略构想的提出是十分必要的，也是一项十分及时的大战略。从国际经济合作与战略视角来考虑，提出"一带一路"战略构想，有三个重要问题是十分值得我们思考与着力研究的。

一是在努力建立自贸区的同时，要积极推进共建交通基础设施的战略。当前自贸区的建设进展不快，问题很复杂。因此，"一带一路"战略构想的一个重要问题是，在重视建立自贸区的同时，要积极推进共建基础设施战略，形成四通八达的基础设施大通道、大网络。实施这个战略的有利因素是我国有充足的资金，有相当基础性的技术，如高铁。"一带一路"沿线国家在这方面都有迫切的需要。

二是建设 21 世纪海上丝绸之路，一个重要的国际背景是，考虑到中国既是陆地大国又是海洋大国，但长期以来，作为海洋大国的中国，在建立海洋秩序方面并没有多少话语权。中国要为建立海洋新秩序做出努力，理应在这个过程中起到主导作用。美国要搞亚太再平衡，中国通过海上丝绸之路的建设，要建立海洋新秩序。换言之，通过海上丝绸之路的建设，要使这个战略服务于中国海洋强国战略。海上丝绸之路在建设过程中，应建立起多元化的合作机制，如维护海上运输安全机制、自贸区的合作机制等。

三是亚投行的创建，有利于完善全球金融治理，也标志着一个新的亚洲区域多边开发机构正式登上国际舞台。

自中国提出创建亚投行以来，受到各国的普遍关注与热烈响应。亚投行的创建，其重要意义在于：

第一，为"一带一路"沿线国家的基础设施建设提供资金支持。亚洲大多数国家一直苦于严重缺乏建设基础设施所需资金，据有关材料分析，在未来十年，亚洲需要的基础设施投资资金达 8 万亿美元，仅印度的基础设施一年就需要 1 万亿美元，而亚洲开发银行一年仅为基础设施提供 100 亿美元的贷款。

第二，亚投行的创建，对促进改革不合理的国际金融体系有其积极影响。首先，亚洲开发银行一直由美、日控制，目前美、日在亚行出资各占 15.65% 份额，各自拥有 12.82% 的投票权。中国 1986 年加入亚行，现已成为第三大出资国，出资份额为 6.46%，投票权重为 5.47%，不及美、日两国的一半。另外，中国已是亚行的最大借贷国之一。这种状况，显然与中国作为全球 GDP 总量第二与外汇储备第一的地位不相称。其次，亚行行长一职一直由日本人掌控。在此情况下，虽然中国有大量的外汇储备，可以增加对亚行的投资，问题是在中国缺乏充分的话语权条件下，就不可能更多地出资。再次，国际货币基金组织（IMF）一直由美国把持着，美国国会一直不通过 2010 年达成的协议，即有关 IMF 份额与表决权的改革方案。美国一直坚持有 16.75% 的投票权，中国至今只有 3.81% 的投票权。而按照 IMF 的规定，重大决定必须获得 85% 以上的多数票通过，这意味着美国拥有否决权。从上述情况来看，虽不能说中国创建亚投行是被逼出来的，但也说明以美国为代表的西方长期把持国际金融体系，促进了中国下决心创建新的国际金融机构，以便使中国与亚洲一些发展中国家在这一领域有更多的话语权。

第三，有利于推进人民币国际化进程。通过"一带一路"战略的实施，随着中国与沿线国家的经贸合作的加深，人民币国际化进程也在加快。截至目前，中国已同 20 多个国家和地区签署了货币互换协议，其中包括美国的盟友澳大利亚与英国。西方学者清楚地认识到，人民币成为储备货币已势不可挡。

以上分析说明，亚投行是"一带一路"战略的一个内容，它有助于中国在推动国际金融体制改革方面发挥更大作用，为建立更加公正合理的国际金融秩序做出贡献。

中国创建亚投行的倡议提出后，之所以取得快速的发展，有多方面的原因，主要因为亚投行是开放的，中国不追求主导权，对伙伴国持真诚的态度，使所有参加国获利。对发达的欧盟国家来说，其积极参加亚投行，首先是经济利益驱使。这些国家自 2008 年金融危机以来，经济一直处于低迷的困境，而参加亚投行有利于加强与经济好于欧洲国家的亚洲国家发展经济合作，特别是与中国的合作。据中国商务部数据显示，仅2015年前两个月，中国内地对欧洲投资33.6亿美元，是2014年同期3.2亿美元的10.5倍。同期，法国和德国对华实际投资分别增长366.7%和159%。欧洲国家希望通过参加亚投行在亚洲基础设施建设中获得机会。

2. "一带一路"的建设，有利于我国形成全方位开放新格局。2013年11月党的十八届三中全会决议中明确指出："建立开发性金融机构，加快同周边国家和地区基础设施互联互通建设，推进丝绸之路经济带、海上丝绸之路建设，形成全方位开放新格局。""一带一路"建设对推进我国全方位开放新格局的重要意义表现在：

第一，适应对外开放格局调整趋势的要求。过去较长一个时期以来，中国的对外开放，从地域来看，主要集中在沿海地区，所实行的地区倾斜政策是完全正确的，它取得了比较好的经济效益。今后中国仍将坚持扩大沿海地区的开放。随着中国实施西部大开发战略和振兴东北战略，西部地区和东北地区的开放步伐需要加快。但与此同时也应看到，在20世纪90年代，中国开放的北移趋势也已十分明显，越来越多的人提出，应该形成多层次、全方位、多边的开放格局。从这几年的情况来看，中国沿边地区，特别是西北、东北三省、新疆与内蒙古对外经济活动取得了很大发展。因此，在开放北移，实行沿海发展战略，辅之以沿边发展战略时，首先要考虑以上省区的开放。胡锦涛在党的十七大报告中指出，在拓展我国对外开放广度和深度、提高开放型经济水平时，要"深化沿海开放，加快内地开放，提高沿边开放，实行对内对外开放相互促进"。

第二，从沿边战略来看亚太地区的重要性。中国西北、东北三省，在实行沿边发展战略，加速对外开放过程中，可以充分利用其自身的优势，积极地加强与亚太地区各国的合作。这样，既可加速沿边地区经济的发展，又可推动亚太地区的发展。

十分明显，"一带一路"的建设，对中国适应国内外经济合作的新变化，实现全方位开放的战略具有重要意义。这次开放，是高层次、高水平、高质量的开放。这次开放在寻觅市场与强化合作时，绝不是把过剩产能转移出去，而是把高质量的、具有高新技术水平的产品拿出去。

3. "一带一路"战略的实施，有利于中国寻觅新的经济增长点，实现从引进来到引进来走出去并重的重大政策的转变。根据当前与今后一个时期国内外经济环境，我国经济不可能像以前30年处于高速增长状态，增速放缓已成为新常态，但是，经济必须保持一定的增长速度，正如习近平指出的，要"把稳增长放在更加重要位置"，为此，"我们绝不能低估当前和今后一个时期所面临的风险和挑战，主要是世界经济低速增长态势仍将继续，总需求不足和产能相对过剩的矛盾有所上升，企业生产经营成本上升和创新能力不足的问题并存，经济发展和资源环境的矛盾有所加剧"①。

解决这些问题，一方面要通过深化改革，以加快转变经济发展方式为主线，调整经济结构；另一方面通过强化实施全方位开放的新格局，扩大对外经济合作，努力推进走出去政策，实现我国经济从整体上完成一次新的转型升级。"一带一路"战略构想的规划如能顺利实施，就可以大大促进上述转型升级的实现。特别要指出的是，"一带一路"沿线国家人口总数达44亿，经济总量约21万亿美元，分别占全球的63%与29%。沿线大多数是新兴经济体与发展中国家，它们普遍处于发展的上升期，因此，通过"一带一路"战略构想的规划实施，不仅有利于沿线国家经济的发展，而且对中国来说，通过扩大对外经贸合作空间，也有利于中国经济的稳增长。

4. "一带一路"战略的实施，有利于我国欠发达的中部与西部地区经济发展，有利于东部地区扩大对外开放度。"一带"主要涉及的省份有陕西、甘肃、青海、宁夏、新疆、重庆、四川、云南与广西等西部9省区。内蒙古自治区也列入"一带"范围。考虑到东北三省特别是黑龙江省与俄东部地区有密切的经济合作关系，加上西伯利亚大铁路建设等关系，也将其列入"一带"的重要沿线地区。"一路"主要涉及江苏、浙江、广东、福建、海南东部5省。山东、河南亦将纳入"海上丝绸之路"战略实施范围。

5. "海上丝绸之路"的实施，有利于我国减少对南中国海与马六甲海峡的依赖，从而使风险程度降低；"丝绸之路经济带"则有利于新疆地区稳定。解决新疆地区长治久安，除了对恐怖分子严厉打击外，从根本来说要发展经济，提高人民生活水平，减少失业。另外还应看到，东、西部地区平衡发展对国家安全与稳定的重要性。1990~2000年，东、西部地区国内生产总值的差距在拉大，由20世纪80年代的2.16倍扩大到2000年的3.11倍，2005年继续扩大到3.64倍，2008年为4.32倍，2012年为3.77倍。目前，在全国4万亿美元的出口总

---

① 《习近平谈治国理政》，外文出版社2014年版，第111页。

额中，东部 8 省区占 85%，中西部地区仅占 15%；在全国引进的 1200 亿~1300 亿美元外资中，东部地区占 1000 多亿美元，中西部地区仅占 200 亿~300 亿美元。①"一带一路"战略的实施，有利于缩小东、西部地区的发展差距。

6. "一带一路"战略的实施，有利于促进相关地区的改革，以适应新的对外合作要求。与"一带一路"沿线相关的一些地区，要积极参加到"一带一路"领域的经济合作中来，就需要提高自己的竞争能力，生产出具有高科技含量的产品，因为实施"一带一路"战略必须以提高新技术为依托。为此，需要调整产业结构，改变经济增长方式，而要做到这一点，就必须进一步深化改革。

从以上"一带一路"战略构想提出的背景来看，体现了我国三大战略思想：一是适应全球政治、经济格局的新变化，从长远考虑培育与提升我国国际地位与影响力，以及新的竞争优势；二是"一带一路"成为新时期中国对外经济外交的重要平台，是中国经济发展战略与对外经济发展的重要组成部分；三是确保我国经济的稳增长，实现新一轮全方位开放格局。

"一带一路"的特点以及丝绸之路经济带首先要着手的合作领域

"一带一路"不论在性质、组织形式方面，还是在推进的方式等诸多方面，都具有自身的特点。

其一，"一带一路"战略构想的规划，只是确定一个基本的框架，之后逐步充实内容与具体化。因此，很难做到一开头就制定详细的系统的规划。

其二，"一带一路"不同于有着紧密关系的具有经济一体化特征的"经济区"，它更具有开放性、灵活性与合作形式多样性，可以双边合作也可以多边合作。参与者完全本着自愿原则。合作领域也不受限制，根据参与者的需要选择合作领域与具体项目。

其三，"一带一路"战略构想的实施，是通过参与国共同协商、共同努力来推进，没有主导国或领导国，参与国的地位是平等的。充分体现古"丝绸之路"的"和平、合作、和谐"的精神，通过友好合作达到互利共赢，共同发展，最后达到的目标是形成"利益共同体"和"命运共同体"。当然，我们说参与国的地位都是平等的，经济合作实现的方式是友好协商、求同存异，并不否定某个国家在实施"一带一路"战略构想中起更多的组织作用，在某个合作领域或

---

① 徐小杰：《"丝绸之路"战略的地缘政治考量》，《国际石油经济》2014 年第 11 期。

某个合作项目方面，如中国在建立亚投行与设立丝路基金方面，发挥的作用更大些，但绝不会因此影响互利共赢的原则，而是使参与国能更多地得益于中国的发展。

其四，"一带一路"的建设，要实行包容开放发展。包容开放发展，包含着多方面的内涵：一是参与国不论大小、强弱，在合作过程中都要相互理解、相互包容、共享机遇、共应挑战、共创繁荣；二是在各个合作领域中本着政治互信、睦邻友好、经济互补的精神；三是提倡多元化、开放式发展，与其他国际经济组织进行合作，不排他，参与国的范围是不受限制的，只要该国感到需要，对其有利就可通过各种形式参与进来。

为了实现包容开放发展，使"一带一路"相关国经济联系更加紧密，相互合作更加深入，发展空间更加广阔，从而形成区域大合作，习近平提出五通的思路：加强政策沟通；加强道路联通；加强贸易畅通；加强货币流通；加强民心相通。

丝绸之路经济带合作的领域十分广泛，应先从哪个领域着手？笔者认为，应把交通运输基础设施与能源两大领域的合作作为重点。

1. 交通运输基础设施领域的合作应先走一步。"丝绸之路"顾名思义就要有路，即要形成经济带就要铺设交通运输通道。

"丝绸之路"将是一条特殊的从亚洲（具体说从中国西部）到欧洲的交通运输走廊。这是一条几乎穿越整个欧亚大陆的跨国运输走廊。俄罗斯学者塔季扬娜·戈洛瓦诺娃在谈到这一运输走廊的意义时指出：这将使中俄与中亚各国的经贸合作迈出新的一步。新的运输通道建成，不只能便利商品和服务贸易的流通，还可以催生出新的工业群、新的产业和技术。如这一计划能实现，中国将缩短货运周期。现在中国商品走海路到欧洲需要45天，走西伯利亚大铁路需要两个星期，走新的丝绸之路则不超过10天。这条运输走廊的建设，俄罗斯、中亚国家都将得益。她还指出，俄罗斯是赢家，因为可以利用过境运输国的所有便利条件，普京总统在圣彼得堡经济论坛上也曾谈到这一项目的重要性。哈萨克斯坦也会从中获益，它现在已经在利用自己的地理位置赚钱了，如今有大量货物经哈通往欧洲。

问题是，不论是俄罗斯还是中亚国家，在交通运输设施方面并不很发达，特别是俄罗斯东部地区较为落后。普京在中俄经济论坛上谈到加强两国区域合作问题时指出："地区合作成功的一个重要条件就是发展地区的基础设施，包括建立边境贸易综合体、过境站和过桥通道。我们希望，无论是俄罗斯还是中国的企业家应把现钱投出来建设基础设施。"不论是俄罗斯还是中亚国家，要适应"丝绸之路经济带"构想发展的需要，加强交通运输设施的建设，是一项十分迫切的任务，而这些国家在资金与技术等方面都需要与国外合作。因此，中国在这一领域可以成为重要的合作伙伴。

目前，"一带一路"已达成协议或正在商谈中的大项目很多，仅丝绸之路经济带包括的经济走廊就有：中国—中亚—西亚经济走廊；新欧亚大陆桥经济走廊；中俄蒙经济走廊；中巴经济走廊；孟中印缅经济走廊等。海上丝绸之路既包括港口网络建设，也包括投资产业园区，还包括海上安全合作机制，海洋资源开发保护等。① 与马来西亚协商在马六甲打造一座国际水平的港口，与希腊协商改造比雷埃夫斯港三号码头等工程项目，不仅对提高运输能力、推动贸易发展有重要意义，还有利于保证贸易安全。

2. 能源合作。这一领域的合作在丝绸之路经济带建设中具有重要的现实意义。

第一，在"丝绸之路经济带"上，在地理上比较接近的国家集中着大的能源生产国与出口国和大的能源消费国与进口国。前者有俄罗斯、哈萨克斯坦、土库曼斯坦、阿塞拜疆、伊朗等国；后者有中国、印度等国。能源资源国与消费国两者之间的合作，对双方的能源安全都是十分重要的。

第二，上面提到的一些国家之间，在能源领域的合作已有相当的基础。拿中俄两国来说，经过双方努力，能源合作已经取得不少进展，2014 年中国从俄进口石油 3310.82 万吨（占中国进口石油总量的 10.7%），这个供应量将逐步增加，并且在电力、煤与核能方面都有合作。2014 年 5 月 21 日，中国石油天然气集团公司和俄罗斯天然气工业股份公司在上海签署了《中俄东线供气购销合同》。根据双方商定，从 2018 年起，俄罗斯开始通过中俄天然气管道东线向中国供气，输气量逐年增长，最终达到每年 380 亿立方米，累计 30 年。可以说，该项合同签署将是中俄能源合作领域具有里程碑意义的突破。

3. 今后中、俄、哈、乌、土五国之间的油气合作，将会日益加深，朝着上、中、下游多领域并举方向发展；另外，在资源开发、资金、技术等方面，五国也有很强的互补性。

---

① 张君荣：《"一带一路"进入落实之年》，《中国社会科学报》2015 年 3 月 8 日。

实施"一带一路"战略可能遇到的风险

在推进"一带一路"战略进程中，面临着各种风险与阻力，对此，我们亦应有清醒的认识。

1. "一带一路"沿线涉及很多国家，这些国家在文化、民族、宗教信仰等方面千差万别。我们对那么多的沿线国家并没有很好的研究，并不熟悉其国情。因此，在与其进行合作过程中，难免会产生各种矛盾与摩擦。再说，这些国家虽然一方面表示积极参与"一带一路"建设，但另一方面也对中国实施这一战略所采取的政策进行观望，使其获得最大的利益。另外，还应看到，不少国家在与中国合作时，特别是在一些大项目的合作中，会顾虑"破坏其生态环境、形成过度依赖中国的局面"。这就是说，"一带一路"沿线国家在参与合作过程中，都会持谨慎的态度，因此，不能设想推进这一合作进程会很快很顺利。

2. 从合作的客观条件来讲，沿线国家作为主权国家，都在自己的地区参与了由不同国家主导的经济合作组织，相互交织在一起，如何处理好与"一带一路"的关系，是个复杂的问题。我们一再强调，要与"一带一路"沿线国家加强政策沟通，但真正做到这一点绝非易事。

3. 不少沿线国家的合作条件差，如经济水平低，贸易便利化与投资环境等条件差。还有一些国家国内政局不稳，一些项目有可能随着政权更迭而变更。另外，还要考虑到安全因素，目前存在的带有国际性的恐怖活动是个不可忽视的问题。

4. 从国际关系看，在推进"一带一路"战略过程中，会遇到一些国家采取不同方式的阻遏。如美国主导的国际金融机构，虽然表示与亚投行合作，但客观地说，不可能没有竞争。又如日本为了抗衡亚投行，在 2015 年 5 月 21 日宣布，今后 5 年对源自公共资金的亚洲基础设施投资增加 3 成，包括通过亚洲开发银行发放的贷款在内，总投资额将达到 1100 亿美元。

5. 投资风险是一个极为重要的问题。"一带一路"战略的一个重要目的是带动中国对外投资的增长。我们倡导成立亚投行对此将起重要作用，因此，有人认为"一带一路"战略实际上是对外投资战略，没有"一带一路"所牵动的投资，就难以找到对外贸易的增长点。问题是，不能不看到扩大对外投资是有不少风险的：一是投资效益率不会高，因为"一带一路"的投资，主要集中在交通基础设施领域，而这些领域的投资收益率低，周期长。二是交通基础设施建设项目都是大项目，一些国家政权不稳，加上信誉差等因素，会使其投资安全得不到保证。三是竞争激烈。在交通基础设施投资中，不少国家与中国有较强的竞争性，如日本在高铁方面一直是中国的主要对手。其一方面会影响中国对外合作的成功率，另一方面必然会降低投资的收益率。

综上所述，应对各种风险，我们应该在以下三个方面做出努力：一是建立科学决策体系，善于听取各种意见；二是建立项目评估体系，循序渐进地审批项目；三是加强立法，认真研究国际法准则，熟悉与通晓各国法律。"一带一路"战略能否顺利实施，最终取决于能否取得共赢。

（原载于《经济改革》2015 年第 12 期）

"一带一路"战略的道德风险与应对措施*

"一带一路",即丝绸之路经济带与海上丝绸之路,其提出是我国实施全方位对外开放的必然要求,标志我国逐步地从参与全球化到塑造全球化这一态势的转变。新的时代背景之下,中国的崛起意味着自身需承担更多的国际责任,而"一带一路"战略正是我国在传承古丝绸之路兼容并包,开放交流这一思想精髓的基础之上,为全球合作交流、互利共赢而做出的伟大创举。然而,伟大的事业总要面临风险,"一带一路"由于横贯亚欧大陆,覆盖区域人口总量大,沿线各国之间在政治制度、经济发展水平以及文化传统等方面存在诸多差异,这就使得"一带一路"在建设的过程中不得不面对诸如地缘政治风险、经济风险、法律风险抑或道德风险等诸类风险。在本文中,笔者主要侧重于研究"道德风险"这一层面,力图通过对道德风险的剖析,为问题的解决提供思路。

一、"一带一路"战略

2013 年 9 月,习近平总书记在出访哈萨克斯坦期间提出"丝绸之路经济带"这一战略,力图建构一种不同于传统区域合作体系的新的经济发展模式。同年 10 月,习总书记在访问印尼的过程中又指出"东南亚地区自古以来就是'海上丝绸之路'的重要枢纽,中国愿同东盟国家加强海上合作,使用好中国政府建立的中国—东盟海上合作基金,发展好海洋合作伙伴关系,共同建设 21 世纪'海上丝绸之路'①"。在习总书记提出"一带一路"的战略之后,引起内外

---

* 本文作者:王义桅,中国人民大学国际关系学院欧洲问题研究中心教授、博士生导师;郑栋,中国人民大学国际关系学院研究生。

① 习近平:《携手建设中国—东盟命运共同体》,《人民日报》2013 年 10 月 04 日。

热议，诸多国家表示赞成，这是条"亲善之路""包容之路""发展之路"。它的出现深刻地影响了当今的全球局势，为世界的繁荣发展、互利共赢提供了崭新的发展思路。

"一带一路"战略的提出具有深刻的内外背景，是国内因素与国际因素相互构建，共同作用的结果。一方面，从国内来看，这符合我国经济社会发展的需要。首先，这是我国推动经济转型的需要。改革开放30年，伴随着我国融入世界的水平不断提高，传统的粗放型的经济发展模式需予以改变。传统的"引进来"与"走出去"应更好地结合起来，逐步的发挥"走出去"的优势，推动企业走出国门，开拓海外市场，增强自身竞争力，寻求新的发展空间。另一方面，从国际来看，这符合新形势下全球化发展态势的需要。"丝绸之路经济带"连接着欧亚最具活力的两大经济圈，但其中部腹地基础设施建设滞后，丰富的资源优势并没有得到充分的开发，因此中国同这些国家合作潜力巨大。例如，2013年，中国同土耳其双边货物进出口额为283.2亿元，增长速度高达17.4%，伴随着"一带一路"建设的深入，我国同欧亚大陆内部沿线国家的经济合作必将惠及双方，实现双边的共同发展、互惠共赢。

《推动共建丝绸之路经济带和21世纪海上丝绸之路的愿景与行动》文件指出："一带一路"是促进共同发展、实现共同繁荣的合作共赢之路，是增进理解信任、加强全方位交流的和平友谊之路。具体来看，"一带一路"建设以共商、共建、共享为原则，实现了其在经济发展、区域合作以及全球化发展方面的理论创新，力图通过"五通"——政策沟通、道路联通、贸易畅通、货币流通、民心相通的形式，构建命运共同体，以极大的包容性与开放性促使世界各国的交流合作，有利于实现沿线各国的共同发展，普惠共赢。具体来看，"一带一路"的建设将东亚经济圈与欧洲经济圈联系在一起，同时辐射周边区域，加快了国别乃至区域之间财富、资源与人才的流动，深化了各国在政治、经济乃至安全等领域内的合作。同时，在开展基础设施建设的过程中，促使了资源的整合，在和平与发展的时代背景下，熠熠生辉，惠泽无数。

正是因为"一带一路"战略惠及诸方，因此需要我国大力推动以及沿线国家的密切配合。具体来看，战略的顺利开展涉及国家、市场、社会三个层面，而相关主体能否信守承诺，实事求是是工作开展的关键，这正是我国在道德层面面临的挑战。然而，目前学界的研究多集中在地缘风险研究、安全（非传统安全）研究、法律风险研究等，而对于道德风险的研究关注度不够，忽视了道德风险对于"五通"特别是民心相通的重要意义，加之道德风险同其他风险密切相关，因此，道德层面上的重视有利于其他层面问题的解决。目前来看，我国已遭遇到诸多道德风险，例如斯里兰卡单方终结"海港城"项目建设，缅甸搁置密松水电站建设，中吉乌铁路项目受挫等，究其原因，多同个别国家为追求自身利益，违反道德要求相关。因此，无论在理论层面还是现实层面，我国都应对道德风险加以重视，从而推动"一带一路"战略的落实。因此，笔者将研究重点放在道德风险议题之上，试图从其内涵、表现以及解决三方面入手，为问题的解决建言献策。

二、"一带一路"的道德风险：内涵与表现

如上文所述，由中国国家发改委、外交部和商务部联合发布的《推动共建丝绸之路经济带和21世纪海上丝绸之路的愿景与行动》宣告"一带一路"进入了全面推进阶段，文件中突出了"民心相通"的重要性。民心，作为沿线国家民众对我国政策认可合法性的重要来源，攸关丝路建设的成败。如果透过民心表层，在很大程度上，民众潜在的道德因素发挥了重要作用。对于道德风险的理解与把握，有利于我国"一带一路"建设的顺利开展，同时有利于其他层面问题的解决。

（一）"一带一路"道德风险的内涵

道德风险（moral hazard），在其一般意义上主要同经济学相挂钩，由西方经济学家在20世纪80年代提出。从经济学角度学角度来讲，"道德风险"主要是指经济主体在经济活动中为实现自身利益最大化而置基本的经济伦理与商业道德于不顾，以致可能做出损害他人和社会公共利益的行为。简言之，道德风险是一种典型的损人利己、见义忘利的行为。① 可见，在经济学领域，道德风险同"机会主义"密切联系在了一起，即出于"经济人"假设，各方主体在追逐利益的过程中损害他者利益，导致内部失衡，引起道德风险。

若将经济学领域的道德风险进行拓展，同我国"一带一路"战略相衔接，不难发现两者的异曲同工之处。在国际社会上，国家作为独立的行为主体，同市场上的"经济人"一般，努力实现自身利益的最大化。然而，由于"一带一

---

① 车亮亮：《从道德风险看后危机时代的国际金融法创新》，《现代经济探讨》2012年第2期。

路"沿线各国经济发展差异巨大，特别是中亚、北非等区域国家基础设施不够完善，加之中东等区域内部局势不稳，国家冲突、教派争端不断。在此背景下，难免出现某些国家，为谋求自身利益的实现，借力"一带一路"，实则口惠而实不至，言行不一，损人利己，从而造成道德风险，影响我国"一带一路"的建设。例如，目前中国在非洲的援助被西方国家曲解为"新殖民主义"，这必然会影响非洲国家对我国的客观认识，而且很有可能受西方国家的驱使从而中断现存合作，是我国面临的道德风险。

同传统经济学领域不同的是，我国在"一带一路"建设的过程中，所面临的道德风险，具有主体层面多元性以及影响层面多样性两大特性。

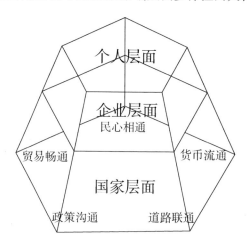

图1　"一带一路"战略道德风险层面分析图

资料来源：作者自制。

一方面，主体层面的多元性。在我国建设"一带一路"的过程中，以"五通"为主要手段，而"五通"涉及政府、企业、民众三方关系，并将国家、市场以及社会三方紧密联系在一起。因此，在"一带一路"建设过程中，道德风险的主体具有多元性特点，包括国家层面的信誉、企业层面的信用以及个体层面的信任。具体来看，国家、企业以及个体之间相互影响，牵一发而动全身，"孤掌而鸣"的现象是不常见的。因此，我国在政策推进的过程中应审慎处理三者关系，分清主次，稳住阵脚。

另一方面，影响层面的多样性。在我国推进"一带一路"建设的过程中，所面临的风险不仅仅局限于道德风险，在地缘政治、传统（非传统）安全、经济、法律等诸多领域同样面临威胁。然而，道德风险的出现，很容易诱发其他层面的威胁。也就是说，道德风险并不是孤立存在的，"五通"的每一个层面都存在一定程度的道德风险。诸如，中亚地区民众，对于我国的政策信任容易受地区"三股势力"抑或"颜色革命"思潮的影响，从而阻碍民心相通，进而造成双边经贸关系衰退，影响货币相通以及贸易相通的实现。因此，对于道德风险的分析，不应该仅仅局限于道德本身，应透过本质分析其背后的政治、经济、文化等因素以及其对于"五通"建设的连锁性影响，在风险协调上"双"管齐下，治标治本。

可见，"一带一路"建设过程中所面临的道德风险，同传统经济学意义上的道德风险相异相通，其超越了传统概念上对于经济利益的追求，而上升至国家层面，并进一步向企业、民众渗透，而道德风险的解决程度则同五通的实现密切相关，面对如此复杂多变的形势，我国需妥善应对。

（二）"一带一路"道德风险的表现

上文指出，"一带一路"道德风险具有主体层面多元性的特点，因此笔者将按照国家、企业、个人的逻辑从宏观到微观，进行逐一分析，力图探求不同层面道德风险出现的原因机制及其表现形式，从而全方位的阐释此风险内涵。

1. 国家层面的信誉

在我国"一带一路"推进的过程中，政府的作用毋庸置疑。我国将国家作为战略的实施主体，通过与不同国家之间政府层面的合作实现"一带一路"的协同推进，即一国能够遵守国家之间的规定并监督其执行。在此背景下，沿线国家能否信守同我国政府达成的关于"一带一路"建设的承诺，保持良好的信誉，对于"一带一路"的建设至关重要，因为这关系到"一带一路"其他各方面分支脉络的建构。但是，"一带一路"沿线国家面临三重影响，即大国博弈、双边争端以及国内局势的影响。同时，三方力量相互交织，发挥作用，从而导致国家层面的信誉受损，引发道德风险。

第一，大国博弈。"一带一路"沿线覆盖的诸多区域，由于其资源丰富，同时具有重要的地缘政治意义，因此成了各国角逐的重要场所，域内各国有可能受其他国家政策的影响，产生偏斜，从而使得"一带一路"建设受挫。例如，美国国务卿希拉里曾于2011年7月在印度提出"大中亚"与"新丝绸之路"思想，力图以阿富汗为中心，吸引外资涌入，维护其在地区的主导地位；同时，美国还积极主导"印—太（Indo—Pacific）概念"，同其"亚太再平衡"战略相互配合，加强其同盟关系，施压中国。除美国之外，欧洲国家提出了"新丝绸之路计划"，俄罗斯提出了"北南走廊计划"乃至"欧亚联盟"计划，日本提出了"自由与繁荣之弧"，印度也在主导"南方丝绸之路"。以上例证，体现出了我国"一带一路"在诸多区域同其他国家政策存在重合之处，我国应努力寻求同各国政策的共通之处，通过对话交流的形式，寻求最大公约数，以求各现存政策的协同推进。但是，作为当事方的沿线国家，很有可能利用这一多方参与的有利态势，谋求自身利益的实现，但在关键时刻违反协定，影响我国"一带一路"建设的推进。

第二，双边争端。此处双边争端主要指的是我国同沿线国家由于历史争议，领土、领海争端影响双边关系，继而对"一带一路"的建设造成影响。例如，在海洋上，我国同东南亚国家存在南海问题上的主权争端，如中越由于中海油钻井问题引发的"西沙主权"之争，中菲南沙争端等。虽然现存争端在可控范围内，但是在一定程度上仍然影响到我国"一带一路"战略的实行。对于双边争端问题，还应考虑到两种情形，即域外国家的干预以及沿线国以此为柄胁迫"一带一路"建设。目前来看，美日国家进一步挑起中国周边领土争端，力图通过周边挟制中国，应对中国崛起。同时，加之目前东亚国家形成了"经济上依靠中国，安全上依靠美国"的局面，这使得东南亚国家易受美国唆使，同时借主权争端说事，曲解了"一带一路"的本质，从而违背国家信誉，引发道德风险。

第三，国内局势。"一带一路"沿线区域诸多国家目前经济发展落后，域内形势动荡，影响到了"一带一路"建设的连贯性。具体来看，域内国家多为发展中国家，受国内社会阶级矛盾、民族宗教问题等复杂因素的影响，这些国家一般实行政党政治，但部分国家由于朝野斗争，政局存在脆弱性和不确定性，缺乏共同归属感，导致重要的内政外交政策缺乏延续性。[①] 例如，中东各国政府交替频繁，影响到了我国"一带一路"战略的建构。一方面，政权更替后能否保持政策的持续性受到质疑，在某些地区，很有可能由于政府的易权而造成既有政策的实施受到限制。另一方面，一个新的政府要经历一个较长的脆弱时期才能迎来长期稳定，"一带一路"建构在此过程中具有不确定性，变数大。

---

① 刘海泉：《"一带一路"战略的安全挑战与中国的选择》，《太平洋学报》2015 年第2 期。

2. 企业层面的信用

"一带一路"战略，将基础设施建设作为重中之重，作为一项经济发展战略，同企业的关系密不可分。从这个意义上讲，"一带一路"应该是政府搭台，企业唱戏，政府通过对外合作与投资，建设基础设施，最终的目的还是为了企业能够"走出去"，承担起继续建设丝绸之路的重任。① 因此，在"一带一路"推进的过程中，我国企业不可避免的会同沿线国家企业之间进行合作，但是由于企业作为一种经济实体，以盈利为目标，因此沿线国家企业能否保持良好的信用，同我国企业之间开展实效性合作，对于"一带一路"的顺利建设意义重大。然而，由于我国企业面临内外双重挑战，导致企业层面的信用难以真正保证，从而易形成道德危机，影响"一带一路"建设。

一方面，从内部来看，我国企业在"走出去"方面经验不足。

首先，我国企业缺乏共同的价值共识。以环保意识为例，在官方发布的愿景中，将"绿色丝绸之路"作为重要目标，指出企业在沿线国家开展基础设施建设的过程中应注重生态环境的保护。然而，我国企业由于长期受粗放型经济发展模式的影响，在环境保护方面意识薄弱，因此易受到对象国的打击。例如，在中缅密松水电站的建设过程中，缅方以环境保护为由对中方的施工进行搁置，造成了相关企业的重大损失。

其次，我国企业缺乏"走出去"的相关经验。中国改革开放的30多年，充分发挥了"引进来"的优势，因此我国企业在如何吸引并利用外资方面经验丰富，然而伴随着"走出去"进程的加快，企业同政府政策之间出现了时效性上的滞后，不能很快适应开拓海外市场，转移优势、过剩产业的要求，经验的缺乏导致自身竞争力的削弱，难以抵御沿线本土国家企业的打击。

除此之外，我国企业同政府之间的对接力度需要加强。也就是说，企业应将政策落至实处，政府应发挥其为企业域外建设提供便利、保驾护航的作用。例如，中国信保积极发力，助力企业域外"一带一路"建设，产生了诸多积极效用。中国信保以官方出口信用保险机构的身份介入项目投保过程，帮助企业获得外国政府、企业、业主和银行的信任，进而助力企业成功开拓海外市场，

---

① 何茂春，张冀兵，张雅芃，田斌：《"一带一路"战略面临的障碍与对策》，《新疆师范大学学报》哲学社会科学版 2015 年第 5 期。

帮助外方获得更加优惠的融资条件。① 由此可见，良好的对接有利于我国企业增强应对沿线国家道德风险的能力，在实施力度上应该予以进一步强化。

另一方面，从外部来看，沿线国家企业相对于我国企业具有比较优势。如上文所述，道德风险发端于经济领域，因此将其作为模型用来分析企业行为具有可行性。企业出于成本的考量与利益的追求，易违反交易原则，做出损人利己的行为，从而引发道德风险。具体来看，"一带一路"沿线的许多国家，并未加入世界贸易组织，因此在贸易政策上受到的限制小，从而给予了其国内企业巨大的发挥空间，加之上文所指出的中国企业的脆弱性特点使得其应对乏力。除此之外，我国企业同沿线国家内部企业相比，在信息上并不占优势，即"信息的不对称性"。"不对称性"是指沿线国家内部企业对于其国内经济政策的把握、经济发展趋势的预测、经济管理规章制度的理解远远地高于我国企业，因此在展开合作的过程中，我国企业有可能面临为他人栽树乘凉而不知的窘境。同时，加之企业合作多以基础设施建设为主，投入大，见效慢，因此在短期内我国企业有可能难以意识到这一问题而使得道德风险发生的可能性进一步上升。

3. 个人层面的信任

人的行为总是受自身的利益所支配的，每个行为的背后都有一定的目的和意义，即每个行为总是追求一定的结果。由于社会生活的复杂多样，人们的行为并不总是和人们的预期相一致，这样就形成了人们行为的不确定性，即人们的行为并不一定总带来好处，同时具有一定的道德风险性。② 在我国"一带一路"战略实施的过程中，个人层面的信任有助于其持续性稳定建构，然而在实际操作过程中，我国"一带一路"建设却面临来自领导团体与普通民众两个层面的个体道德危机。

一方面，从领导团体角度来看具有引发道德危机的可能性。首先，作为政府领导者的当权者，有可能由于党派斗争抑或其他原因而下台，难以保持政策的稳定性，进而影响我国"一带一路"战略的实施。例如，我国同斯里兰卡的海港城项目建设由于其国内领导人的更换而陷于停滞，使我国蒙受损失。同时，如果一国领导人过于强硬，难以接受我国战略，同样会对我国政策的实施造成

---

① 《中国信保支持"一带一路"战略实施》，经济参考网，http://jjckb.xinhuanet.com/2014 - 05/30/conm. tent_ 506732. htm，2014 年 05 月 30 日。
② 邵文清：《道德风险的防范与化解》，《社会科学家》2011 年第 5 期。

影响。其次，作为企业领导者的法人代表而言，由于其为"经济人"，很有可能出于对利益的追逐，对政策加以曲解利用，使"一带一路"建设成为其谋利的工具，违反双方规定，造成道德风险。

另一方面，就普通民众而言，如果民心相通不能及时落实，同样会产生道德风险。以商人群体为例，伴随着"一带一路"建设的全面开展，很多原来没有经商经验的人希望借此来华经商，或在本国与中国贸易。在官方文件中，我方明确指出中国欢迎各国企业来华投资，"一带一路"的开展很可能带来对华投资的又一热潮。但是，这些投资者可能不懂汉语，缺乏在华经商的经验，也可能小本经营，抗风险能力差，因此不排除在华经商受损的可能性。这就有可能造成此类人群对华认同不够，散播不利于我国的言论，而身处国内的民众则很容易受他们想法的影响，不能形成对我国客观的认识。因此，我国需重视在中国国内经营的外国友人，在办理手续、贷款、营销方面尽可能地予以帮助，在发展内外贸易的同时，力求讲好中国故事，提升中国形象。

除上述的"一带一路"沿线国家内部个体影响"一带一路"建设之外，我国民众的境外形象同样有可能引发沿线国家民众道德风险的产生。例如，伴随着中国经济的发展，我国出境游人数不断增加，中国人以个人身份出境，成为代表我国形象的重要名片，而官方文件中也将加强旅游合作，扩大旅游规模作为重要任务，推动实现民心相通①。在此背景下，如果中国公民在"一带一路"沿线国家做出不文明行为，将会影响沿线国家民众对中国的看法，加之西方"中国威胁论"等言论的影响，沿线国家民众难以形成对华的正确认知，也就难以形成对"一带一路"战略的支持，从而引发道德危机。除此之外，肩负着"一带一路"建设使命出国的建设者，也可能由于思想认识水平不高，工作方法不对，不能充分地尊重当地的风俗习惯，有意无意妨碍民心相通，造成道德风险。

三、"一带一路"的道德风险：应对性措施

上文中，笔者从国家、企业、个人三个层面对"道德风险"的表现形式进行了阐释，可见其涉及主体多，表现形式多样，影响范围广。对于道德风险的解决，需要我国缜密的思考与设计。笔者将从观念、机制、实践三个方面，探

---

① 王义桅：《一带一路：机遇与挑战》，人民出版社 2015 年版。

求问题解决之道。

首先，在观念层面，坚持"和平合作、开放包容、互学互鉴、互利共赢"的丝路精神不变，在共商、共建、共享的基础之上，打造共同体意识，实现互联互通。"打铁还需自身硬"，而观念层面的不断深化与发展则是夯实自身的基础，同时也是应对"中国威胁论"最强有力的舆论武器，有利于解释和澄清我国立场。面临诸多道德风险，我国首先应同各国坦诚相待，传递"一带一路"空前开放与包容的理念，以平等真诚的态度，促使问题的解决，实现彼此的互惠共赢、协同发展。古人云，"国之交在于民相亲，民相亲在于心相通"，丝路外交在传递我国观念的同时，最为重要的就是促使"民心相通"的实现。当一个政策具有了民意基础，无论是何种风险，地缘风险、安全风险、经济风险抑或本文所论述的道德风险，都将迎刃而解。同时，观念层面的夯实与传递同样是对西方"中国威胁论"强有力的回应。世界养育中国，中国回馈世界，当各国理解到中方力图分享自身发展红利，实现区域平等互利、共同繁荣这一深刻用意之后，受西方影响所产生的对我国的战略猜疑必将削弱，这就为道德风险的解决提供了机会与空间，如中方能顺势而为，必将形成"一带一路"建设的新局面。

其次，在机制层面，应为针对"道德风险"加强预警机制保障，为道德风险的解决提供强有力的政策支持。

一方面，应完善相关规则的制定。许多道德风险的出现，特别是企业道德风险的出现是由于规则的缺失，而合理的规则是"一带一路"双方企业开展贸易、展开合作的前提。对于缺少规制的合作领域，政府应主动牵头，通过对话谈判的形式，公平合理的同沿线国家制定规则，并共同监督规则的实行。同时，对于现存的、符合社会发展要求的良好规则，我方应予以支持与拥护，并将此规则作为行动的指南；对于过时的、不符合社会发展要求的规则，我方应与时俱进，结合新的时代形势，推动规制的修订。

另一方面，当面对道德危机时，我方可以寻求现存的国际机制的调解，通过"第三者"抑或"跨国仲裁机构"寻求问题的解决。例如，在贸易争端领域，可以充分发挥世界贸易组织在维护贸易秩序，推动贸易合作方面的积极作用。同时，在国内加强对口部门同我国域外企业的对接力度，上文所提及的中国信保就是很好的例证。除此之外，在着手开展"一带一路"建设的过程中，应结合不同地区的实际情况，建立预警机制，从而有针对性地对危机进行预测、侦查，在危机时刻做好协调，增强危机管理的能力。

除此之外，在实践层面应该从三方面下手，协同推进，即协调好大国关系，处理好双边争议，发挥好外交优势。

第一，协调好大国关系。如上文所述，各大国之间的博弈对于沿线国家的政策选择具有重要影响，因此我国应妥善处理同各国之间的关系，通过对话的形式深化政治互信，寻求同各国政策的利益契合点，共同推动区域的繁荣，助力"一带一路"建设。

对于美国，我国需应对其政治（重返亚太）与经济（TPP）的双重战略围堵。中方可以通过中美新型大国关系建构，化解美国的战略疑虑，推动美国政府更新观念，转变看法，引导、塑造美国认识，使之朝向有利于、至少不妨碍或少妨碍"一带一路"建设的方向发展。

对于俄罗斯，中方应化解其战略猜疑，在具体规划、实施中，需要中方始终考虑俄方利益，通过中蒙俄经济走廊扩大彼此政治共识以及经济合作，寻找丝绸之路经济带项目和欧亚经济联盟之间可行的契合点。

对于印度，针对印度不合作的问题，中方应致力于寻求印度的支持。印度对中方的不支持很大程度上来自于其大国心态与安全关切，中印可效仿中日21世纪友好委员会机制建立中印21世纪友好委员会，加强战略磋商、地方交流，推动民间智库联系，探讨中印在印度洋、南海合作开发、经营的可能性。

对于欧洲，中方应尽可能争取。"一带一路"并非我国单向推，终点站是欧洲，需要西头来主动对接。尤其是要借助欧洲运筹好中美俄大三角关系，调停乌克兰危机。以中欧新型全面战略伙伴关系，推动中欧海洋合作、第三方合作、网络合作，共同致力于"五通"的实现，管控"一带一路"风险。

第二，处理好双边争议。同各国争议问题的解决首先应处理好同域外大国的关系，避免其战略搅局，前文已做阐述，此处不再赘述。目前来看，主要的争议集中于我国周边地区。在我国总体的外交布局中，周边被放在了首要位置，良好的周边环境是我国"一带一路"战略推进的大前提。在处理同周边国家领土、领海争议的过程中，我国应坚持"搁置争议，共同开发"的原则，以亲、诚、惠、容的理念同各方进行平等交流，实现睦邻、安邻、富邻的目标要求。争议，在所难免，但争议并不意味着合作的完结，而"一带一路"构想为周边外交的下一步开展提供了新的思路。

第三，发挥好外交优势。在笔者第二部分的论述过程中，不难发现，道德风险存在于政治、经济、社会民众诸多层面，针对这一问题，我国可以借力寻求外交机制的保障。例如，通过首脑外交深化政治共识，深化同沿线国家的政治互信，保证沿线国家信誉的实现。又如，可以通过经济外交的形式，为我国企业的"走出去"创造良好的域外环境，寻求沿线国家政策上的支持与沿线国家企业的积极参与。同时，中方也应该主动地推动国内市场的开放，在展现自身诚意的基础之上逐步推动问题的解决。除此之外，公共外交作为深化沿线国家民众对华了解，培养沿线国家民众政策认同的重要外交形式，也应予以深化，民心相通的逐步实现，也就意味着道德危机的缓和。

道德危机的解决，绝非一蹴而就，但当我国在寻求问题解决的过程中以观念为基、规制为盾并将其统一于实践的过程中时，伴随着民心相通、企业相融，道德风险将在一定程度上得以缓解，"五通"将逐步实现，而"一带一路"战略的提出，也能得以传播发扬，为世界的繁荣发展留下浓墨重彩的一笔。

（原载于《东北亚论坛》2015 年第 4 期）

"一带一路"、新型全球化与大国关系[*]

    2017 年 1 月中旬，习近平主席在达沃斯世界经济论坛上郑重向国际社会表明中国坚定支持经济全球化，强调当前"最迫切的任务是引领世界经济走出困境"，希望 2013 年底提出的"一带一路"可以起到引领作用，"为解决当前世界和区域经济面临的问题寻找方案"。[①] 在 3 月中旬的政府工作报告中，李克强总理也首次使用"逆全球化"表述当前国际社会对世界经济发展前景的担忧。与逆全球化思潮兴起相关的具体经济现象，其实就是习近平主席在达沃斯总结的全球经济三大挑战：增长动能不足、全球经济治理滞后以及发展失衡。那么，中国倡议的"一带一路"能否成为一种推进全球化的可行方案呢？ 这不仅是一个十分重要的政策议题，也是一个值得深入探讨的理论问题。

    国际政治经济学中的霸权稳定论认为，一个开放的世界经济需要一个霸权，[②] 反过来说，似乎只有全球霸主才能创造并维持全球化。二战后美国建立的一套国际经济制度是这一论点的历史性证据来源，长期以来美国也不断强调其作为世界领导者的角色。中国政府提出与美国建设新型大国关系、推动建立新型国际关系，其主要目标不仅是避免"修昔底德陷阱"，也表明中国无意替代

---

  * 本文作者：钟飞腾，中国社会科学院亚太与全球战略研究院大国关系研究室主任、副研究员。

    本文曾在 2017 年 4 月 15 日中国国际关系学会和南京大学亚太发展研究中心主办的"中国国际关系学会第一届国际关系研究青年学者论坛"上宣读，笔者对与会学者的评论表示感谢。文中的纰漏由笔者负责。

  ① 习近平：《共担时代责任，共促全球发展——在世界经济论坛 2017 年年会开幕式上的主旨演讲》，新华网，http://news.xinhuanet.com/politics/2017 - 01/18/c_ 1120331545.htm，2017 年 1 月 18 日。

  ② 钟飞腾：《霸权稳定论与国际政治经济学研究》，《世界经济与政治》2010 年第 4 期，第 109 - 122 页。

美国成为全球霸主。这不同于金德尔伯格当初提出霸权稳定论时的历史背景，一战后的美国虽然有实力，但缺乏推动建立开放性世界经济秩序的意愿。那么，霸权稳定论的分析是不是过时了呢？在习近平主席到访达沃斯前夕，约瑟夫·奈构造了"金德尔伯格陷阱"的说法，重新强调领导力缺失可能导致国际秩序混乱这一问题。[①] 奈提醒美国新任总统特朗普，既要重视"修昔底德陷阱"，也要认真对待"金德尔伯格陷阱"，也就是说，特朗普政权面临着双重挑战。美国对于长期以来构成其重大国家利益挑战的全球化，目前处于一种矛盾心态之中：美国国内矛盾激发导致其撑不住全球化这个开放性进程，但美国又不愿意放手让中国来改造全球治理。

由此也可以理解美国对中国力推的"一带一路"倡议的负面看法。在中国最初提出"一带一路"时，西方社会普遍认为"一带一路"倡议是中国版的"马歇尔计划"。对于诸如推动基础设施升级、经济合作以及重塑国家间关系的大计划，西方世界最为熟悉的首推"马歇尔计划"，拿它类比"一带一路"也是自然的。对霸主国来说，从权力和政治影响力角度评估"一带一路"也很自然。尽管中国不断强调"一带一路"不是中国的独奏，而是大合唱，并邀请美日等国参与，但美国政府仍倾向于认为"一带一路"是中国的地缘战略，是中国谋求欧亚霸权的重要举措。横跨欧亚大陆的"一带一路"，触碰了美国根深蒂固的均势思维——长期以来美国一直试图阻止欧亚大陆被一个单一的权力控制。显然，美国的这种认识与中国对"一带一路"的看法极为不同，美国并没有将其看作推动全球化的一种新动力。如果我们不承认这种逻辑，就必须提出新的解释，甚至创造一种为当前全球政治经济发展提供方案的理论。

本文认为，从带动全球化的政治经济能力来看，中国在全球层面仍落后于美国。但在地区层面，中国已经拥有大致匹敌，甚至高于美国的能力，在制造业规模、发展模式和战略观念上拥有独特的优势，尤其是对于"一带一路"沿线的中低等收入国家而言，中国的带动力是足够的。本文从发展角度深入分析"一带一路"沿线国家的发展现状，这对于准确理解中国实施"一带一路"的动机、路径与可能性相当关键。因此，当美国出于国内政治原因无力承担全球领导角色，意欲抛弃旧的全球化和区域化，并以英国19世纪的双边模式推进对

---

① Joseph S. ye, "The Kindleberger Trap", January 9, 2017, https://www. project-syndicate. org/commentary/trump-china-kindleberger-trap-by-joseph-s—nye-2017-01.

外经济关系时，中国应该花大力气塑造新型全球化模式，即以“一带一路”为核心的新一轮发展。这不仅是拓展开放性经济关系、展现大国担当的需要，也是中国实现国内发展、推进有利于中国的发展环境的需要。

一、“一带一路”与中低等收入国家的发展

西方诸多关于中国“一带一路”的文章将重心放在分析中国的意图上，而忽视了“一带一路”沿线国家的发展现状。这种思维体现了长期主导国际秩序的发达国家对崛起国的担忧，它们认为当今世界最大的挑战国是中国，中国的倡议将显著改变现状。这种思维对一大批真正需要加以关怀的发展中国家重视不足，西方国家似乎并不认为这些国家有能力挑战其主导地位。因此，西方的“一带一路”研究根本不重视一大批收入水平不高国家的真正需求。在全球化给发达国家造成危害时，这些国家的第一反应是捍卫本国利益，放弃推进全球化。这种角度和视野将极大地误导西方对“一带一路”的认识。

在中国官方的表述中，“一带一路”主要是一项沿线国家参与的区域经济合作规划。按照2015年3月初发布的“一带一路”愿景与行动文件，“以新的形式使亚欧非各国联系更加紧密，互利合作迈向新的历史高度”是“一带一路”的主旨目标。① 文件分八个部分、三大板块讲解了这一倡议的主要内容，第一部分是倡议的“时代背景”，第二部分是“共建原则、框架思路、合作重点、合作机制”，第三部分是“中国各地方开放态势、中国积极行动”。按照这种思路，也可以说文件的主题是两大块，一是国际社会共建“一带一路”，二是在“一带一路”具体推进时中国方面将涉及哪些领域。

国内外的分析主要从中国这一角度去解读这个倡议。由于中国的巨大规模、决策体制以及地方政府的快速行动，国内外对“一带一路”的解读是非常多样化的。根据赵可金的总结，中国学者形成了如下几种有代表性的看法。第一种将“一带一路”看作外交问题和国际战略问题，在这种视角下，“一带一路”是为了回避美国的霸权压力，巩固中国的区域影响力。第二种认为，“一带一路”是一种新的国内发展战略，主要目的是向国外转移落后产能，推进经济结构调整和经济发展方式转变。第三种认为，“一带一路”是一项国家大战略。这

---

① 《推动共建丝绸之路经济带和21世纪海上丝绸之路的愿景与行动》，人民出版社2015年版，第2页。

种观点在承认第二种看法的基础上，进一步认为"一带一路"也是一项对外开放战略，是统筹国内国际两个大局以推动建立新型区域合作模式。①

在"一带一路"战略之外，中国政府还提出了"京津冀协同发展"与"长江经济带"两大战略。作为中国政府在新时期主推的三大战略之一，"一带一路"不是一个单一学科能够解释的。上述三种观点，基本是国际关系学者、经济学者和世界经济学者的解读，也都是各自学科对区域合作的长期看法。源于学术分工的不同，对"一带一路"的学术解读呈现出多样化色彩。基于"一带一路"最重要的是基础设施建设这一内容，有的中国经济学者甚至提出"一带一路"是升级版的对外援助。②

在国际上，"一带一路"是中国的对外援助的看法很有吸引力。欧洲人乐于看到中国在这种主张下推进"一带一路"倡议，他们认为，如果中国提供资金建设改善沿线国家的交通基础设施，这个倡议对提高欧洲的贸易收益极为有利。比利时智库布勒哲尔国际经济研究所（Bruegel）的一项研究证实，在基础设施建设降低贸易成本、通过签订 FTA 降低贸易成本以及两者相结合这三种方案中，第一种方案对欧洲最有利，而沿线国家中的亚洲国家则更能从覆盖"一带一路"的 FTA 中获益。按照这项研究，无论是哪一种方案，日本都是最大的损失者。③

目前来看，中国和欧洲是"一带一路"的两头，除了中国和欧洲的视角，"一带一路"还存在很多国别的视角。单纯从国别角度看"一带一路"，还只是基于双边层面的合作考虑。显然，中国政府的目标远高于双边合作。学科与国别的差异是造成国内外看法不同的重要原因，但缺乏真正的区域性角度也是一大原因。如果换个角度，先明确"一带一路"沿线国家整体上处于什么样的发展状况，可能有助于我们进一步认识"一带一路"的性质、推进路径与可能产生的广泛影响。2017 年 5 月 14 日，习近平主席在"一带一路"国际合作高峰论

---

① 赵可金：《"一带一路"的中国方略研究》，《新疆师范大学学报》哲学社会科学版 2016 年第 1 期，第 22 - 33 页。

② 张军：《一带一路其实更像升级版的对外援助》，2016 年 5 月 17 日，凤凰国际智库，ht-tp：//pit. ifeng. com/a/20160517/48784288_ 0. shtml。

③ Alicia Garcia Heffreo and Jianwei Xu, "China's Belt and Road Initiative: Can Europe Expect TradeGains?" Bruegel Working Paper, Brussels, No. 5, 2016.

坛上指出："推进'一带一路'建设，要聚焦发展这个根本性问题。"① 将发展作为"一带一路"建设的重中之重，既体现了中国国内和国际目标的一致性，也为沿线各国理解"一带一路"的共性提供了思路，也只有在这种共同目标和共同利益的牵引下，"一带一路"才能更好地发挥整体效应。

根据世界银行提供的沿线各国人均国民收入（G.I）数据，我们可以将"一带一路"沿线国家划分为四个发展阶段：高收入国家、中高等收入国家、中低等收入国家和低收入国家。如表1所示，2015年，"一带一路"沿线国家在四个收入水平上的人口、工业化发展以及经济增长水平呈现出如下特征：

（1）"一带一路"沿线处于高收入水平的国家共有20个，总人口1.95亿，占全球这一发展水平总人口的16.4%。制造业增加值占GDP的比重为16.8%，略高于全球同一收入水平国家。2010－2015年间的经济增速达到3%，显著高于全球同一水平国家。

（2）"一带一路"沿线处于中高等收入水平的国家共有21个，总人口达到5.29亿，占全球这一发展水平总人口的20.4%。处于这一发展水平的21个国家，其制造业增加值占GDP的比重平均达到14.7%，显著低于全球同一收入水平国家，制造业的发展并不充分。2010－2015年间的经济增速达到3.5%，显著低于全球同一水平国家的5.1%。之所以有这种统计上的差异，一个重要原因是中国本身属于中高等收入国家，但并没有被包括在本文统计的"一带一路"沿线国家中。因中国GDP中的制造业占比为29.7%，经济增速达到8.3%，如果将中国定位在"一带一路"沿线国家之外，归入全球水平，那么显然会降低该组别的水平。

（3）"一带一路"沿线处于中低等收入水平的国家共有19个，总人口24亿，占全球该发展水平总人口的82.0%，也可以说，全球中低等收入水平的人口主要分布在"一带一路"沿线国家。处于这一发展水平的国家，其制造业增加值占GDP的比重平均达到14.8%，略低于全球同一收入水平国家，制造业的发展水平相对也不够充分。2010－2015年间的经济增速达到5.9%，略高于全球同一水平国家。因此，就这些国家而言，今后一个时期的主要任务是提高制造业在国民经济中的比例。

---

① 习近平：《携手推进"一带一路"建设——在"一带一路"国际合作高峰论坛开幕式上的演讲》，新华网，http://news.xinhuanet.com/politics/2017－05/14/c_1120969677.htm，2017年5月14日。

（4）"一带一路"沿线处于低收入水平的国家共有 2 个（尼泊尔与阿富汗），总人口达到 6100 万，占全球该发展水平总人口的 9.6%。这两个国家的制造业占比与经济增速与其他低收入国家相差无几。

表1 "一带一路"沿线国家的发展阶段（2010—2015）

序号	组别	人均GNI	人口（百万）	制造业增加值占GDP 比重（%）	2010—2015GDP 增速（%）
1	美国	55980	321	12.3	2.2
2	高收入国家	41925	1187	14.8	1.9
3	"一带一路"高收入国家	27702	195	16.8	3
4	中高等收入国家	8255	2593	21	5.1
5	中国	7930	1371	29.7	8.3
6	"一带一路"中高等收入国家	7123	529	14.7	3.5
7	中低等收入国家	4508	2927	16.4	5.7
8	"一带一路"中低等收入国家	2309	2399	14.8	5.9
9	低收入国家	2032	638	8.2	5.4
10	"一带一路"低收入国家	670	61	9.2	4.9
11	世界	10548	7346	15	3

注：（1）"一带一路"高收入国家包括：卡塔尔、新加坡、阿联酋、科威特、文莱、以色列、韩国、塞浦路斯、沙特、斯洛文尼亚、巴林、爱沙尼亚、捷克、斯洛伐克、立陶宛、阿曼、拉脱维亚、立陶宛、波兰、匈牙利以及克罗地亚等20个国家；"一带一路"中高等收入国家包括：俄罗斯、哈萨克斯坦、马来西亚、土耳其、罗马尼亚、黎巴嫩、保加利亚、黑山、土库曼斯坦、马尔代夫、阿塞拜疆、白俄罗斯、伊拉克、马尔代夫、泰国、塞尔维亚、约旦、马其顿王国、波斯尼亚和黑塞哥维那、格鲁吉亚、阿尔巴尼亚等21个国家；"一带一路"中低等收入国家包括：亚美尼亚、蒙古、斯里兰卡、菲律宾、印尼、埃及、乌克兰、不丹、东帝汶、乌兹别克斯坦、越南、老挝、印度、巴基斯坦、塔吉克斯坦、孟加拉、吉尔吉斯斯坦、缅甸、柬埔寨等19个国家；"一带一路"低收入国家包括：尼泊尔、阿富汗2个。以上各类国家一共62个。

（2）美国、高收入国家的制造业数据均为2014年值，中国与中高等收入国家的制造业数据为2013年值，其余均为2015年值。若干国家数据缺失。

（3）按世界银行2017年公布的数据，2015年的最新收入分组标准为：人均国民总收入低于1025美元为低收入国家，1026—4035美元之间为中低等收入国家，4126—12476美元之间为中高等收入国家，高于12476美元为高收入国家。

资料来源：笔者根据世界银行数据整理。

将"一带一路"沿线国家与处于相同发展水平的全球其他国家进行对比，可以比较准确地描述"一带一路"沿线国家的基本特征：以中低等收入人口为主体、制造业发展相对不足、经济处于中高速发展之中。因此，"一带一路"建设的主要目标，似乎可以定位为将沿线国家中的 24 亿中低等收入人口转变为中高等收入人口，即从人均 G. I2300 美元提升到 4126 美元，或者略高一点，实现翻一番，达到 4600 美元。

在将中低等收入国家的人口转变为中高等收入国家的人口方面，过去 30 年中国高速发展的成就举世公认。1998 年，中国从低收入国家行列"毕业"，转为中低等收入国家。2010 年，中国成为中高等收入国家。从 1990 年至 2011 年，中国减少贫困人口 4.39 亿，为全球减贫事业做出了巨大贡献。中国的政策经验对于许多低收入发展中国家具有重要的借鉴意义。① 自世界银行 1989 年首度根据 1987 年的国民收入划分收入国家类型以来，在过去 30 年中迅速从低收入跨越到中高等收入的国家并不多。除了中国之外，只有非洲的赤道几内亚、南美的圭亚那、中亚的格鲁吉亚和阿塞拜疆、东欧的波斯尼亚和黑塞哥维那 5 个国家。阿塞拜疆人口接近 1000 万，其他四个国家的人口和经济规模都不大。在这几个高速发展的国家中，赤道几内亚凭借石油开发在短短几年内就成为一个高收入国家。除阿塞拜疆之外，另外三个国家收入基本停止增长。由此可见，在摆脱"低收入陷阱"之后，如何进一步提升收入水平，并跨越"中等收入陷阱"，仍然是一个巨大的挑战。在这方面，中国拥有不错的经验。

按照哈佛大学宏观经济学家罗伯特·巴罗的总结，工业革命两百年来西方国家的年均增速为 2%。发展中国家如果要实现赶超，特别是摆脱两个收入陷阱的话，那么在每一个收入阶段，都需要长达 25 年年均 2.9% 的增速。② 据世界银行数据，1990 - 2015 年间，全球有 43 个经济体的年均增速超过了 3%，其中有 28 个位于"一带一路"沿线（如图 1 所示）。从理论上讲，未来若干年，这些国家均有机会在人均收入水平上再进一步。中国以及不包括高收入经济体的东亚太平洋地区，自 1990 年以来的增速分别达到 8.9% 和 7.2%，属于高速增长型经济体。此外，需要指出的是，"21 世纪海上丝绸之路"沿线的中南半岛国

---

① 潘家华、陈孜：《2030 年可持续发展的转型议程：全球视野与中国经验》，社会科学文献出版社 2016 年版，第 135 - 143 页。

② Robert J. Barro, "Economic Growth and Convergence, Applied to China", China &World E-conomy, Vol. 24, No. 5, 2016, p. 14.

家和南亚大部分国家，也位于增速前列。

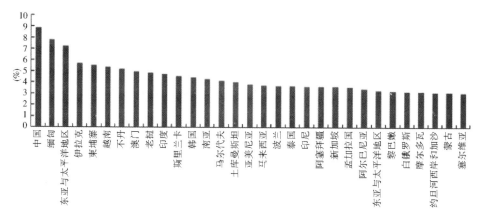

图1　"一带一路"沿线平均增速3%以上的经济体和地区（1990－2015）

中国以年均10%的增速，花费12年时间，实现了从一个中低等收入国家到中高等收入国家的转变（1998－2010），期间人均G.I从800美元增至4340美元，翻了两番还多。鉴于2010－2015年间"一带一路"沿线国家的年均增速为5.9%，如果未来以此速度增长，那么从理论上讲人均收入翻一番大概需要12年，也就是说，到2030年左右，"一带一路"沿线的绝大多数国家具备跨入中高等收入国家行列的可能性。

二、对"一带一路"沿线中低等收入国家发展的新认识

上文的分析表明，发达国家推进的最近一轮全球化只是使少数国家的收入水平有了较大提升，并没有提高多数人口的收入。尽管中国是这一轮全球化的重要获益者，但西方对以中国为主的发展知识的总结却并不到位，长期宣扬新自由主义的一套政策。而诸多发展中国家长期以来都是通过学习西方的文本来认识发展的。如果西方的总结不到位或者根本产生了误导性的认识，那么发展中国家就容易忽视中国的价值以及自身蕴含的力量。因此，我们需要回顾最近一轮实现发展的国家的新经验和新看法，考察一下这些新经验对于推进"一带一路"的发展有何参考价值。

二战后，有关低收入国家如何实现发展，有过几个大的、阶段性的思潮变化。按照林毅夫的总结，发展经济学每隔30年就会出现一个大的思潮变动：第一代发展经济学以工业化为目标实施进口替代战略，在国际政治经济学研究中主要体现为依附论;第二代发展经济学主要受到"华盛顿共识"的影响,发展中国家和转型国家不断降低政府的作用,转而寻求市场化;目前则进入了第三个发展时期,标志性成果之一是他本人提出的新结构主义经济学。① 在林毅夫看来,其理论主要是以结构转变为核心的一种发展理念。根据这种主张,一国取得发展的关键是,依靠市场的最优资源配置功能,并且政府在产业升级时发挥因势利导的作用。

事实上,林毅夫的理论总结主要源于东亚和中国的发展经验,但是,对中国和东亚发展的解读仍然存在多种理论。有的人提出了文化解释,认为东亚传统的儒家文化奠定了重视教育、进而积累丰富的人力资本的基础,这对实现持续的长期经济增长至关重要。② 蔡昉认为,在传统的马尔萨斯阶段与新古典经济学阶段之间,还存在一个刘易斯总结的二元经济发展阶段。在这个阶段,除了发展所包含的经济结构调整之外,还存在剩余劳动力转移的任务。因此,在蔡昉看来,中国经济学家和政策界目前缺乏一个"将长期与短期相结合的理论框架",不容易看清楚中国所处的特殊阶段。③

对于这个难题,清华大学的文一教授将中国当代的发展与 18 世纪后期英国的发展进行比较,提出了经济发展的"胚胎发育"理论(Embryonic Development Theory),试图将原有的发展理论统一起来。④ 在他看来,从农村到城市、由轻工业到重工业、由政府主导的"市场创造"到循序渐进的产业升级的发展战略,几乎是每个国家,包括已经实现工业化的西方国家,必须经历的进程。而且,与传统的经济决定论者或阶段论者不同的是,文一认为,在发展的每一个阶段都存在"陷阱"。过去几年,特别是世界银行在 2007 年提出"中等收入陷阱"命题之后,中国政府和学界的讨论已相当深入。但是,经济增长理论的研究也表明,摆脱"低收入陷阱"并不比走出"中等收入陷阱"来得更容易。罗伯特·巴罗甚至认为"中等收入陷阱"是个神话,因为摆脱"低收入陷阱"也需要几乎同样长时间的较高收入增长。⑤

---

① 林毅夫、王燕:《超越发展援助:在一个多极世界中重构发展合作新理念》,北京大学出版社 2016 年版,第 23 – 30 页。

② 朱天:《中国增长之谜》,中信出版社 2016 年版。

③ 蔡昉:《破解中国经济发展之谜》,中国社会科学出版社 2014 年版,第 94 – 98 页。

④ 文一:《伟大的中国工业革命:"发展政治经济学"一般原理批判纲要》,清华大学出版社 2016 年版。

⑤ Robert J. Barro, "Economic Growth and Convergence, Applied to China", p. 14.

从这个意义上说，中国经济学者对中国发展的重新讨论为我们理解"一带一路"的发展难题提供了新认识。第一，以制造业为核心的工业化仍然是发展不可逾越的阶段。林毅夫的新结构主义经济学的一大贡献是证明了发展制造业是推动结构转型的必要手段，这种观点也是最近几年国际学术界对制造业和结构转型兴趣重燃的重要组成部分。尤其值得重视的是，在"一带一路"沿线中低等收入国家中，印度所倡导的跨越制造业、依靠发展服务业取得高收入的发展路径已经走到了尽头。① 2008 年国际金融危机之后，西方国家推出的制造业回归也与此认识密切相关。与服务业相比，制造业有着更复杂的前向和后向联系，现代服务业的发展要依靠制造业。因此，以发展制造业为核心的再工业化已成为国际共识，也已逐步影响到"一带一路"沿线国家。

第二，东亚和中国过去依赖的出口导向发展模式走到了尽头，发展中国家的结构转型需要新动力。2008 年国际金融危机之后，西方国家的保护主义潮流兴起，多边主义退潮。由于发达国家短期内难以解决贫富差距问题，阶层分化和政治对立将长期存在，这种逆全球化现象不是短期的。与此相联系的是，出口导向战略所依赖的全球贸易大发展时代基本结束。按照 IMF 提供的数据，1984 - 2011 年间，世界经济和世界货物出口增速分别达到 3% 和 6.4%，这是中国与东亚部分国家实行出口导向战略的外部基础。而 2012 年以来，这种外部环境发生巨变，2012 - 2016 年间，世界经济增速为 2.5%，而贸易增速只有 2.8%。IMF 在世界经济展望中估计，到 2021 年这种外部环境并不会有明显的改变。② 因此，这场百年未遇的大危机，特别是发达国家陷入"长期停滞"的危险，极大地限制了发展中国家利用出口导向战略转变经济结构的可能性。对于"一带一路"沿线国家和中国而言，寻求发展中国家之间的合作，开拓新的增长空间，并推动彼此的国内发展进程，也是不得不实施的政策。习近平在今年 5 月 14 日举行的"一带一路"国际合作高峰论坛上已经明确提出，要将"一带一路"建成创新之路。这个创新的大背景是互联网时代，而中国在这方面处于全球领先地位，将为中小企业的全球化打造新空间，这显著不同于发达国家以巨型公司为驱动力的全球化。

---

① Servaas Storm, "Structural Change", Development and Change, Vol. 46, No. 4, 2015, p. 674.

② 相关数据参见 World Economic Outlook Database, http://www.imf.org/external/pubs/ft/weo/2016/02/weodata/index.aspx。

第三，一个较好的外部环境对于获得高速增长仍然是重要的。对于国际政治经济学的研究者而言，这种外部环境也可被视为国际体系层面的因素。长期以来，依附论以核心—边缘关系来描述 20 世纪 50－60 年代的美国—拉美经济关系。对于中国读者而言，需要牢记在心的是，当时拉美国家的人均 GDP 处于美国的 40%－60% 之间，而今天的中国仍然不足美国的 20%，这种收入差距可能是中国吸引的外资还没有大规模外流的重要原因。对到底在哪个发展阶段需要采取依附论的一些主张来应对可能的后果，现有的研究并没有扩展到所有的收入阶段，因而基于拉美经验总结的依附论，可能还难以在中国找到经验性证据。因此，我们不能因为国际主流学术界否定依附论，也跟着轻易否定依附论的见解。事实上，未来一个时期，随着中国与美国的收入差距不断缩小，我们仍然可能面临拉美国家当年遭遇的挑战。当中国被视作欧亚大陆发展的一种带动力量时，不可避免地涉及如何对待那些经济上依赖中国的国家这一问题。前几年，在中国大规模进口原材料以及中国企业投资矿产资源时，国际社会也出现了中国推行"新殖民主义"的说法。中国在外交理念上一直主张大小国家一律平等，并且在对外经济合作方面强调互利共赢，最近几年甚至将打造互利共赢的新型国际关系视作外交的重大任务。在一定程度上说，"一带一路"也带有这种目的，中国试图通过自我约束，以渐进的方式推动与沿线国家的合作，尽可能减少对外部世界的重大冲击。

中国和"一带一路"沿线国家继续推进制造业仍然是必需的，但在大危机背景下不能完全复制东亚和中国过去的发展道路。在这种情况下，中国提出的共商、共享、共建原则就不是一句宣传口号，而是构建新型全球化的基本原则。正因为不存在一个固定的、可以照搬的既有模式，中国与沿线国家站在同一个起跑线上，需要和沿线国家一起商量如何寻求更进一步的发展。尽管有些西方人士认为，协商一致的精神是东亚国际社会的一种特质，能否推行到别的区域还不一定，但基于亚洲的发展成就，务实主义越来越被接受为一种应对全球挑战的有效方式。① 我们也要看到，20 世纪 50 年代参加万隆会议的国家很多并不是东亚国家，但那次会议达成了不同于西方国家处理国家间关系的和平共处五

---

① Simon Chesterman and Kishore Mahbuhani，"The Asian Way of Handling the World"，The Guardian，March 4，2010，https：//www. theguardian. com/commentisfree/2010/mar/04/global－problem－solvingasian－way#maincontent.

项原则这一重大成果。自20世纪60年代起，东南亚国家逐渐发展出"东盟方式"。2015年3月，习近平主席在博鳌亚洲论坛上将其扩展为相互尊重、协商一致、照顾各方舒适度的"亚洲方式"。①

从中国的角度来看，"一带一路"建设是否成功，取决于它能否帮助中国实现全面建成小康社会，甚至为中国在2049年成为中等发达国家奠定基础。而对于国际社会来说，评判标准应该是"一带一路"沿线的中低等收入人口能否取得收入上的极大提高，这一标准其实也是过去多年来中国推行发展战略的重要依据。中国政府基于自身的成功发展经验，很容易认为发展中国家如果也执行这样一种策略，中国就可以与他们形成一个互利共赢的进程。特别是当中国下一阶段迈向高收入国家时，其面临的内外挑战会有较大改变，更需要立足于本地区。

三、中国推动中低等收入国家发展的优势与战略

中国能否带动中低收入人口的发展呢？从收入发展水平来看，中国还不是一个高收入国家。由于理论界并没有关于一个收入不高的国家如何带动其他国家发展的成型说法，我们需要换一种视角讨论这个问题。从某种程度上说，中国相当于世界体系论者沃勒斯坦提出的半边缘国家，即处于核心区与边缘区之间的地区。沃勒斯坦强调，在资本主义世界经济体这个体系中，有少数几个国家进入了核心区，但其他国家也不都如依附论者所说的处于边缘区，而是处于比边缘区更具优势的位置。沃勒斯坦借助"半边缘区"这个概念，帮助理解20世纪70年代不断获得经济增长的一些国家，特别是东亚国家。1991年，沃勒斯坦认为南非正好是其试图概括的半边缘区的代表性国家。② 按照现行的分类，1991年的南非实际上已经是一个中高等收入国家，但此后20多年来，南非并没有转变成一个高收入国家。反过来说，尽管南非处于西方构建的体系当中，但那些收入极高的发达国家并没有能力或者意愿帮助南非提高收入水平。在地理上远离中心区的南非也缺乏物理上的连通性，要接入全球的增长中心——美国、欧洲和东亚，存在极大的困难。沃勒斯坦甚至认为一战前夕的俄国也是半边缘

---

① 习近平：《迈向命运共同体，开创亚洲新未来——在博鳌亚洲论坛2015年年会上的主旨演讲》，新华网，http://news.xinhuanet.com/politics/2015 - 03/29/c_ 127632707. htm，2015年3月29日。

② 王正毅：《国际政治经济学通论》，北京大学出版社2010年版，第237页。

国家，并强调苏联到 20 世纪 50 年代为止取得了比发达国家更快的经济增速，一举成为第三世界民族解放运动的指路明灯。[①]

因此，带动能力的关键不仅仅在于经济能力，特别是制造业能力，可能也取决于地理的临近性，特别是将经济发动机与落后地区相捆绑的制度框架。"一带一路"沿线国家在地理上是相互连接的，如果这些国家中的绝大多数人口能够实现收入翻番，那么说明这个制度设计是合适的。从经济能力来看，以国家为单位进行比较，中国目前的确具有相当大的带动力。由于人口规模上的差异，按照文一教授的理解，"中国崛起给全球经济力量带来的冲击力是 19 世纪末美利坚合众国上升期时期的 20 倍，19 世纪初大英帝国爆发时期的 100 倍。"[②] 仅从人口数量意义上说，英国工业革命以来进入发达国家的总人口占世界人口的比重没有发生太多变化，基本还是五分之一。如果拥有 13 亿人口的中国能够成功跨入高收入国家，那么这是比过去两百年西方实现工业化还要伟大的事业，显然将拥有足够带动其他国家发展的能力。而对于这种超大规模引发的地区发展效应，西方的估计也是不充分的。

在制造业综合竞争力方面，中国的优势毋庸置疑。为了评估一国的制造业竞争力，联合国工业发展组织在其《工业发展报告 2016》中构建了一个竞争性工业业绩（Competitive Industrial Performance）指数。[③] 该指数不是衡量一国的潜力，而是比较已经显示的制造业能力。CIP 指数由生产和出口制造品的能力、技术深化和升级能力、对世界的影响力这三个一级指标构成。在 2013 年度的总排名中，中国列第五位，仅次于德国、日本、韩国和美国，这 5 个国家占全球制造业增加值的 59%。德国的优势在于复杂的工业增加值创造链条，德国中高技术产品出口占其制造品出口的 73%。日本的优势在于强大的制造业基地、高技术出口和较高的人均制造业增加值。美国的工业竞争力也源于强大的制造业基地，但美国不像日本那样用于出口。中国的劣势和优势同样明显，以人均衡量的制造业贸易额和生产能力比较低，但在全球制造品贸易总额中遥遥领先

---

① ［美］沃勒斯坦：《变化中的世界体系：论后美国时期的地缘政治与地缘文化》，王逢振译，中央编译出版社 2016 年版，第 96 - 103 页。

② 文一：《伟大的中国工业革命："发展政治经济学"一般原理批判纲要》，第 13 页。

③ United .ations Industrial Development Organization, Industrial Development Report 2016: TheRole of Technology and Innovation in Inclusive and Sustainable Industrial Development, Vienna, 2016, Chapter 8.

（17%），而且制造业在 GDP 中的占比超过三分之一。2013 年，就制造品贸易的世界占比而言，中国是美国的两倍还多，就对世界制造业增加值的影响而言，中国仅次于美国。占世界制造品贸易 1% 以上的"一带一路"沿线国家，包括韩国、印度、俄罗斯、泰国、新加坡、马来西亚、波兰、捷克和土耳其 9 个国家，合计 18.57%，但这 9 国占世界制造业增加值合计不过 13.64%，大大低于中国的 17.55%。① 因此，中国拥有全球最大的制造品贸易，且在制造业增加值上显著超过沿线国家，这是中国推进"一带一路"沿线国家工业化的有利条件。

中国的战略优势还在于形成了一个高收入的沿海地区。1988 年 9 月，邓小平在分析中国经济形势时提出了"两个大局"的思想，他指出："沿海地区要加快对外开放，使这个拥有两亿人口的广大地带较快地先发展起来，从而带动内地更好地发展，这是一个事关全局的问题。"② 邓小平的带动思想对于理解"一带一路"沿线国家的发展具有启发意义。如表 2 所示，2015 年中国沿海地区（东部）11 个省市的总人口为 5.7 亿，占全国总人口的 41.4%。从经济总量来看，东部沿海地区达到 40.2 万亿人民币，占全国的 58.6%。而在人均 GDP 方面，除了河北和海南之外，东部沿海地区 9 个省市的人均 GDP 均在 1 万美元以上。11 个省市人均 GDP 为 12110 美元，非常接近世界银行界定的高收入国家水平。如果以 9 省市计算，则人均 GDP 为 13356 美元，无疑超过了高收入国家的门槛。2015 年，11 个省市的对外贸易额占全国的 85.2%，吸收外资的存量占全国的 80.8%，对外直接投资存量占地方对外直接投资的 81.1%。因此，东部沿海地区在中国政治经济和对外战略中拥有巨大的能量。

表 2   作为"一带一路"增长极的中国东部沿海地区（2015）

省市	人均 GDP（美元）	GDP（元）	人口（万）	对外贸易（亿美元）	吸引外资（万美元）	对外直接投资（百万美元）
北京	17329	23014	2171	3194	3810	38799
天津	17094	16538	1547	1143	1813	10942
上海	16660	25123	2415	4492	6613	58362
江苏	14124	70116	7976	5456	7822	22614

① United .ations Industrial Development Organization, Industrial Development Report 2016, pp. 224 – 227, Annex B2.
② 《邓小平文选》第 3 卷，人民出版社 1993 年版，第 152 页。

省市	人均GDP（美元）	GDP（元）	人口（万）	对外贸易（亿美元）	吸引外资（万美元）	对外直接投资（百万美元）
浙江	12462	42886	5539	3468	2918	22365
福建	10909	25980	3839	1688	1967	8203
广东	10835	72813	10849	10225	6443	68655
辽宁	10490	28669	4382	9595	2066	11319
山东	10299	63002	9847	2406	2193	27305
海南	6551	3703	911	140	312	4894
河北	6461	29806	7425	515	736	5725
合计	12110	401651	56901	33687	36693	279184
占全国比重	142.1%	58.6%	41.4%	83.6%	80.8%	81.1%

注：对外直接投资为存量值，且占地方对外直接投资的比重。

资料来源：中华人民共和国统计局编：《中国统计年鉴2016》，中国统计出版社2016年版。

拥有近5亿人口的东部沿海高收入地区将形成怎样的一种全球性影响呢？做一个简单的历史类比，也许有助于我们认识这种力量。在国际政治经济学中，西方社会长期宣扬19世纪"英国治下的和平"与20世纪"美国治下的和平"，其实是赞扬英国与美国带动了整个西方社会的工业化。那么，当年这两个国家在发起工业化和带动其他西方国家时，拥有怎样的能力？按照安格斯·麦迪森提供的数据，1820年时英国总人口为2124万，占西欧12国的18.3%。在这样的一个比例下，英国才具有带动西欧整个区域的工业化能力。1872年，美国经济总量超过英国，但直到1918年美国人均GDP才超过英国，在此期间，美国人口占西方的比重从15.5%上升至24.1%。1951年，美国在没有苏联参与的情况下，带领其他西方国家签订了《旧金山和约》，形成了二战后亚太地区的政治安全秩序。此时，美国人口占西方人口的27%，占全球的6%，人均GDP为10100国际元。① 因此，我们也可以说美国在二战后取代英国，成为西方世界的领袖，其背后的支撑性力量是人口和市场的规模。2009年，中国人口占世界人口的19.7%，2030年仍然可以达到17.4%。在2009－2030年间，这个比例也正

① 可参考麦迪森个人主页所载数据，http://www.ggdc.net/maddison/oriindex.htm。

是当年英国崛起时候相对于西欧的比例（18.3%）。2015 年中国东部沿海地区的人口占比和人均 GDP 水平则与 20 世纪五六十年代的美国相当。正是从人口占比和经济规模来看，东部沿海地区具有带动"一带一路"沿线中低等收入国家的能力，而 2049 年的中国则具备带动世界发展的能力。

如果将中国东部沿海地区与 21 世纪海上丝绸之路经过的中南半岛、南亚地区联系起来考虑，那么在太平洋地区西北部以及印度洋北岸将形成一个连贯的增长极。由于地理相邻，中国要比德国、韩国、日本以及美国等制造业强国，具有更强的带动沿线国家发展的能力。尽管中国的人均收入要远低于上述四个国家，但就工业发展的带动力，特别是承接产业转移而言，对沿线国家却是一个优势。林毅夫的新结构主义经济学认为，人均 G.I 差距过大的两个国家往往难以最有效地进行技术吸收和产业转移。[①] 而提倡现代化理论的罗斯托在冷战结束前夜也这样说："（趋向技术成熟的国家）在耐心帮助那些渴望进步的落后国家的过程中扮演着重要的角色。它们更接近发展的初级阶段，从而应该能够提供有效的技术援助。"[②] 从跨国的地区间关系来看，向靠近本国的地区增长极靠拢，以此为目标设定发展政策和对外战略，也是一项实用主义的安排，这一点在东亚已经被总结为"雁形"发展模式。

从这个意义上说，在"一带一路"沿线最容易实现产业升级和人均收入提高的区域，应当是各个发展水平都有的一个区域，即低收入、中低等收入和中高等收入、高收入国家聚集。罗斯托在回顾"马歇尔计划"的成功之道时曾指出，"马歇尔计划"不太为人所知的一面是构建了西欧、美国和发展中贸易伙伴之间的贸易路线。[③] 实际上，美国从 1949 年末开始将"马歇尔计划"的经验搬到东亚，设计了美国（核心区）、日本（半边缘区）、东南亚国家（边缘区）之间的三角贸易路线。[④] 就此而言，在中国政府推动的"一带一路"六大经济走

---

① 林毅夫、付才辉、王勇主编：《新结构主义经济学新在何处》，北京大学出版社 2016 年版，第 53 页。

② ［美］罗斯托：《经济增长理论史：从大卫·休谟至今》，陈春良等译，浙江大学出版社 2016 年版，第 715 页。

③ Walt W. Rostow, "Lessons of the Plan: Looking Forward to the . ext Century", Foreign Affairs, Vol. 76, No. 3, 1997, p. 207.

④ Bruce Cumings, "The Origins and Development of the . ortheast Asian Political Economy: Industrial Sectors, Product Cycles, and Political Consequences", International Organization, Vol. 38, No. 1, 1984, p. 19.

廊中，以中国—中南半岛为基础构建的澜湄合作机制最富发展前景，中国政府提出的中国—东盟命运共同体也有助于推动这一增长极。

2013 年 10 月，习近平主席在印度尼西亚国会演讲时提出"建设中国—东盟命运共同体"，其中包含有"心心相印"的说法。① 无独有偶，1977 年 8 月，日本首相福田赳夫在菲律宾马尼拉提出了与东南亚"心心相印"的"福田主义"，强化日本与东南亚的互惠关系。当时，日本的人均 GDP 只有美国的 68.7%，但却是中南半岛国家的 15 - 17 倍。在这一阶段，日本经济的高速增长基本结束。如表 3 所示，在以购买力平价计算的人均 GDP 意义上，中国与东南亚的关系已发生显著变化。20 世纪 70 年代后期，中国与东南亚中南半岛国家基本处于同一发展水平，现在人均 GDP 是它们的 2 - 4 倍。但需要注意的是，与当年日本的差距还很大。2013 年中国人均 GDP 为美国的 23.4%，落后于新加坡、马来西亚和泰国。如果考虑总人口 1.6 亿的北京、天津、上海、江苏四个省市，那么这种对比关系会有较大变化，这对于理解中国地方政府推动"一带一路"的能力很有意义。2015 年，上述四个省市的人均 GDP 为 16300 美元，换算成购买力平价为 2.8 万美元，是柬埔寨的 8 倍。

中国选择在印度尼西亚提出"命运共同体"这个构想，确实也是看到从 20 世纪 70 年代以来，印度尼西亚的发展速度和地区影响力远远超过菲律宾。菲律宾当年是与泰国相当的发展中国家，也是美国在亚洲进行民主改革的"窗口"。但如图 1 所示，1990 - 2015 年菲律宾的人均 GDP 年均增速不足 2.2%，而印尼超过 3.6%，印尼的影响力远远超出了东南亚地区，并成为 G20 成员国。表 3 还表明，在中国成为全球第二大经济体之后，中国相对于中南半岛国家确实是富裕多了。中国政府于 2015 年末倡议构建澜沧江—湄公河合作机制，并于 2016 年 3 月正式启动，该机制将成为今后一段时间中国推进"一带一路"建设的标志性区域合作新模式。在十八大之后，中国政府将惠及周边作为一个显著的政策原则，这也是看到十几年来与周边国家关系已经显著分化。国际贸易经济学家的研究早就证实，与中国人均收入差不多的国家其实面临着严峻的竞争压力，从中国经济崛起中获益的主要是两端，即收入高于中国和收入显著低于中国的

---

① 习近平：《携手建设中国—东盟命运共同体——在印度尼西亚国会的演讲》（2013 年 10 月 3 日），《习近平谈治国理政》，外文出版社 2014 年版。

国家。① 因此，面向中低等收入国家设计新的制度，使其从中国崛起中获益，也是"一带一路"建设的应有之意。

表3　中日提出与东南亚构建"心心相印"关系时的人均GDP水平

1977年			2013年		
	人均GDP	日本/该国		人均GDP	中国/该国
日本	12064	100%	中国	12368	100%
美国	17567	68.7%	美国	52750	23.4%
新加坡	7223	1.7	新加坡	80768	15.3%
马来西亚	3076	3.9	马来西亚	24231	51.0%
泰国	2249	5.4	泰国	15435	80.1%
菲律宾	2210	5.5	印度尼西亚	10010	1.2
印度尼西亚	1675	7.2	菲律宾	6587	1.9
老挝	821	14.7	越南	5300	2.3
越南	818	14.7	老挝	4954	2.5
缅甸	—	—	缅甸	4479	2.8
柬埔寨	717	16.8	柬埔寨	3058	4.1
中国	894	13.5	日本	39023	31.7%

资料来源：1977年数据来自安格斯·麦迪森，2013年数据来自世界银行，两者均是购买力平价（PPP）数值。

四、中国迈向高收入国家与大国关系

如果说中国提出"一带一路"倡议只是为了造福沿线国家，而无关自身发展，这恐怕不是中国政府的出发点，同样，我们也不会接受这样一种说法，即"一带一路"是中国的慈善事业。对中国与"一带一路"关系更好的一种理解是，"一带一路"的成功将有助于中国实现第二个百年目标，即彻底成为一个高收入国家。在人均收入与美国的差距不断缩小的同时，中国的技术也将越来越

---

① Barry Eichengreen and Hui Tong, "How China Is Reorganizing the World Economy", Asian Economic Policy Review, Vol. 1, ．o. 1, 2006, pp. 73－97; Barry Eichengreen, Yeongseop Rhee and Hui Tong, "China and the Exports of Other Asian Countries", Review of World Economics, Vol. 143, No. 2, 2007, pp. 201－226.

先进，从而更有利于将经济实力转化为政治影响力，这对美国而言确实是一个重大的挑战。中国政府认识到实力壮大之后会对国际秩序造成重大影响，而且也坚持认为中国在成为一个真正的大国时仍然需要一个良好的外部环境，特别是巩固一个独特的周边环境。因而，也可以将"一带一路"看作一项外交战略，即一个崛起的中国如何进一步构建发展环境、中国是否可以避免"修昔底德陷阱"。就此而言，可以统筹考虑中国学者对"一带一路"的三种典型说法——国内发展战略、对外经济战略与国际战略，三者在逻辑和时间顺序上可以形成连贯的链条。

塑造有利于本国发展的外部环境是中国大战略的特色。自改革开放以来，中国外交基本上就是在这一目标指引下推进的，我们也如期实现了邓小平确立的人均收入翻两番的目标。但是，在中国于 2010 年成为中高等收入国家并稳步迈向高收入国家时，以往支撑较低人均收入水平的发展环境，能否适应更高阶段的要求呢？对此，国内有争议，有人建议继续韬光养晦，有人认为要奋发有为、改变不利的环境。事实上，对于一个发展中国家而言，和平环境往往是外生的。这种和平环境一般不由发展中国家本身提供，往往是由霸权国缔造的国际秩序决定的。美国塑造二战后国际秩序的历史表明，参与美国体系的成员需要提供支持，例如德国、日本和韩国均提供美国海外驻军的费用。与此同时，也不否认有相当多的国家是免费搭车者。那么问题就来了，当霸权国无力提供这种安全公共产品，且几个主要大国也不愿意共同承担时，世界会怎样？一个可供借鉴的经典案例是 20 世纪二三十年代，所谓霸权缺失导致冲突乃至战争，这也是约瑟夫·奈提出"金德尔伯格陷阱"的缘由。但中国显然已经认识到免费搭车有很大的代价，提出要让更多的发展中国家分享中国发展的红利。

中国政府计划于 2021 年全面建成小康社会，成为高收入国家俱乐部的一员，国际社会对中国经济总量在未来某个时间超过美国是有充分的心理预期的。中国早在提出"一带一路"倡议之前，就开始使用新型大国关系来描述与美国这个霸主的关系，其缘由之一也基于这样一个事实：中国在变成全球最大经济体时，其军事力量仍然远远不及美国。从国际关系理论上看，大国（great power）最核心的含义是军事力量。[①] 据西班牙艾尔卡诺（Elcano）皇家研究所构建

---

① 有关西方国际关系理论对大国的各种定义，参见钟飞腾：《超越地位之争：中美新型大国关系与国际秩序》，《外交评论》2015 年第 6 期，第 75 – 86 页。

的全球存在感指数（Global Presence Index），2015 年全球主要大国的排序依次是美国（1100）、中国（414）、德国（404）、英国（404）、俄罗斯（320）、法国（317）和日本（248）。与美国相比，中国经济第二、军事第三，但软实力排名第 5 位，低于英国、德国和法国。① 显然，中国试图提供一种新的关于什么是大国的定义，尽量使军事力量的发展与经济利益的扩展相匹配，而当前美国军事力量占全球比重远远超过其经济力量的占比。

中国建设新型大国关系的努力伴随着中国崛起的整个进程。作为一个在近代遭受西方侵略并获得政治独立的大国，中国在二战后的一批新国家中具有独特性。这种独特性的显著内涵之一是，中国曾用革命性的方式谋求改善国际秩序，并且理所应当地认为中国应该为人类社会发展做出较大的贡献。在此过程中，有三次比较显著的构建新型大国关系的努力。第一次是 20 世纪 50 年代，标志性成果是万隆会议，团结的对象主要是处于边缘区的亚非新独立国家。第二次则是 20 世纪 70 年代后期，合作对象是依然处于边缘和半边缘区的拉美国家，标志性事件是推动《联合国海洋法公约》的签署。第三次则是 2008 年国际金融危机爆发后直接针对西方国家提出的，此时，中国已经是现有国际秩序的维护者和支持者。尽管中方努力与美国构建新型大国关系，但美国奥巴马政府的兴趣只停留在中方提出的不对抗、不冲突这一点上。在特朗普担任美国总统之后，对中国能否推行新型大国关系建设的忧虑变得更加突出。2017 年 4 月 8 日，习近平主席在美国佛罗里达州海湖庄园会晤美国总统特朗普时提出，中国欢迎美方参加"一带一路"框架内合作。② 5 月 14 日，特朗普特别助理、白宫国家安全委员会负责东亚事务的高级主任马修·波廷杰（Matthew Pottinger）率队参加了"一带一路"国际合作高峰论坛。对此，美国右派网站 Breitbart 刊登的一则评论将特朗普此举称之为"最富尼克松式的举措"。③ 值得注意的是，中国曾在国力还比较弱小的时候，提出与美苏构建新型国家关系，但进展不大。中国构建新型国际关系和新型大国关系的历史似乎也说明，一国的对外战略也

① Iliana Olivie and Manuel Gracia, Elcano Global Presence Report 2016, Real Instituto Elcano RoyalInstitute, 2016, http://realinstitutoelcano.org.

② 新华社：《习近平同特朗普举行中美元首第二场正式会晤》，新华网，http://news.xin-huanet.com/world/2017 – 04/08/c_ 129527507.htm，2017 年 4 月 8 日。

③ John Carney, "The Most. ixonian Thing Trump Did Today Had. othing to Do With Comey", May12, 2017, http://www.breitbart.com/big – government/2017/05/12/nixonian – thing – trump – today – nothingcomey/.

要符合比较优势和发展阶段的需求。

西方社会对中国推进"一带一路"的担忧，主要体现在地缘政治上。① 按照美国人的说法，"一带一路"建设成功之日，欧亚大陆将被一个单一的权力控制，将严重冲击美国的国家安全。鉴于"一带一路"建设仍处于初级阶段，还很难获得直接证据来证实或否定上述推测。从新中国成立以来三次推动新型国际关系和新型大国关系的历程来看，中国对国际体系造成巨大冲击的阶段，是自身作为一个边缘区国家与苏联结成盟国之时。到了第二个阶段与半边缘区构建新型关系时，对国际体系的冲击持续时间很短。目前处于第三个阶段，即试图与核心区国家在关键议题上达成一致。这些关键议题的核心是，能否找到一种新的合作机制，让中国人和美国人一起变得比以前更为富裕。

"一带一路"并非是绕开核心区国家，在边缘地带发起冲击。证据之一是加入亚洲基础设施银行（AIIB）的国家分布全球，特别是很多成员国是位于核心区的欧洲发达国家。AIIB 的成功也表明，一个崛起的中国是可以创造一些机制，与富裕国家搞好关系的。就此而言，中国获取大国地位的路径，不同于历史上的德国与日本，当年这两个国家都在本国附属地带构建排他性的"泛区"，且通过武力强行实现"泛区"的政治和经济一体化。但"一带一路"沿线国家，特别是人口多达 24 亿的低中等收入国家，分布在中亚、南亚和东南亚的广阔地带，不仅政治上难以统一，经济上短期内也很难形成一个较为完整的一体化区域。即便到 2030 年左右，这个地带的人口从低中等收入转变为中高等收入，也不可能实现政治与经济的一体化。该区域的多样性和复杂性也表明，中国很难控制或者主导这个广阔的地带，更不用说将其整合成一个统一的政治和经济力量，向核心区发起冲击。因此，美国完全没有必要担忧中国在实现"一带一路"建设的阶段性目标后所具有的地缘政治冲击力，特别是中国继续坚持"不干涉内政"原则以及秉持共商、共建与共享原则，充分尊重沿线国家的主权。

"一带一路"沿线国家多数处于大规模的技术吸收阶段，只有部分国家开始向大众消费阶段迈进，在产业序列上根本不构成对发达国家前沿产业的伤害。中国国内大规模推进产业创新，特别是制造业 4.0 版，用意之一是增强中国产

---

① 最近，澳大利亚智库罗伊国际政策研究所开始认可"一带一路"的非地缘政治目标可能更重要。参见 Peter Cai, Understanding China's Belt and Road Initiative, Lowy Institute for International Policy, March 2017, https：//www.lowyinstitute.org。

业的国际竞争力。另外，也可以为"一带一路"沿线国家的技术升级提供帮助。中国政府也认识到，尽管中国在某些领域处于前沿地带，但国内很多地区甚至存在完成工业革命第一阶段的繁重任务。几种工业革命阶段并存的现象并非中国独有，而是很多发展中国家的共性。达沃斯世界经济论坛主席施瓦布在《第四次工业革命》中指出："在世界上部分地区，以前的工业革命还在进行之中。全球仍有13亿人无法获得电力供应，也就是说，仍有17%的人尚未完整体验第二次工业革命。第三次工业革命也是如此。全球一半以上的人口，也就是40亿人，仍无法接入互联网，其中的大部分人都生活在发展中国家。"①

对"一带一路"沿线国家来说，中国的产能是可以利用的。目前，西方发达国家无法与中国所吸收的第二次工业革命成果相竞争，西方国家的全球制造业贸易占比远远低于中国。当然，就规模而言，"一带一路"沿线没有任何一个国家可以完全承接中国的产业转移。只有通过若干个国家的合作，即某种新型的地区合作才能实现中国的产业转移，这种新型的地区合作可以是"经济走廊"，也可以是中国的境外加工园区等，都需要与沿线国家通过"干中学"加以推进。与此同时，中国必须创造和维护地区合作所需要的基础设施能力和政治氛围。由于需要创建多个层次的地区合作机制，"一带一路"本身蕴含着共同发展的新含义，这在一定程度上可以防止近代国际关系史上产业跨国转移引发的政治动荡。对中国来说，提升这些国家的工业能力，在经济上是扩大市场，但更重要的是，"一带一路"沿线国家的经济发展，将迫使这些国家注重政治稳定和增加安全投入，改善这些地区的安全形势，有助于维护中国日渐增长的海外利益。

如果各国真能响应中国的倡议，围绕"一带一路"实施下一阶段的全球化发展战略，则有可能推动全球转型和地区转型。"一带一路"沿线的中低等收入国家将取得极为明显的收益，即转变为中高等收入国家。这是一个几乎两倍于中国人口规模的大市场，完全可以抵消过去产业转移所引发的政治冲突。如果真的实现了这一目标，那么我们也可以说发展中国家创造了历史，实现了西方工业化国家两百年来所没能实现的目标，帮助欧亚大陆从第二次工业革命飞跃到第三次工业革命阶段。从思想理论上说，则再度证明了工业化进程中政府角色的重要性，国家治理能力对市场经济建设至关重要。这至少可以纠正发展中

---

① ［德］克劳斯·施瓦布：《第四次工业革命》，李菁译，中信出版社2016年版，第5页。

世界盲目追随最先进经济体模式的误区，今后发展政策和对外关系的中心将是最合适的发展中国家之间的组队，而不是最发达和最不发达国家之间的关系。对发展中国家而言，今后一个时期将回归亚当·斯密和马克思的古典政治经济学传统，即十分重视非经济因素对经济发展的影响。

因此，中国投入巨大的力量推进"一带一路"建设，其重要的战略目标是稳定周边环境和创造中国崛起的良好国际环境。从这个意义上说，"一带一路"和"新型大国关系"具有本质上的一致性，都是为中国进一步迈向下一个发展阶段夯实基础。将"一带一路"与"新型大国关系"联系在一起考虑，也有助于从战略上更好地维护中国的国家利益。

五、结论

"一带一路"是沿线各国共同参与的发展蓝图，而不是中方单方面实施的援助。辨识各种有关"一带一路"说法的基本前提是摸清沿线国家的发展现状，充分重视沿线国家的需求，而不只是关注中国的出发点和目的。本文提供了一个发展的视角来理解"一带一路"沿线的整体区域特性。从人均 GDP 角度来看，全球 80% 以上的中低等收入人口在"一带一路"沿线。而且，在"一带一路"沿线国家中，中低等收入水平国家的制造业能力显著低于全球平均水平。对处于这个发展水平的国家而言，提高收入水平是至关重要的。鉴于 2010 – 2015 年间"一带一路"中低等收入国家的 GDP 增速为 5.9% 以及中国花了 12 年时间转变为中高等收入国家这两个事实，可以将"一带一路"建设的主要目标设定为，未来 12 – 15 年将沿线国家中的 24 亿处于低中等收入水平的人口转变为中高等收入人口，即人均 GDP 翻一番，增长到 4600 美元。

20 世纪 90 年代以来，中国在实现人均 GDP 翻一番或者翻两番方面拥有几乎是独一无二的良好记录。能够取得这种成就，与中国推进以制造业为核心的工业化、以出口导向为核心的发展战略以及充分重视维护与发展良好的外部环境有关。在全球贸易环境发生巨大变革的同时，上述有利因素也在发生变化。中国应与"一带一路"沿线国家共同商讨新的发展战略，推进基础设施建设，实现更高程度的互联互通，进行产业转移和加强发展中国家之间的深度合作。一言以蔽之，推动适应地区需求的经济合作与基于地区背景的全球化。更进一步而言，当中国成为中高等收入国家时，其沿海地区已成为一个拥有 5.7 亿人口的高收入地区。就人口规模占全球比重和人均 GDP 而言，2015 年的中国东部沿海地区相当于1965年的美国，但东部沿海11省市的GDP总量是当时美国的2倍多。如果考虑到中国拥有全球最大的制造业贸易能力，加上中国提出的共商、共建、共享原则，那么中国的沿海地区的确具有带动"一带一路"中低等收入国家发展的能力。

如果"一带一路"沿线24亿中低等收入人口能在未来15年实现人均GDP翻一番，那么也将为中国真正地转变为一个高收入国家创造良好的外部环境。在发达国家逆全球化思潮将长期存在的情况下，"一带一路"对中国发展本身的推动力同样是重大的。由于"一带一路"战略的推进将显著提高沿线国家收入，使沿线国家自愿增加安全投入，维护地区稳定，因此也会减轻对中国的非传统安全冲击。

中国通过"一带一路"建设成为一个高收入国家的发展前景，势必影响到霸权国对中国政策意图的判断。中国对于崛起国与守成国的关系有着清醒的认识，提出构建新型大国关系，意在防止与美国发生冲突，并试图使美国认可中国的发展道路。尽管美国方面反应比较冷淡，但随着"一带一路"沿线国家中绝对多数人口迈向中高等收入，这一情形会发生较大改变。更多的发展中国家将认识到，那些人均收入在四五万美元以上的国家提出的发展政策很难直接用来提高本国的发展水平。"一带一路"沿线国家中的中低等收入国家会更频繁地寻求与中国讨论发展方案，中国与"一带一路"沿线国家完全有能力塑造基于地区背景的新型全球化。而一个变得更加富裕的"一带一路"，也将充分提高美国解决其国内政治经济难题的可能性，就此而言，中美在建设"一带一路"上拥有长远的共同利益。

（原载于《外交评论》2017年第3期）

"一带一路"建设彰显开放的三个历史性转变[*]

　　十八届五中全会提出的开放理念要求我们以开放的最大优势谋求更大发展空间，为中国经济实现腾飞注入新的开放活力。2016 年 8 月 17 日习近平总书记在推进"一带一路"建设座谈会上强调："以'一带一路'建设为契机，开展跨国互联互通，提高贸易和投资合作水平推动国际产能和装备制造合作，本质上是通过提高有效供给来催生新的需求，实现世界经济再平衡。"[①]"一带一路"建设将以新一轮开放为标志成为我国经济发展新动力。深刻理解"一带一路"建设和把握新一轮开放的实际内容，更好以开放理念为引领，实现更高水平的开放型经济，是"十三五"规划的重要着力点之一。

　　2013 年，习近平总书记在访问中亚和东南亚时，分别提出建设"丝绸之路经济带"和"21 世纪丝绸之路"的倡议。建设"一带一路"是党中央做出的重大战略决策，是实施新一轮扩大开放的重要举措。习近平总书记形象地指出，"一带一路""就是要再为我们这只大鹏插上两只翅膀，建设好了，大鹏就可以飞得更高更远。"[②]"一带一路"建设已有三年，从无到有、由点及面，进度和成果超出预期。对外开放发展到以我国为主导的新阶段，和 20 世纪 70 年代末的开放具有了不同的特征和内容，彰显了对外开放与时俱进的发展。习近平总书记指出："一个国家强盛才能充满信心开放，而开放促进一个国家强盛。党的十一届三中全会以来我国改革开放的成就充分证明，对外开放是推动我国经济社会发展的重要动力。随着我国经济总量跃居世界第二，随着我国经济发展进

---

　　[*] 本文作者：顾钰民，复旦大学马克思主义学院。
　　[①] 《习近平在推进"一带一路"建设工作座谈会上强调：总结经验坚定信心扎实推进，让"一带一路"建设造福沿线各国人民》，《人民日报》2016 年 08 月 18 日。
　　[②] 《习近平总书记系列重要讲话读本》，学习出版社、人民出版社 2016 年版，第 266 页。

入新常态，我们要保持经济持续健康发展，就必须树立全球视野，更加自觉地统筹国内国际两个大局，全面谋划全方位对外开放大战略，以更加积极主动的姿态走向世界。"① 以"一带一路"建设为标志的开放战略在中国开放道路上将以三个历史性转变载入史册。

一、从适应性开放转变为引领性开放

20 世纪 70 年代末的改革开放是党和国家工作重心的历史性转折，从原来的闭关自守走向改革开放，我们把走上改革开放道路作为依据划分新中国成立后前 30 年和以后发展道路的不同特点。开放以后，根据我国和世界经济发展的趋势和规律，通过发展各种形式的对外经济关系，把国内发展更多联系国际发展，主动适应经济开放发展的客观规律，由封闭型经济走向开放型经济。这是一个巨大的转变和进步，开放发展成为中国经济发展的基本特征之一。

与开放发展相适应，我们在体制上进行了根本性改革，实现封闭型体制向开放型体制的转变，这是国内的体制改革为适应开放的需要进行的同步推进，实现开放和改革的互动互促，2011 年胡锦涛在庆祝中国共产党成立 90 周年大会上的讲话中指出，中国共产党在 90 年发展历程中，做出了三次历史性选择：制度选择、道路选择、模式选择。这三次选择使中国人民在革命、建设、改革的伟大征途上实现了三次历史性转变：从半殖民地半封建社会到民族独立、人民当家作主新社会的历史性转变；从高度集中的计划经济体制到充满活力的社会主义市场经济体制、从封闭半封闭到全方位开放的历史性转变；从以量的增长为主的发展模式到全面协调可持续科学发展模式的历史性转变。在这过程中，形成了中国化马克思主义两大理论成果：毛泽东思想和中国特色社会主义理论体系。这是对建党 90 年发展所做出的三次历史性转变的概括。

从 20 世纪 70 年代末开放的特征来看，这一转变主要是适应性转变。适应中国发展实际、时代发展要求和现代化发展需要的变化，所以称为适应性开放，这是我国开放的第一阶段，是开放的初期阶段，这一阶段的开放对于我国的发展所起的作用，无疑是具有历史性的。但是，事物总是不断向前发展的，发展没有止境，实践的发展要求我们的开放向更高层次发展。在以习近平为核心的

---

① 《习近平在推进"一带一路"建设工作座谈会上强调：总结经验坚定信心扎实推进，让"一带一路"建设造福沿线各国人民》，《人民日报》2016 年 08 月 18 日。

党中央领导下，中国特色社会主义实践和时代的发展，对中国的发展提出了新的挑战，也提供了新的机遇，党中央提出实施"一带一路"建设，以此为转折，中国的开放进入了一个新阶段，其显著的标志之一就是我国的开放由适应性开放转变为引领性开放。

从适应性开放到引领性开放的转变，体现的是中国开放发展的可持续性，这种可持续性的根本动力来自于开放的创新发展。适应性开放成熟阶段表现为我们在体制、制度、政策等方面已经基本上和世界接轨，尽管我们在各方面还需要不断完善、深化，在不少地方还有需要继续做好事情，但这是属于要进一步做好、做细、做深的任务，是属于进一步完善的任务。引领性开放的实质在于开放战略上的创新，创新才是开放不断迈向新阶段、新层次的动力源。从适应性开放到引领性开放的转变，真正意义是开放的创新发展。

引领性开放的特征是我们主要不是简单地适应开放的客观要求，而是要引领地区和世界的开放发展。"一带一路"建设是在30多年开放发展的基础上，从变化了的国情和时代境遇出发，以我国为主导的把区域和世界作为舞台实施的进一步提升开放层次的引领性开放。与20世纪70年代末的开放相比不同的是，前者体现的是适应发展要求的开放，而后者体现的是引领发展趋势的开放；前者是我们跟着世界发展趋势走的开放，后者是体现我们引领区域和世界经济发展趋势的开放；前者是主动适应世界的开放，后者是主动引领世界的开放。这是我国开放层次不断提升的表现，今天的"一带一路"建设对于我国开放发展的层次提高具有历史意义，体现了党中央面对经济发展"新常态"和世界经济发展新挑战，从治国理政高度体现了中国经济发展新思想、新理念、新战略，是在开放领域展现的新的治国方略。

二、从没有话语权的开放转变为构建制度性话语权的开放

20世纪70年代末的开放，我们基本上不具有自己的话语权，只能跟着别人制定的规则走，在别人起主导作用的框架下争取的只是谈判桌上有限的利益。这是我们走上开放道路必经的一个发展阶段。一个国家在国际经济领域的话语权是以一定的基础为前提的，不是光凭自己的主观愿望决定的，是以实力和能力为条件的。一国的话语权是用自己的话语体系来表达经济、政治、文化、科技、军事、国家利益的语言权力、能力、影响力、引导力，体现的是国家在国际经济领域的地位高低、作用大小。话语权是个复合体，由多种因素构成，既

是一种硬权力，也是一种软权力，既是有形的、又是无形的。准确地说，是一国综合实力的话语表达力。由于种种原因，一国在某个历史阶段在世界上没有自己的话语权，如果要重新掌握和提升话语权，需要有个过程，需要创造各种条件，进行多方面积累。话语权，特别是制度性话语权不是一蹴而就的。制度性话语权就其内容来说，实际上是一国综合国力的语言表征，是一国参与全球经济活动深度、广度、力度、能力、作用力、影响力的具体体现。以"一带一路"建设为标志的新一轮开放正在践行着提高在全球经济治理中的制度性话语权。从没有话语权的开放转变为构建制度性话语权的开放是开放发展进程中的一个历史性转变。综合国力是制度性话语权的物质基础。弱国没有自己的国际地位，当然就没有自己的话语权。没有话语权，就是没人听你的，别人根本不在乎你说什么，你有话没地方说，说了也没有人听，在国际经济领域只能充当一个没有发言权的哑巴。在凭实力说话的现实世界中这是不可撼动的铁律。我们通常说"弱国无外交"就是这个规律的形象表述。落后只能被动挨打，只能被殖民、被掠夺，在列强面前根本就没有平等、公平可言，我国对曾经历过的这段屈辱历史的记忆尤其刻骨铭心。铭记历史是为了更好开创未来，中国人民没有话语权的历史已经一去不复返。在中华民族伟大复兴的征程上，着力提高我国在全球经济治理中的制度性话语权，是时代赋予我们的责任和使命。

我国在全球经济治理中的制度性话语权从根本上说是以"四个力"为基点的综合国力为依据的。没有综合国力的增强，要提升全球经济治理中的制度性话语权只能是一厢情愿。这里说的"四个力"包括：第一是硬实力，主要是经济、政治、科技、军事实力。第二是软实力，主要是精神、文化、民族凝聚力。第三是影响力，主要是与世界交流、沟通、合作过程中具有的亲和力、渗透力、扩展力、挑战力。第四是自信力，主要是对自己话语的信念、信心和对民族文化的自信。

十八届五中全会围绕提高我国在全球经济治理中的制度性话语权，把"四个力"结合起来，在开放理念引领下，以参与制定国际领域各种制度和规则的形式来体现和提高制度性话语权。制度性话语权不是抽象的，要以各种具体内容来反映，必须有看得见的载体。"一带一路"建设以强烈的问题意识和导向，针对目前存在的问题和短板，着力加快提高我国在区域和全球经济治理中制度性话语权的建设，核心是提高开放水平，形成开放新局面和与世界深度融合的互利合作新格局。按照经济学理论中的"木桶效应"原理，经济发展水平不是由最长的木板决定，而是由最短的木板决定。目前我国在全球经济治理中的制度性话语权与发达国家比还不够强，是制约我国综合能力提升，构建平等公正、合作共赢国际经济秩序目标实现的短板。"一带一路"建设提出了一系列有针对性的规划措施和具体行动目标。

"一带一路"是我国实施的国家战略建设，是以我国为主导的开放建设，对我国的开放格局，提升在国际上的地位和影响，提高在全球经济治理中的制度性话语权都将产生重要的作用。作为"一带一路"建设重要内容的"亚投行"建设和运行，是我国在着力提高全球经济治理中的重大举措，是首个由中国倡议设立的多边金融机构，也是由发展中国家倡议成立并吸收发达国家加入的高标准国际金融机构的成功范例。

"亚投行"的建设和运行，从制度上保证它作为国际金融领域的一种制度性安排是对现有国际金融制度主要由发达国家来主导这一状况的挑战，它是以中国为主要发起国的国际金融领域的制度创新。这一制度安排有利于扩大对外贸易投资合作，能够有效带动亚洲大量基础设施建设项目，对亚洲国家进行投资，推动基础设施建设和互联互通，有助于打造亚洲大市场，进一步释放亚洲经济发展潜力，推动国家经济发展，这反过来又会带动和提升中国商品的海外市场需求，推动中国与亚洲其他国家的经贸合作，有利于推动人民币国际化。随着中国在世界经济中的重要性增加，"亚投行"也是中国金融走向国际化的关键节点，中国在国际金融体系将发挥更大作用，在国际经济金融规则制定方面具有更大影响力。

首先，服务于亚洲振兴。据测算，在2010—2020年期间，亚洲发展中国家基础设施投资总需求高达8万亿美元，年平均投资约需7000多亿美元，而现有多边开发银行在亚洲基础设施领域的年度投资规模仅约为100亿-200亿美元。在这种情况下，通过设立"亚投行"，动员更多资金，支持区域基础设施建设和互联互通，将为亚洲经济增长注入长久动力，也有利于形成周边国家与中国经济的良性互动。"亚投行"将有效增加亚洲地区基础设施投资，多渠道动员各种资源特别是私营部门资金投入基础设施建设领域，推动区域互联互通和经济一体化进程，也有利于改善亚洲发展中成员国的投资环境，创造就业机会，提升中长期发展潜力，对亚洲乃至世界经济增长带来积极提振作用。

其次，服务于南南合作和南北合作。"亚投行"创新的一大亮点，是发展中国家占多数且拥有较大话语权。这既顺应了国际经济格局的发展变化，也彰显了发展中国家携手推进亚洲区域发展的信心与决心。亚投行 57 个成员国，涵盖亚洲、大洋洲、欧洲、非洲、拉美五大洲，以发展中成员国为主体，同时包括大量发达成员国，这一独特优势使其能够成为推进南南合作和南北合作的桥梁和纽带。

再次，服务于全球治理。"亚投行"不仅激励国际金融体系变革，也在开创 21 世纪全球治理新路径，并且将遵循"公开、透明、择优"原则遴选管理层明确写入协定，是一项区别于现有主要多边开发银行的创新之举，反映了"亚投行"一贯坚持的现代治理理念。正如习近平总书记指出的，"亚投行"正式成立并开业，对全球经济治理体系改革完善具有重大意义，顺应了世界经济格局调整演变的趋势，有助于推动全球经济治理体系朝着更加公正合理有效的方向发展。为做到这一点，"亚投行"充分借鉴现有多边开发银行在治理结构、环境和社会保障政策、采购政策、债务可持续性等方面好的经验和做法，取长补短，高起点运作；同时奉行开放的区域主义，开展联合融资、知识共享、能力建设等多种形式的合作和良性竞争，相互促进，取长补短，共同提高，提升多边开发机构对亚洲基础设施互联互通和经济可持续发展的贡献度，极大拓展了"一带一路"的全球效应，增强了人们对"一带一路"建设的信心。此外，还有金砖国家的新发展银行，上合银行等。这说明，世界日益增长的对公共产品的需求与落后的供给能力之间的矛盾，就是中国发力的出发点，真正体现了"源于中国而属于世界"的中国担当。

"亚投行"使中国的国际号召力极大提升，它孤立了敌视中国的美国和日本，是中国在美国主导的世界银行和日本主导的亚洲开发银行之外另起炉灶，取得了一定制度性话语权。实际上，"亚投行"的成立标志着中国开始从被动应付国际形势变化转变为主动出击。以下几层意义特别显著：

一是中国开始制定世界经济规则。美国主导的世界银行、国际货币基金组织和世界贸易组织为世界经济定下了游戏规则，这个规则是为美国服务的，它决定了美国在世界经济秩序尤其是世界金融秩序当中的绝对话语权。在这个框架之下，日本在美国的支持下成立了亚洲开发银行，在美国主导下分得了一部分利益。近些年，欧盟和欧元体系的确立使得美国在世界经济和世界金融领域的霸权有所动摇。但欧洲不可能也不愿意真正抗衡美国。随着中国经济实力的不断壮大，中国不会只满足于成为一个世界工厂，中国影响世界经济秩序甚至自己来制定世界经济的规则是必然趋势。由中国主导、控股，先成立一个区域性的亚洲基础设施与投资开发银行，以此寻求主导世界经济和金融秩序，提高在世界经济和金融领域的话语权。

二是中国雄厚的外汇储备有了用武之地。中国是美国的最大债权国，到2015年一季度，中国持有的美国国债已经达到了12000多亿美元。国家那么多的外汇储备不能只放在金库里，必须要投资理财，但是我们没有自己主导的世界银行和国际货币基金组织，也没有自己的高盛和摩根士丹利。在经济领域，美国是世界的老大，买老大的国债毕竟更安全一些，有了"亚投行"和丝路基金以后，起码给中国的外汇储备找到了出路。今年一季度中国已经连续减持了四百多亿美元的美国国债，把美国国债的最大债权国让给了日本。

三是它把众多创始会员国的利益紧紧捆在了一起。当亚洲的大多数国家都成为"亚投行"的创始会员国时，这些国家在进行基础设施建设的时候肯定会首先选择"亚投行"，而不是世界银行或者亚洲开发银行。当亚洲开发银行由中国控股而且总部设在北京，可以想象，它完全可以用人民币进行放贷和结算，"亚投行"的感情纽带和经济手段相结合会有更好的效果。"亚投行"建设和实际运行是我国在国际金融领域制度性话语权提升的一个重要标志。

在20世纪70年代末开放的初期，我国是开放的参与者，积极融入开放是我们的主要任务，如何提高在全球经济治理中的制度性话语权，对于我们来说还是一个比较陌生的词语，当然，我们当时还没有这样的实力和能力，只能是旁观者。但是，实施"一带一路"建设情况就发生了根本性变化，随着我国经济、政治、文化、科技、军事实力的迅速增长，我国不再只是一个旁观者，提高我国在全球经济治理中的制度性话语权已经成为紧迫的现实问题，十八届五中全会把它纳入了我国实现"两个一百年"奋斗目标第一个百年奋斗目标的规划。我们现在是要在开放过程中不断提高在全球经济治理中的制度性话语权，我们不仅积极参与开放，同时要在引领开放的过程中参与各项制度建设，"一带一路"建设和不断提高开放中的制度性话语权是同一个过程。开放更多的是引领性开放、是以我国起主导作用的开放。

三、从政策性开放转变为战略性开放

开放从一般意义上说，主要是贸易往来、人员往来、资金往来等，是以货物贸易、技术贸易、服务贸易为主体内容的传统意义上的开放，是以"引进来"为主要内容，也结合"走出去"的开放模式，这样的开放模式以政策性的开放

为基本内容，我国 20 世纪 70 年代的开放就是按这样的模式走过来的。从政策上设立"经济特区""沿海经济开放城市""沿海经济开放区"等就是以开放政策的不同作为开放度的差别来引领不同层次的开放。开放政策特征的不同在很大程度上决定了开放层次和开放格局的不同，这种政策层面的开放模式是发展中国家从闭关锁国走向开放的共性表现之一，由此带来的一个普遍现象是导致政策的效仿和攀比，产生政策性开放的竞争。在开放初期这种情况有一定的客观性和不可避免性，但是，随着开放政策的不断成熟，只是在政策层面做文章的开放空间越来越小，更多地要走向规范的制度建设，更多地从一国的发展战略整体上来规划开放建设。开放已经不仅从政策层面来为加快经济发展创造条件，而是把开放作为整体发展战略构成的一个有机组成内容，或者说，开放是包含在国家发展战略和实现世界经济再平衡战略之中的整体规划内容。

"一带一路"建设为标志的开放已经不仅限于传统意义上的开放内容，而是习近平总书记所说的各国政策沟通、设施联通、贸易畅通、资金融通、民心相通这"五通"为主要内容构成的新一轮开放系统的基本特征，是作为一个国家的整体战略提出来的，要构建的不是某些政策层面的开放内容，而是互联互通互融全方位的开放系统和战略。我们明确提出这是一种更高层次的国家开放战略，是党中央做出的重大战略决策，把原来的贸易、技术、人员往来提高到互联互通互融的"五通"高度，从浅层次的政策性开放转变为深层次、全方位的国家战略性开放。

政策沟通是政府层面的推动和协调，"一带一路"作为政府之间合作和推动的开放建设，首先做出协调的是政府的政策协调和沟通，这实际上是为全方位的合作铺平了道路，既为各个领域的合作指出了方向，也起着实际上的引导作用，各国政策沟通和协调是最重要的宏观环境，政策接轨了，各方面的工作就能够畅通，就不会处处遇到障碍，各国的政策环境好了，产业领域民间的合作就会有大的发展。所以，"一带一路"建设不是一个民间的合作项目，而是由政府推动的，得到各国政府倡导、支持、鼓励的战略合作项目，各国之间的经济关系协调，是必须解决好的最困难的问题，离开了政策沟通其他的事情将寸步难行。在这方面政策沟通起着决定性作用。"一带一路"建设先从政府高层解决政策问题，由上到下推动开放格局的发展，这是"一带一路"建设具有的鲜明特征。

设施联通是"一带一路"建设的基础条件，无论是贸易往来、人员交流、资金流动都需要有基础条件的支撑，基础设施曾经是各国经济发展的一个短板，所以设施联通往往是各国贸易、投资与国际联系的关键项目，原来各个国家关注较多的是国内的基础设施建设，而与国际的基础设施联通，会由于政策、资金、技术、国力等多方面的原因，短时间难以形成能够适应发展要求的条件。注重设施联通，正是着眼于长远的发展，把"一带一路"建设沿线国家在地域上的联通作为一项基础工程。中国的基础设施建设在几十年中取得的成绩对经济发展起到的推动作用，为各国经济发展提供了具体的经验，中国在这方面具有的优势、技术、能力、经验、实力是各国通过各方面的合作，共同努力、共同建设具有了良好的现实条件，是让各国能够实实在在得到实惠的建设。

贸易畅通是"一带一路"建设最重要的主体内容之一，贸易是各国经济往来最广泛的大众化项目，涉及经济、民生、社会的各个方面，贸易畅通就是要使各国之间的贸易能够像国内贸易一样畅通无阻，国与国之间的贸易障碍主要在于关税和各种贸易保护主义的政策，当然也有交通等其他方面的因素，但最主要的是解决贸易畅通的软环境，即贸易政策和管理效率的问题。贸易是否畅通在很大程度上反映了各国的开放程度，以及与国际接轨的程度，但是，在贸易问题上，主张提高贸易自由度和实行贸易保护主义是各国出于自身的利益考虑都会采取的措施。而贸易畅通是各国"一带一路"建设共同努力的方向，资金融通是现代经济发展的集中体现，是现代经济的血液，资金融通带动的是经济发展的全面提升，贸易、投资、科技、基础设施建设都需要由资金来带动，资金融通带来的是效率，资金是各国经济发展的共同要素，因为它体现的是各国都认同的无差别的要素，它可以迅速转化为各种物质要素、人才要素、技术要素。有了资金其他的问题就有了解决的前提，所以，现在干什么事，首先是要资金到位，资金融通就是要为各国解决经济发展提供血液，通过资金融通解决各国存在的资金短缺问题，实现资金的互通，并通过设立"亚投行""丝路基金""基础设施投资银行""金砖国家新开发银行"等建设，把资金融通真正落到实处，支持各国的共同发展。

民心相通是在共同利益、共同发展基础上的民心建设，它既是以其他"四通"为基础，也是更好促进发展的民心条件。"一带一路"建设能够得到各国人民支持、拥护的根本是要让沿线各国人民看到这是本着互利共赢的原则，共同参与建设开展合作，有了良好的政治、舆论、商业、民意氛围，共同打造开放、包容、均衡、普惠的合作架构，"一带一路"建设就有持续发展的愿景和广阔的空间。

　　"一带一路"建设以这"五通"为特征的开放系统为我国开放建设规划了基本努力方向，开启了我国参与国际多边事务全方位合作的广阔领域，推动与各方面关系全面发展，有力推进了外交战略的发展。外交战略是为我国的世界发展目标服务的，"一带一路"建设与外交战略是相辅相成、相互促进的关系，全面提升我国和世界各国的各种关系。以上述三大历史性转变为标志的"一带一路"建设，是我国开放发展史上具有重要意义的大事件。

（原载于《思想理论教育导刊》2016 年第 12 期）

存在与影响：历史上中外文化交流对
"一带一路"建设的启示[*]

　　我这几年在研究历史地理、中国史和相关的历史时，有一个很深的体会，可以说到目前为止，我们中国人自己研究历史还停留在自娱自乐的阶段，基本上很少客观地分析中国历史、中国的传统文化在世界上的地位。在很大程度上就是简单的罗列，哪一阶段、哪一年中国产生了什么，发生了什么事件，似乎这就证明这些都已经在世界上产生了影响。现在中国人又开始走出去了，我们的信息也畅通了，那么请问，在今天我们所了解的外国文化中，有多少是受到中国古代文化影响的呢？今天世界上存在的制度文明，有多少中国的成分？很少。而且有时候我们把一种片面的认识当成全面的。比如说，我们认为东南亚受中国的影响很大，而事实是不是这样呢？实际上，中国文化在东南亚的影响主要是在华人里面。像印度尼西亚、马来西亚，甚至包括新加坡，他们的宗教主要是伊斯兰教，主要文化是穆斯林文化，而不是中国文化。而新加坡的政治制度、主流文化究竟是受英国制度、西方文化影响大呢，还是受中国文化影响大呢？

　　一种存在本身有时间和空间的范围，这必然会制约他人。但是它影响的大小或是否存在，就不仅仅取决于本身了，而要看到它与被影响者的关系。比如血缘、民族、语言、宗教、信仰、政治、利益等，比如在同一血缘或同一民族间会克服时间和空间的障碍，会产生较大的影响或保持较长久的时间。又如，同一种语言是最有利的传播媒介，同一种文字更能突破时间和空间的界限。宗教可以跨越时间与空间的影响，一旦形成了信仰，就可能产生非理性的结果，

---

　　[*] 本文作者：葛剑雄，复旦大学中国历史地理研究所教授。

不能用常理和逻辑来推断。政治与利益就更不是用时间与空间可以衡量的了。此外，还要考虑到影响者与被影响者之间的时间与空间距离，因为对同一因素而言，正常的影响力还是与时间、空间距离成反比的。所以说，存在并不意味着影响。

我们不能主观地认为，在中国已经消失了的文化，肯定对周边国家产生过什么样的影响。相反，有些在国外有保存在国内已经消失的中国文化，会反过来影响中国，这就是孔子所说的"礼失求诸野"。再者，还要考虑到文化影响者本身的传播态度和能力。是认真的、积极的，还是随意的、消极的甚至是防范的。例如宋朝禁止向契丹、西夏出口书籍，更不会主动传播文化，结果契丹、西夏都制定自己的文字，连佛经也从汉文翻译为西夏文，所以说宋朝的文化在契丹和西夏产生不了什么影响。第三，还与传播的手段与途径有关。在现代传播手段发明和运用之前，文化的传播只能通过人、文字和具体的物品。如果没有人和具体的传播物，即使处于同一时代，不同的文化之间也不可能有交流和影响。今天我们有了互联网，有了密集的人际交流，但是我们不能用现代化的手段来想象古代，不能说汉代的文化肯定影响了罗马，反过来也是如此。

正因为如此，我们就必须要了解中国古代文化的基本特征。

首先，由于地理环境的障碍，中国文化远离其他发达的文明。如果我们把今天所遗留下来的古代文明做个比较，绝大多数都可以找到它们之间的相互关系，但是只有美洲的玛雅文化与中国的文化很难找到与其他文明之间的联系交融。因为地理环境的障碍，在当时几乎是不可逾越的。历史上有好几次外来的文明到了中国的边缘，但最终几乎都没有传播进来，能够过来的往往很少。目前能找到的汉代与罗马的交流，就是"眩人"，即今天所说的杂技演员，他们来过，但连具体人数也没有。即便像史书所载，将他们当作罗马派来的使者，对文化交流能起到多大的作用？留下多大影响？正因为这样，中国的文化基本上是独立发展起来的，一直到近代才受到外来文化的冲击与影响，在这以前更多的是在物质上吸收外来的文化，精神上基本是独立发展的。所以在晚清时期，有很多文人志士才会感叹，中国遇到了"三千年未有之大变局"，这个大变局不是仅仅指坚船利炮、声光电，而是意识形态、文化、制度之类主体上的冲击。

其次，中国由于周边隔绝及自身优越的地理环境，所以在孔子时代就产生了强烈的"华夷之辨"，认为华夏优于蛮夷，蛮夷还没有开化，等同于禽兽。夷要变夏，就必须要接受华夏的文化礼仪，反过来如有华夏放弃了自己的文化传统，则可以由夏变夷。所以"华夷之辨"始终是根深蒂固的。在政治上，主张"非我族类，其心必异"，对夷人保持着防范的心理。如果认为夷人还有可取的话，那是因为他变成了夏的结果，而不是夷人本身。同时，古人还认为"天朝无所不有"，无须依赖外人，所以对外来文明的态度，统治者往往是出于不得已才容忍，或者完全出于个人的精神追求和物质享乐目的。所以直到清乾隆晚期，中国只接受朝贡贸易，而正常的贸易停留在民间或者走私，甚至需要通过外力干预才能够改变。

所以，中国文化的传统历来是开而不放，传而不播。我们现在往往赞扬汉唐如何的开放，但事实上是开而不放，打开一扇小门允许西域南海诸国、日本、朝鲜、越南、琉球等人进来，但目的是让他们来朝见或学习中国礼仪文化，而不是与他们交流，更不会向他们学习。中国古代很少主动去外界学习他国、他族的文化，唯一的例外是出于宗教的目的，比如法显、宋云、玄奘等到印度去取经。因为中国人不认为、不相信在中国之外还有能与中国相称的文明，更不会有值得中国学习的文明。另一方面，中国人也不认为有向外传播自己的文化的必要，因为境外都是蛮夷戎狄，不仅非我族类，而且尚未开化，也不愿接受教化，不配学习中国文化。朝鲜、越南、琉球等藩属国则因曾为汉唐故土，或长期向化，已被视同为中国文化区域。日本则一直列为外国，官方或正常情况下不会主动去传播中国文化。鉴真和尚是应日本之邀去弘扬佛法，其他成果都是副产品。朱舜水留在日本是因为明朝覆灭，他作为遗民回不了国。近代以前，中国从来没有去外国办过一所孔子学院，现在能够找到的古人在国外传播文化的例子，除宗教原因外，往往都是出于不得已或者是偶然。

在境外，中国文化的传播限于朝鲜、越南、琉球等通用汉字的地域和华人聚居区。不少人以为中国文化在东南亚的影响很大，其实从来不是如此。由于早期的中国移民基本都是底层贫民，从在当地定居并形成社区开始，一直处在本地文化的包围之中。加上历代统治者根本没有保护侨民的意识，反而视海外华人为不忠不孝的叛逆、盗匪，甚至在他们遭受殖民统治迫害杀戮时也无动于衷，更不可能在文化上给他们予支持。中国的统治者连帮助自己的侨民学习中国文化的意识也没有，岂会去向他们的所在国传播中国文化？因此，华人华侨要进入主流，必须接受当地的文化，甚至皈依当地宗教。20 世纪 50 年代后，由于中国不再承认双重国籍，海外华人绝大多数选择加入当地国籍。在大多数国家，华人不得不改用当地姓氏，华人教育被限制或取缔，只有少数华人还能坚持写汉字、讲中文。

所以我们要清楚的是，在世界各平行发展的文明之间，文化未必是相互影响的，不能仅仅根据空间、时间相近的因素来推断。比如，中国的造纸术早在公元2世纪就成熟了，但是直到公元8世纪才传到外界，才被阿拉伯人所掌握。公元751年，唐朝大将高仙芝率领的几万军队在怛罗斯（今哈萨克斯坦江布尔）被黑衣大食（阿拉伯阿拔斯王朝）军队打败，大批唐军被俘，其中就有一批造纸工匠。他们被带到巴格达，阿拉伯人通过他们学会了造纸，并传播到各地。从此，中国的造纸技术完全取代了古埃及流传下来的纸莎草造纸。要不是这个偶然因素，中国造纸技术的外传或许还要晚很多年。若中国积极主动传播自己的文化、技术，今天在世界的影响肯定会大得多。类似的例子还有很多。

今天我们讲"一带一路"对文化的影响，要明确以下四个方面。

第一，"一带一路"不是张骞通西域。西汉张骞出使西域主要是出于政治、军事的目的，其最大的贡献就是中国拥有了新疆和中亚，难道在今天我们提出"一带一路"还想拥有什么地方么？第二，"一带一路"不是丝绸之路的延续与再造。丝绸之路的主要动力不是在中国而是在外国，是中亚、西亚、波斯、罗马需要中国的丝绸，而不是中国需要把丝绸推销出去。中国历来没有通过外贸来盈利的观念，丝绸之路真正的利益获得者是中间的商人。第三，"一带一路"不是郑和下西洋。郑和下西洋也是出于政治的目的，至少主要是为了宣扬国威，或者是为了加强永乐皇帝的政治合法性，而我们今天的时代不需要这样做，不应该这样，也不可能这样做。第四，"一带一路"不是新马歇尔计划。二战结束后，欧洲人接受美国提出的马歇尔计划是没有选择的余地只能接受，是毫无争议的。而今天要不要接受"一带一路"，很大程度上是取决于对方。"一带一路"光有中国的积极性和努力是不够的，还要如何使对方愿意合作，并保持下去。

所以我们新的文化战略，应该吸取历史的教训。中国文化交流的历史、文明的历史进程带给我们更多的是教训，而不是经验。归纳起来，我认为，首先应该全面的开放，其次对中国的文化应该积极地对外作客观的介绍和传播，让外国人能够更加全面地了解中国文化。与此同时，对外国先进的文化，中国应当主动地吸收。在今天的世界，再想用和平的方法直接传播意识形态和信仰，是不可能的。世界上多数人已经有了自己的宗教信仰和价值观念，并且绝大多数人不是处于"水深火热"或饥寒交迫，除非通过武力强制的手段或者高价收买，才可能改变其中的少部分人。历史上意识形态和宗教的传播，除了出于对方的需要以外，其他无不通过暴力、战争、经济手段，而这样的时代已经一去不复返了。

我们今天讲"一带一路"的文化建设，主要还是要依靠文化商品与文化服务，我们的创意应该体现在这些方面。如果能使这些文化产品和文化服务有更多的中国元素，中国的价值观就体现其中了。如果对方购买了我们的文化产品，接受了我们的文化服务，实际上就程度不等地受到了中国文化和中国价值观的影响。但这是和风细雨，也是别人心甘情愿接受的。就像今天的美国人、日本人、韩国人，如果他们一本正经地来中国传播他们的文化、意识形态、价值观念，我们肯定会抵制，甚至连门都不让他们进，但是大片、美剧、电玩、绘本、"韩流"滚滚而来，观众、粉丝、好奇者会争先恐后花钱，一遍遍看，一遍遍玩。

还应该明白，"一带一路"的优先或重点考虑是经济和建设。一方面，文化只有转化为产品和服务才能形成软实力，才能服务于"一带一路"。另一方面，"一带一路"的优先和重点地区大多有与中国不同的文化和宗教信仰，如巴基斯坦。如果我们一味强调文化的意识形态、价值观念、中国特色，连交流的作用也未必能达到，甚至会引发文明冲突，破坏大局。

说明：本文为葛剑雄教授 2016 年 4 月 27 日在云南大学东陆书院举办的"'一带一路'与大国文化建设高层学术研讨会"上的发言，经云南大学历史与档案学院博士研究生聂迅根据发言录音整理、发言人审定而成。

（原载于《思想战线》2016 年第 5 期）

美国再平衡战略与中国"一带一路"*

一、引言

中美关系是全球最重要的双边关系，这在 2008 年后已成不争的事实。针对中国的快速崛起，奥巴马政府提出并实施了亚太乃至印太再平衡战略。中国政府在 2013 年提出了"一带一路"战略。这两个战略之间是什么关系？是具有零和性质的遏制与反遏制，还是又竞争又合作呢？

一些学者对两国关系持悲观看法，这在信奉现实主义理论的学者中尤其明显。格雷厄姆·艾利森（Graham T. Allison）2012 年提出中美可能陷入"修昔底德陷阱"。[①] 进攻性现实主义的代表人物约翰·米尔斯海默（John J. Mearsheimer）则认为，"当中国不断增加权力时，中国的邻国和美国谁也不会袖手旁观，而会采取行动遏制它"，美国在乌克兰问题上应对失当，影响了遏制中国这个最终目标。[②] 这些学者认为，中美关系是零和关系，彼此间将进行遏制与反遏制。

这些知名学者的观点影响力不小，但这不意味着他们的判断已经被广泛接受，更不意味着他们的观点已经成为标准答案。本文将揭示既接触又防范的两面下注是冷战后美国对华战略的核心内容，指出奥巴马政府的亚太再平衡战略

---

* 本文作者：薛力，中国社会科学院世界经济与政治研究所副研究员，博士。

① Graham Allison，"Avoiding Thucydides's Trap，" http：//belfercenter. ksg. harvard. edu /publication /22265 /avoiding_ thucydidess_ trap. html，2016 年 4 月 10 日。

② 约翰·米尔斯海默：《大国政治的悲剧》，王义桅、唐小松译，上海人民出版社 2003 年版，第 4 页；约翰·米尔斯海默：《美国搞错了乌克兰问题，遏制中国不应受干扰》，http：//www. guancha. cn /mi-er-si-hai-mo /2014_ 03_ 16_ 214081. shtml，2015 年 4 月 6 日。

延续了这一传统，在此基础上讨论中国"一带一路"战略在对美外交上的意涵，进而分析两国战略互动所蕴含的竞争与合作关系。

二、遏制与遏制政策的语义学分析

遏制与围堵都译自英文单词 contain 及其名词形式 containment，二者分别常用于中国大陆和台湾地区。中国常用字典与词典中，对于"遏制"一词的解释是：制止；制止、控制；阻止、抑制；用力控制（某种感情），阻止；全力制止；压抑、控制、制止。① 从这些解释义项中可以看出，遏制的主要含义是制止、阻止与控制。中国英语专家编写或参与编写的主要英汉词典对 contain 一词的解释是：阻止、遏制（敌人、困难等）；控制、牵制；阻止、遏制；控制、克制、抑制、防止……蔓延；含忍、容忍、自制；控制、抑制、阻止。② 可见，与上述汉语字词典的差别不大，主要含义是阻止、控制。而美国权威的韦氏词典对 contain 一词的解释是：把某物包入，包含某物，防止某物蔓延，把某物限制在一定范围内。英国权威的牛津词典对 contain 的解释是：防止（敌人、困难等）移动或伸展。③

在英文语境中，contain 一词作为政治用语时有特定内涵，特指冷战期间美国对苏联采取的战略与一系列配套政策措施，旨在对抗苏联基于意识形态的扩张性外交。20 世纪 50 年代任国务院政策设计办公室主任的乔治·凯南（George F. Kennan）所提出的遏制（containment）理论为冷战提供了思想理论基础。④ 他在 1947 年 7 月出版的《外交季刊》上发表的《苏联行为的根源》中提到，"苏

---

① 参见中国社会科学院语言研究所词典编辑室编：《现代汉语词典》，商务印书馆 1980 年、2005 年、2012 年版相关词条；《新华词典》，商务印书馆 1984 年、2013 年版相关词条；北京语言大学与"中华语文研究所"（台北）编：《两岸现代汉语常用词典》，北京语言大学出版社 2003 年版，第 267 页。

② 梁实秋：《远东英汉大辞典》，远东图书公司 1977 年版，第 441 页；张柏然主编：《英汉词典》，四川辞书出版社 2012 年版，第 210 页；商务国际辞书编辑部编：《新英汉词典》，商务印书馆国际有限公司 2011 年版，第 340 页；《新牛津英汉双解大词典》，上海外语教育出版社 2013 年版，第 468 页；Albert S. Hornby（原著），陆谷孙（总顾问）：《牛津高阶英语双解词典》（双解版），商务印书馆与牛津大学出版社 2005 年版，第 359 页。

③ Contain 词条下有五个义相，与政治相关的是第三个，原文是：prevent（an enemy, difficulty, etc.）frommoving or extending. 参见 Della Thompson, ed., The Concise Oxford Dictionary, ninth edition, 外语教学与研究出版社与牛津大学出版社 2000 年版，第 287 页。

④ 刘金质：《关于冷战的几点思考》，《国际政治研究》2001 年第 4 期，第 78 页。

联的政治行为就像一条河流，朝着既定的目标不停地流动，流过任何可以流经之处……但遇到不可克服的障碍则明智地接受并适应"。因此，美国所有对苏政策的要素是：对俄罗斯的扩张倾向进行长期、耐心但又坚定、警觉的遏制。①其政策思想的要点是：重点防御，经济上援助盟国，在东欧煽动民族主义以分化苏联集团。以这一思想为指针，杜鲁门主义、马歇尔计划、北大西洋公约组织、第四点计划、中央条约组织、《东南亚集体防务条约》以及对联合国的支持等构成了20世纪50年代美国外交的基础。②"冷战期间的40余年里……美国的目标十分明确：遏制苏联在世界任何地方的扩张。"③

Contain 作为一种政策或者战略时，更准确的表述是 containment，即包容政策、限制政策、防止扩展政策等。在中国常用的英汉词典以及英美常用英文词典中，对 containment 的解释是：抑制、封锁；封锁（政策）、遏制（政策）；把另一国家的力量限制在一定范围内使之无法变得太强大的行动。④

从中美关系实际情况看，很难推论出 1978 年以来美国对华推行的是 containment，即所谓遏制政策/战略。一个简单的例证是：冷战期间，对苏贸易仅占美国外贸总额的1%，小于美国与瑞士之间的贸易。⑤ 而中美之间，以2014年为例，中国是美国第二大贸易伙伴、第三大出口市场和第一大进口来源地，对华出口占美国出口总额的 7.6%，进口额中更是有 19.9% 来自中国。2015年，中国超过加拿大成为美国最大的贸易伙伴，中方统计的两国贸易额达到5583.9亿美元。⑥迄今为止，中国是拥有美国国债最多的国家。这如果叫遏制的话，遏制就要重新定义。

对于米尔斯海默这样的美国学者而言，不大可能不知道 contain 一词的确切含义，坚持用这一词汇描述美国对华政策，只能说他们被现实主义理论视野蒙

①　X, "The Sources of Soviet Conduct," Foreign Affairs, July 1947, pp. 574 – 575.

②　何春超主编:《国际关系史》下册，法律出版社 1986 年版，第 10、71 页。

③　艾什顿·卡特、威廉姆·佩里:《预防性防御：一项美国新安全战略》，胡利平、杨韵琴译，上海人民出版社 2000 年版，第 9 页。

④　商务国际辞书编辑部编:《新英汉词典》，第 340 页;《新牛津英汉双解大词典》，第 468页; Albert S. Hornby:《牛津高阶英语双解词典》，第 359 页。

⑤　薛力:《接触中有防范，但没有遏制——冷战后美国对华战略再解读》，《太平洋学报》2004 年第 9 期，第 58 页。

⑥　《2014 年中美贸易投资简况》，http://www.mofcom.gov.cn/article/i/dxfw/nbgz/201503/20150300911236.shtml, 2015 年 4 月 8 日; 商务部:《2015 年中美贸易额达5583.9亿美元》，http://www.cankaoxiaoxi.com/finance/20160129/1066601.shtml, 2016 年 2 月 29 日。

蔽住了。理论可以使人深刻，同时也会使人片面。现实主义与自由主义的关键区别并不在理论假设上，而是在世界观上，现实主义者偏好从冲突与对抗的视角看问题，关注的是安全、军事、摩擦等方面，以至于常常忽略了这么一个基本事实：人类能繁衍存续到今天主要是因为，在人类社会中合作与互助是常态，冲突与对抗乃间歇性发生。但是，中美和则两利，斗则俱损，这是冷战后中美战略互动的基本经验，也是美国对华实施两面下注政策的主要原因。

三、冷战后美国对华战略

按照上述对遏制的理解，冷战后美国对华战略并非遏制/围堵，而是两面下注，包含接触（engagement）与防范两个方面，理由如下。

第一，冷战结束后美国总统比尔·克林顿采纳国家安全顾问安东尼·莱克（Anthony Lake）的建议，于1993年9月正式提出用扩展战略代替冷战时期的遏制战略，将接触战略确定为对华战略。自此，美国政府领导人与高级官员都认为，对中国采取"接触战略"是冷战后美对华战略的最佳选择。[1] 时任助理国防部部长约瑟夫·奈（Joseph Nye）解释美国为何对华采取接触政策时指出：其一，美国足够强大，中国要获得威胁美国的能力还需要很长时间，因此美国不应对中国的崛起反应过度；其二，中国希望成为国际社会的一员，从现存国际体系中获益，所以美国没有必要遏制中国；其三，中美两国在长远利益上有一致之处，这使得两国通过接触进而合作成为可能；其四，从政策操作的角度，如果一开始就把崛起的中国视为美国的对手加以遏制，那么到头来中国就会事实上成为美国的对手；其五，美国在亚洲的盟友都支持同中国接触的政策，没有一个赞成遏制中国，美国若选择遏制路线，只会孤立自己。[2]

第二，小布什政府上台后，美国政府的对华政策基调有所调整，但最终还是回到了以接触为主的两面下注。"美国多数精英和普通公众对中国的未来走向存有戒心，但仍未放弃通过和平和非对抗的方式来达到他们目的的愿望。美国只是做最坏可能的准备"。[3] 在新保守主义的鼓动下，美国甚至一度将中国视为战略对手。九一一事件之后，美国进行反恐战争，需要同中国合作，小布什政

---

① 楚树龙：《冷战后中美关系的走向》，中国社会科学出版社2001年版，第61页。

② 吴心伯：《克林顿政府与美国对华政策的演变》，谢希德、倪世雄主编：《曲折的历程——中美建交20年》，复旦大学出版社1999年版，第85页。

③ 郝雨凡、张燕冬主编：《限制性接触》，新华出版社2001年版，第20页。

府上任初期中美之间出现的战略紧张得到缓解。而且，紧密的双边经贸关系，奠定了两国战略对话的基础。

第三，奥巴马的外交理念是：不做蠢事（don't do stupid stuff，简称 DDSS）。"奥巴马主义"与"克林顿主义"一脉相承：都实行美国经济优先和在外交上强调改善美国国际形象，因此注重多边主义和"巧实力"，强调国际机制建设和全球治理问题。① 有学者将奥巴马主义的特征概括为：谨慎使用武力、善用美国影响、管控危机、优化资源配置；② 外交实践中则实际以"慎战"乃至"不战"为核心原则，③ 因而表现为比较明显的"内向收缩"，④ 或曰"战略收缩"，⑤ 甚至被认为是"美国版的韬光养晦"。⑥

在外交实践中，奥巴马对接触政策的偏好也多有表现，如推动达成全面解决伊朗核问题的历史性协议、与古巴恢复大使级外交关系、结束伊拉克战争并基本结束了阿富汗战争。奥巴马政府支持（至少不反对）中国更多地参与伊拉克与阿富汗的战后重建，否则中国公司很难大规模介入伊拉克的油气开采业与阿富汗的矿产开发业。这表明，奥巴马经济上推行的是对华接触政策，以便实现总体战略的"内向收缩"。内向收缩也与遏制政策不兼容。2016 年初，奥巴马在接受《大西洋月刊》专访时明确表示，"我们更应该惧怕一个衰弱的、受威胁的中国，而非一个崛起的中国"。⑦

第四，众所周知，中国改革开放主要针对的是欧美国家，其中的关键点是与美国保持友好关系。邓小平明确指出，这种关系不是权宜之计，而是长期性的、战略性的关系。⑧ 因此，长期以来，对美外交是中国外交的重中之重。毋

---

① 王缉思：《美国进入"韬光养晦"时代?》，《环球时报》2015 年 3 月 31 日。
② 樊吉社：《奥巴马主义：美国外交的战略调适》，《外交评论》2015 年第 1 期，第 75 页。
③ 樊吉社：《奥巴马主义：美国外交的战略调适》，《外交评论》2015 年第 1 期，第 75 页。
④ 王鸣鸣：《奥巴马主义：内涵、缘起与前景》，《世界经济与政治》2014 年第 9 期，第 108 页。
⑤ 左希迎：《美国战略收缩与亚太秩序的未来》，《当代亚太》2014 年第 4 期，第 4—28 页。
⑥ 王缉思：《美国进入"韬光养晦"时代?》，《环球时报》2015 年 3 月 31 日。
⑦ 李怡清：《美媒专访奥巴马：衰落的中国比崛起的中国更可怕》，http://www. thepaper. cn /newsDetail_ forward_ 1442696，2016 年 3 月 14 日。
⑧ 转引自牛军：《与美国合作是战略，不是策略和权宜之计》，《美国研究》2015 年第 6 期，第 116 页。牛军在本文中得出的研究结论是，中国即使在苏东解体后，面临巨大外来压力的情况下，依然奉行与美国合作的战略，体现在"增加信任，减少麻烦，发展合作，不搞对抗"的对美关系 16 字政策。

庸讳言，美国是二战后国际政治经济体系的主要设计者与领导者。改革开放以来，中国在融入美国主导的国际体系过程中实现了自身的快速发展，与这个体系至少在经济上是一种"血肉相连"的关系。于是，美国顺理成章地对中国实行接触政策，促使中国进一步融入国际体系。

可见，美国对华战略是以接触为主的两面下注，不宜用"遏制"这一冷战词汇来概括。美国前驻华大使芮效俭（Stapleton Roy）2015 年 5 月初接受凤凰卫视采访时提到，美国重返亚太不是为了牵制中国，而是为了保持美国在东亚的地位。① 彼得森国际经济研究所所长亚当·普森（Adam S. Poson）认为，"美国正在积极地与中国接触，而不是遏制中国的发展"。②哈佛大学教授尼尔·佛格森（Niall Ferguson）认为，中国的经济实力与美国开始势均力敌，两国形成相互依赖，两国间的敌意是基于经济利益的竞争与冲突。③ 中国是美国国债的最大拥有国，2013 年中美贸易额达到 5210 亿美元，中美双向投资额累计超过 1000 亿美元。④ 2014 年中美贸易额达到 3.41 万亿元人民币，美国是中国第二大贸易伙伴。⑤ 移动互联时代的象征性产品苹果手机绝大部分在中国组装，2014 年这一产品在中国的销量也超过了美国本土。⑥ 这里，看不出美国对中国经济采取的是"防止蔓延，限制在一定范围内"的味道。

尽管相信"遏制说"的中国民众可能不在少数，但是，在中国的美国问题研究学者中，赞成遏制说的人并不多。王缉思认为，美国还在加强对华接触以便影响中国的行为，同时有牵制、警惕或者防范，但不是遏制，那是冷战时期针对苏联的，不适合于现在的中美关系。⑦ 陶文钊指出，美国对华政策依然是

---

① 张璐：《专访美前驻华大使：反对亚投行是美国少数官员犯的错》，http：//finance. if-eng. com/a /20150507 /13689011_ 0. shtml? _ t = t，2016 年 5 月 4 日。

② 邓媛、刘劼：《阎学通、亚当·普森："中国世纪"何时到来？》，http：//www. guan-cha. cn /YanXueTong /2015_ 03_ 07_ 311384. shtml，2016 年 5 月 4 日。

③ 郭凯：《哈佛大学教授尼尔·佛格森：应该让"中美国"继续下去》，《21 世纪经济报道》2011 年 1 月 25 日。

④ 《商务部：2013 年中美双边贸易额 5210 亿美元》，http：//intl. ce. cn /specials /zxxx /201401 /16 /t20140116_ 2138950. shtml，2016 年 5 月 4 日。

⑤ 于佳欣、王希：《2014 年我国外贸同比增长 2.3%》，http：//news. xinhuanet. com/fortune /2015 – 01 /13 /c_ 1113976861. htm，2016 年 5 月 4 日。

⑥ 《2014 年苹果手机在中国销量首次超越美国本土》，http：//www. chinadaily. com. cn /hqcj /xfly /2015 – 01 – 26 /content_ 13114002. html，2016 年 5 月 4 日。

⑦ 王缉思：《拉丹之后，美国会遏制中国吗？》，《南方都市报》2011 年 5 月 8 日。

接触与合作，加上牵制与防范，但不是遏制，那是冷战时期对苏联的做法。在美国国内也有人主张遏制中国，但没有成为政策与主流看法。① 牛军认为，21世纪的中美关系是一种相互依存不断上升的竞争关系，这主要体现在双方不断调整在亚太地区的相对地位。② 总体上，冷战后美国对华奉行的是接触政策/战略。这一政策/战略在克林顿时期成型，并一直持续到今天。用前国务卿马德琳·奥尔布赖特（Madeleine K. Albright）的话来说，美国实行接触战略的目标就是使中国成为一个负责任的、认真参与国际事务，而且能按照国际标准办事的国家，其中包括有关对待本国人民的准则。③ 毋庸讳言，这一战略的终极目标是"西化"中国，但这也只有通过接触才能实现。

接触政策的主要内容是沟通、合作和引导，而非遏制政策那种步步设防、处处对抗。当然，接触不是没有对抗，经济制裁、政治压力、战略威慑都可能成为选择的手段，所以，约瑟夫·奈才会说："接触并不排除采取任何必要的手段保护我们的主要国家利益。"④ 此外，美国也深知武力作为最后手段的价值，其在亚太的军事存在，对日益强大的中国所具有的某种"不确定性"起到防范作用，但与遏制无关。⑤

美国在对华实行接触政策的同时，也采取一些措施防范中国，从而构成完整的两面下注战略。⑥ 在中国与美国实力相差比较大时，防范的一面不太明显。而在 2009 年后，由于中国的实力凸显，加上南海争端等原因，防范的一面明显强化。⑦ 美国在中国周边调整军力部署、扶持中国的争端对手等行为，也是防范的一部分。主要措施有：增加在亚太地区的军力比重，到 2020 年 60% 的军舰

---

① 《拉东盟入南海美国如何搅局亚洲?》，http：//news. cntv. cn /world /20100925 / 103670. shtml，2016 年 5 月 11 日。

② 牛军：《与美国合作是战略，不是策略和权宜之计》，《美国研究》2015 年第 6 期，第 114 页。

③ Madeleine K. Albright, "The Testing of American Foreign Policy," Foreign Affairs, Vol. 77, No. 6, 1998, p. 57.

④ 吴心伯：《克林顿政府与美国对华政策的演变》，谢希德、倪世雄主编：《曲折的历程——中美建交 20 年》，第 86 页。

⑤ 楚树龙：《接触与防范：美国对华战略》，鹭江出版社 2000 年版。作者在此书中详细阐述了冷战后的美国对华战略：接触中有一些防范措施。

⑥ 刘卫东：《美国对中日两国的再平衡战略论析》，《世界经济与政治》2014 年第 9 期，第 84 页。

⑦ 罗伯特·罗斯：《中国崛起、地区权力转移与东亚安全：从1949 年到21 世纪》，载《世界经济与政治》2009 年第 11 期，第 36—43 页。

部署在太平洋与印度洋区域;① 强化第二岛链的军事能力,包括增加人员、装备、扩建基地等;在第一岛链强化对盟国与伙伴国的军事支持,同时强化自己前沿存在的机动性。

四、从亚太再平衡到印太再平衡

进入 21 世纪后,美国陷于阿富汗与伊拉克两场战争,相对实力出现了下降趋势。2008 年肇始于华尔街的国际金融危机,让美、欧、日等主要经济体备受打击,而中国在全球经济版图中的地位迅速上升,综合国力也随之增强。这种百年未遇的现象震撼了西方,特别是唯一超级大国美国,使其明显感受到了中国在全球的经济影响力。军费开支的持续增长与军事技术的快速发展提升了中国的军事实力,令美国感到自己在亚洲的军事优势受到了挑战。应对中国因而成为奥巴马政府的外交政策重心之一。

美国采取"防范中国"的战略,表现为提出并执行"转向亚洲(pivot to Asia)"政策。这有几个标志:2009 年 7 月 22 日,美国为参加东亚峰会而加入《东南亚国家友好合作条约》;同日,时任国务卿希拉里·克林顿(Hillary Clinton)在与东盟国家外长会晤前的新闻发布会上说,美国已重返东南亚地区;2010 年 1 月 22 日,希拉里在位于夏威夷的东西方中心作演讲时提到:"美国回到亚洲了。我还想强调的是,我们回来是想留下来。"② 仅强调亚洲既片面又具有误导性。为此,负责亚太事务的助理国务卿库尔特·坎贝尔(Kurt Campbell)2010 年 1 月 21 日在参议院作证时,用的是"重返亚太(return to Asia – Pacific)"的表述,并对美国的亚太政策进行了比较全面的阐述,指出美国在亚太地区应奉行接触原则。③

转向与重返的说法不够严密,人们质疑:长期在亚洲驻扎重兵的美国什么

---

① Leon Panetta, "Shangri – La Security Dialogue," http：//www. defense. gov /speeches /speech. aspx？ speechid /1681, 2015 年 4 月 10 日。

② Hillary Clinton, "2emarks on 2egional Architecture in Asia：Principles and Priorities," Honolulu, Hawaii, January 12, 2010, http：//www. state. gov /secretary /20092013clinton /rm/ 2010 /01 /135090. htm, 2016 年 5 月 4 日。

③ Kurt M. Campbell, "Principles of U. S. Engagement in the Asia – Pacific," Testimony before the Subcommitteeon East Asian and Pacific Affairs, Senate Foreign 2elations Committee, Washington, D. C. , January 1, 2010, http：//www. state. gov /p /eap /rls /rm/2010 /01 / 134168. htm, 2016 年 5 月 4 日。

时候背离或者离开过亚洲？因此，奥巴马政府不久就调整了表述，修正为"亚太再平衡（rebalance toward Asia-Pacific region）"。亚太再平衡政策出台的标志有两个：2011年10月，希拉里·克林顿在《外交政策》杂志上发表《美国的太平洋世纪》一文，主张美国转向亚太；同年11月，奥巴马在澳大利亚国会讲话中提到，美国应该把注意力转向具有巨大潜能的亚太地区。① 不过，奥巴马政府很快发现，仅仅依靠亚太国家已不足以制衡中国，而且，亚太国家倾向于认为制衡中国是美国人的事，它们更希望搭美国的便车而不是自己制衡中国。这可能是太平洋战区司令塞缪尔·洛克利尔（Samuel J. LocklearIII）2013年3月在国会作证时提出"印亚太（Indo-Asia-Pacific）"概念的主要动因。② 虽然太平洋战区司令部新闻官唐纳莉（Donnelly）强调，用这个新词取代亚太一词不是在排除中国，而是为了彰显亚太地区除了太平洋还包括印度洋。但这种解释说服力不足。③ 更符合逻辑的是，美国提出印亚太这一概念主要是为了拉入印度等南亚国家，以便构建规模更宏大的"印太再平衡"。即使奉不结盟为外交圭臬的印度不是很配合，也依然能发挥一点作用。大致上，美国的亚太再平衡战略在2013年3月已经演化为印太再平衡战略。

再平衡战略体现的是盎格鲁—撒克逊战略文化。"实现力量平衡"是盎格鲁—撒克逊战略思维的精髓，其核心是：扶助弱国一方以实现某一地区的力量平衡，防止地区大国进一步"坐大"继而冲击自己的安全与利益。就英国而言，最典型的是实行了几百年的"大陆平衡政策"：支持弱的一方，使得欧洲大陆实现力量平衡；如果已经实现了力量平衡，英国则"袖手旁观"。这被进攻性现实主义理论的倡导者米尔斯海默概括为"离岸平衡手"战略。二战后的美国则把

---

① 但奥巴马在这次演讲中没有使用再平衡（rebalance）一词。根据迈克尔·格林的考证，rebalance正式出现（coined）是在《2012年国防战略指针》（2012 Defense Strategic Guidance）中，表述为"We will of necessity rebalancetoward the Asia-Pacific region"。参见 Hillary Clinton, "America's Pacific Century," Foreign Policy, No. 189, 2011, pp. 56-63; Department of Defense, Sustaining U. S. Global Leadership: Priorities for 21st Century Defense, Washington, D. C., January 2012, http://www.defense.gov/news/Defense_ Strategic_ Guidance.pdf, 2016年5月4日; Michael Green, "2evitalizing the 2ebalance," Washington Quarterly, Fall 2014, p. 45.

② 选择由太平洋战区司令发表这个概念的另外一个原因是，该战区的防区是从印度洋的迪戈加西亚到美洲的西海岸。

③ 郑永年：《美国"重返亚太"战略及其失误》，http://www.zaobao.com/forum/expert/zheng-yong-nian/story20140422-335131，2016年5月4日。

这一战略当作"区域战略原则":在欧洲支持西欧对抗苏联及其东欧盟国、在中东支持以色列对抗阿拉伯国家、在南亚支持巴基斯坦对抗印度、在东亚通过一系列双边同盟(美日、美韩、美菲、美泰)对抗社会主义国家(如中苏同盟、苏越同盟、中朝同盟)。现在,则表现为在东海问题上支持日本,在南海问题上支持东盟声索国。

美国负责亚太事务的助理国务卿库尔特·坎贝尔2010年1月21日在参议院听证会上提出介入亚太事务的原则时,明确提到美国在亚太地区整体上奉行接触原则,指出奥巴马政府通过一系列行动重申了与日本、韩国等的同盟关系,通过战略与经济对话等与中国建立了伙伴关系。[1] 作为亚太政策主要操盘手的坎贝尔,在这里强调的是接触的一面。遏制政策与接触不兼容,只有两面下注战略才能涵盖接触与防范两个方面。为了防止东亚安全形势发展到需要动用武力的程度,防范措施就派上了用场,"恢复一个地区的力量平衡"因而成为现实选项。这就是印太再平衡战略。

美国为推行再平衡战略,做出了一些引人注目的努力:首先,加大对印度军售力度,通过大批量出售军用运输机,印度成为2013年美国最大的军售对象。[2] 而长期以来,印度的武器主要来源一直是苏联和俄罗斯。其次,奥巴马成为第一个两次访问印度的美国总统,在2015年1月底对印度的访问中,双方就实施2008年签署的民用核能协议达成共识,双方核能合作商谈"取得重要突破"。[3] 此外,美印还签署了《美印亚太和印度洋地区联合战略愿景》,要求保障航行和飞越自由,尤其是在中国南海。[4] 美国与印度洋沿岸国家发表联合声明,要求保障南海航行与飞跃自由,凸显了印太再平衡战略旨在平衡中国。西

---

① 原话是"our engagement strategy with the region",参见 Kurt M. Campbell, "Principles of U. S. Engagementin the Asia – Pacific," Testimony before the Subcommittee on East Asian and Pacific Affairs, Senate Foreign2elations Committee, Washington, D. C. , January 1, 2010, http://www. state. gov/p/eap/rls/rm/2010/01/134168. htm。

② 维克托·马莱:《美印走近令中国不满》,http://www. ftchinese. com/story /001060366,2015 年 1 月 29 日。

③ 《奥巴马访问印度:核能商谈取得突破》,http://news. xinhuanet. com/mil/2015 – 01/26/c_ 127419596. htm,2015 年 1 月 29 日。

④ US – India Joint Strategic Vision for the Asia – Pacific and the Indian Ocean 2egion, http://www. indiastrategic. in/topstories3674_ US – India_ Joint_ Strategic_ Vision_ for_ the_ Asia – Pacific_ and_ Indian_ Ocean_ 2egion. htm,登录时间:2016 年 5 月 4 日。

方学者也承认，奥巴马此行有两国合作对冲中国崛起的考虑。① 当然，奥巴马此行还有别的目的，如推进全球减排进程、为巴黎气候变化峰会做准备等。

总之，奥巴马政府的亚洲政策从转向亚洲到重返亚洲再到亚太再平衡最后变为印太再平衡，其目的是：平衡中国的崛起，保持"亚太地区的稳定"，维护美国在这一地区的领导地位，而不是为了以过去对待苏联的方式遏制/围堵中国。这主要是因为：中国奉行对西方开放、融入现有国际体系以发展自己；中国不谋求意识形态扩张；中国奉行防御性核政策——最低核威慑政策与不首先使用原则，没有挑战美国的核优势地位；中美之间存在大规模的文化与人员交流；双方一度是准盟友，现在依然保持大量的军事与安全合作，包括中国参加环太平洋军事演习等。

五、"一带一路"战略与中国外交

近年来，国际国内形势出现了一些新的变化：中国已经成为全球第二大经济体，但是经济下行压力增大，经济结构不合理、产能过剩、外汇储备过多、境内消费不足等问题亟须解决；西部大开发效果不明显，西部地区与东部的差距进一步拉大；周边国家多数经济上比中国落后，既希望搭上中国的经济快车又对中国心存疑虑，因而在安全问题上不同程度地向区域外国家尤其是美国靠拢。为此，中国政府对内提出建设长江经济带与京津冀协调发展两大战略，对外提出建设丝绸之路经济带（以下简称"陆丝"）与21世纪海上丝绸之路（以下简称"海丝"）的"一带一路"战略。② "一带一路"战略对内具有"平衡地区发展""调整经济结构""以开放促改革""维护国家统一"等多重功能，以便将中西部地区建成内陆改革开放新高地。但"一带一路"战略的侧重点无疑在对外方面，它是中国政府依据本国所处的发展阶段与所面对的国际环境而提

---

① 爱德华·卢斯：《奥巴马缘何押注印度？》，http：//www.ftchinese.com/story/001060341？page＝2，2015年1月29日。

② 对于"一带一路"到底是战略还是倡议存在不同的看法。中共中央、国务院2015年5月5日通过的《中共中央、国务院关于构建开放型经济新体制的若干意见》，明确使用"加快实施'一带一路'战略"的表述。但是，一些涉外政府部门倾向于使用"倡议"，典型例子是发改委、外交部、商务部2015年9月联合发布的通知中，使用了"'一带一路'倡议"的说法，规定英文译法为"the Belt and Road Initiative"。中国学界普遍认为"一带一路"是个大战略，这一战略远未定型，称之为"战略构想"或者"方略"更为合适，英文或可分别用"strategic conception"与"conception"。

出的顶层设计，或曰总体对外战略，旨在推进民族复兴进程。"一带一路"战略是开放性的，不限于古代丝绸之路的沿线国家。

中国外交也在做出调整，从过去30年的"外交为发展经济服务"转变为"外交为中国复兴服务"。相应地，外交理念将从强调"韬光养晦"转向强调"有所作为"，甚至"奋发有为"。因此，如何在政治、经济、军事、文化等诸多方面落实"有所作为"与"奋发有为"就成了中国外交的重要任务。

"一带一路"战略取得成功的关键是处理好"点线面"的关系，其中美国是"点"，21世纪海上丝绸之路是"线"，欧亚大陆是"面"。① 而"海丝"与"陆丝"主要针对中国周边国家。从力量对比的角度，可以分为比自己强大的国家与比自己弱小的国家。从军费开支的角度看，比中国强大的只有美国;② 从地理位置看，则需要应对周边国家与非周边国家。中国奉行的不结盟外交与美国对中国崛起日趋明显的防范，这两个因素共同决定了中美关系进一步提升的空间有限，中国与周边国家的关系则有比较大的提升空间。因此，在"一带一路"战略框架下，周边外交的重要性将超过以往任何时期。在2013年10月周边外交座谈会上，习近平指出，"周边外交工作，是实现'两个一百年'奋斗目标、实现中华民族伟大复兴的中国梦的需要，要更加奋发有为地推进周边外交，为我国发展争取良好的周边环境，使我国发展更多惠及周边国家，实现共同发展"。③"迈向命运共同体"在习近平讲话中一再得到强调。

在2015年3月底的博鳌亚洲论坛上，发改委、外交部、商务部三部委联合公布了《推动共建丝绸之路经济带和21世纪海上丝绸之路的愿景与行动》，这一年因而成为"一带一路"战略的第一个全面落实年，"五通"成为"一带一路"的代名词。从该文件中可以看出，经济领域既是中国的比较优势所在，也是推进与周边国家合作的重点。一年来这一战略取得了显著进展，包括亚洲基础设施投资银行（以下简称"亚投行"）与丝路基金的成立，重点沿线国家与重点项目的推进（如中巴经济走廊项目、东盟国家港口与铁路项目的落实）。

---

① 张宇燕研究员2015年2月初与笔者交流时提及。

② 根据斯德哥尔摩国际和平研究所的计算，2014年全球军费开支前几名为：美国6100亿美元，中国2160亿美元，俄罗斯845亿美元，沙特阿拉伯808亿美元。据此，中国与美国进入了军费开支的千亿梯队。参见：《各国军费盘点：美国约为中国4倍日本人均军费高》，http：//japan. xinhuanet. com/jpnews /2014－03/07/c_ 133167760_ 2. htm。

③ 习近平：《让命运共同体意识在周边国家落地生根》，http：//news. xinhuanet. com/2013－10 /25 /c _ 117878944. htm。

在文化领域，除了孔子学院建设外，中方倡议召开亚洲文明对话大会，加强青少年、民间团体、地方、媒体等各界交流，打造智库交流合作网络，让亚洲人民享受更富内涵的精神生活，让地区发展合作更加活力四射。① 为此，中国承诺向"一带一路"沿线国家每年提供10000个政府奖学金名额。②

安全与军事领域虽非"一带一路"推进的重点，但中国也在努力改善安全氛围。继2014年参加环太平洋联合军事演习和召开亚洲相互合作与信任（CICA，以下简称"亚信"）会议后，2015年比较引人注目的是中俄海军5月和9月分别在地中海和日本海举行的联合军事演习、9月份中国与马来西亚在马六甲海峡及其附近区域举行代号为"和平友谊—2015"联合军事演习（中马两军首次实兵联合演习）。③

在政治领域，中国倡导建立以"不冲突、不对抗，相互尊重，合作共赢"为特征的新型大国关系。早在20世纪90年代，这一表述已经出现于中国领导人的话语中，但本届中国政府在处理对美关系时，将之放在突出的位置。习近平2012年年初访问美国时发表的讲话是"一带一路"战略的先声与中美构建新型大国关系的重大节点。④ 构建新型大国关系被当作"一带一路"战略的一部分而被强调。但是，美国官方迄今没有接受这种说法，⑤ 针对中方提出的一些原则性主张，美方更看重在具体领域与议题上检验中国的主张，如参谋长联席会议前主席马丁·邓普西（Martin E. Dempsey）多次强调应深化中美两军的军事

---

① 《习近平主席在博鳌亚洲论坛2015年年会上的主旨演讲》，http：//news. xinhuanet. com/ politics /2015－03 /29 /c_ 127632707. htm，2016年5月4日。

② 中国国家发改委、外交部、商务部：《推动共建丝绸之路经济带和21世纪海上丝绸之路的愿景与行动》，http：//news. xinhuanet. com/2015－03－28 /c_ 1114793986. htm，2016年5月4日。

③ 崔文毅、梅常伟：《中国和马来西亚两国军队将举行首次实兵联合演习》，http：// news. xinhuanet. com/2015－08/27 /c_ 1116395649. htm，2016年5月4日。

④ 达巍：《中美新型大国关系：概念化与操作化》，《国际政治科学》2015年第1期，第2页。

⑤ "新型大国关系"被政府高级官员完整公开提及的只有一次，即2013年11月21日总统国家安全事务助理苏珊·赖斯在乔治敦大学的演讲，参见 Remarks as Prepared for Delivery by National Security Advisor Susan E. 2ice，November 22，2013，http：// www. whitehouse. gov /the－press－office /2013 /11 /21 /remarks－prepared－delivery－national－security－advisor－susan－e－rice。

交流。① 国家安全委员会前亚洲事务主管麦艾文（EvanMedeiros）2014 年 11 月甚至表示美方不参加口号外交。②

以美国为重心的新型大国关系容易在其他大国中引发猜忌等非预料效果，而建设"一带一路"需要众多国家的合作与配合，应该在这个过程中与许多国家构建新型国家关系。因此，中国在 2014 年年底提出构建以合作共赢为核心的新型国际关系。习近平主席在 2015 年 9 月底的联合国总部之行中对新型国际关系的理念做了全面阐述，标志着这一外交理念已经成为中国推行"一带一路"过程中处理国家间关系的普遍准则。

六、中美两国的竞争与合作

美国的再平衡战略有扶助亚太国家平衡中国的一面，但同时也有与中国保持接触以引导中国在现有国际机制内发展的一面。美国希望中国在这个体系内承担更多的责任，这与美国希望其亚洲盟国在平衡中国的过程中发挥更大作用，在逻辑上是一致的——自己的相对实力在下降，又要保持全球领导地位，现实的选择就是更多地借力。这也正是奥巴马政府的巧实力外交和全球战略调整的目的所在，主要体现为军事与安全领域从欧洲与中东收缩但强化在东亚的存在。

美国已意识到无法阻挡中国的崛起，只是希望这种崛起在美国主导的现行国际体系内和平实现。但作为霸主，美国不会幼稚地认为，没有必要为此做适当的防备。在军事方面，美国的做法是：从第一岛链撤到关岛到达尔文岛的第二岛链，并努力弥补这一链条的不足。采取的措施有：强化与菲律宾的军事关系，并通过部队轮换实现了事实上的军事重返菲律宾；增加与新加坡的军事合作，提升樟宜基地的军事功能并增加使用频率；增加对印度尼西亚、越南的军事援助；试图构建美日澳印四国战略同盟以应对中国，包括举行联合军演和在南海进行联合巡逻。③ 美国在亚洲的战略目标是维护自己的领导地位、获取经济利益、保持同盟体系等，但这些都不属于保卫本土安全那样的核心利益。作

---

① 刁大明：《美国学界对中美新型大国关系的讨论》，《国际政治科学》2015 年第 1 期，第 81 页。

② Evan Medeiros，"Brief on Obama Trip to East Asia and Pacific 2egion，" November 7，2014，http：//iipdigital. usembassy. gov/st/english/texttrans/2014/11/20141108310720. html? CP. rss = true#axzz3K1P8jbnN。

③ 《美军再提美日印澳海军同盟欲于靠近南海水域军演》，http：//world. huanqiu. com/exclusive /2016 - 03 /8642144. html。

为需要关注全球的大国，美国不能为了与中国抗衡而在亚太地区投入过多的资金、人力等资源，况且美国本身也需要中国的合作。

就中国方面而言，无论是在各个层面改革开放，还是与国际接轨，都是服务于国内经济社会发展目标。随着实力的增长，中国开始向外扩展。但是，中国的实力又没有强大到让外部世界做出改变来适应自己的程度。在这样的阶段推行"一带一路"，遇到一些困难与麻烦是很正常的。历史上崛起国利益扩张的时候，通常是用军事力量来确保资本输出，而中国却是在用和平手段实现这一过程，这也增加了其难度。① 中国领导人郑重承诺：中国永远不称霸，永远不搞扩张，永远不把自己经受过的悲惨遭遇强加给其他民族。这恰恰也是中国"一带一路"战略受到沿线国家欢迎的原因之所在。中国的睦邻、安邻、惠邻政策使其在推动周边合作时，采用的是开放地区主义（openregionalism），而不搞封闭的以自己为中心的地区秩序。

中国与苏联不同：苏联建立的是排他性的、以自己为中心的政治经济秩序，而中国自改革开放以来，努力融入美国主导的世界经济体系，成为现有世界秩序的一分子。② 而且，即使到了2049年，中国的综合实力与美国之间依然很可能有巨大的差距。③ 因而，中国的进一步发展也只能在这个体系内进行。目前，中国总体上还是一个地区大国，但在某些方面有全球性影响力。中国的力量与影响处于上升期，中国梦的实现，意味着中国从"有全球影响力的地区大国"变成"综合性全球大国"。中国政府提出的"一带一路"战略，旨在推进这一进程。这一战略的重点区域是亚欧大陆，尤其是亚欧大陆的中东部。中国也希望在某些功能领域发挥全球性影响，建立亚投行就是这方面的一个尝试。

美国曾经是中国外交的重中之重，而"一带一路"战略的实施则使得周边国家在中国外交中的重要性显著提升。不确定性容易导致恐惧，周边国家对中国的崛起有疑虑是正常的，中国需要做的是让其感受到善意、分享到好处，进

---

① 郑永年：《"一带一路"战略起步不易》，http：//www. ftchinese. com/story /001061172? full ＝ y。

② 郑永年：《大棋局——中国崛起应该超越情感和意识形态》，东方出版社2014年版，第18页。

③ 王毅外长在2015年6月接受《洛杉矶时报》采访时说："我们的目标是，在建国100周年，也就是2049年时，中国可以成为中等发达国家，即便到了那时，中美之间的差距也还是很大。"转引自胡祥杰、袁达：《王毅接受美媒专访：停止南海建设工程不是因为受美国压力》，http：//www. thepaper. cn/newsDetail_ forward_ 1344869。

而愿意置身于中国倡议发起的区域合作和全球议程。这是一大挑战，但中国处于相对主动的位置，有较大可能实现。处理对美关系则棘手得多。作为全球唯一的超级大国与现有国际机制的头号推动者与维护者，美国对中国的崛起疑虑重重：忧虑丧失在全球与亚太的霸权（或曰领导）地位、疑心中国要将之排挤出东亚政治经济安全体系、担心被盟国拉入与中国的大规模军事冲突，等等。崛起国与霸权国的关系是历史难题，认为二者必然走向战争的所谓"修昔底德陷阱"是许多人的信条。但中美都不希望全面对抗，并为此采取种种预防措施。除了经济上的相互依赖与文化上的频繁交流外，双方在军事领域也签署了一些协议：2014 年签署"两个互信机制"，2015 年 9 月又在两个互信机制下新增了"军事危机通报"附件与"空中相遇"附件。

整体上，中美两国战略之间并非冷战时期美苏之间那种遏制与反遏制的关系，而是一种竞争关系，或曰竞争性共存（competitive coexistence），① 体现为既竞争又共存。为了防止竞争演化为激烈对抗，双方又需要进行一些妥协与合作。这可以在两个方面进行尝试：一是在中国周边的地区性合作；二是某些功能领域的全球性合作。一些学者注意到，中美互相需要对方的合作，两国关系的最高层面也仍然是合作。② 双方领导人都强调彼此合作的重要性，如奥巴马在 2013 年与习近平的加州庄园会晤中表示，中美两国的关系对世界来说很重要，呼吁两国实现新模式的合作。③ 美国国防部部长亚什·卡特（Ash Carter）在 2015 年 3 月的讲话中强调，中美关系不是零和，而是既有竞争也有合作。④ 在中国方面，习近平强调的是："一带一路"倡议顺应了时代要求和各国加快发展的愿望，提供了一个包容性巨大的发展平台，具有深厚历史渊源和人文基础，能够把快速发展的中国经济同沿线国家的利益结合起来。⑤ 丝绸之路经济带旨

---

① 牛军：《与美国合作是战略，不是策略与权宜之计》，《美国研究》2015 年第 6 期，第 114 页；DavidShambaugh，"Prospects for A 'New Type of Major Power 2elationship'," China – US Focus，March 7，2013，http：//www. chinausfocus. com/foreign – policy /prospects – for – a – new – type – of – major – power – relationship /。

② 郑永年：《大棋局——中国崛起应该超越情感和意识形态》，第 64 页。

③ 《奥巴马称中美关系对世界很重要吁合作新模式》，http：//www. chinanews. com/gj/ 2013/06 – 08 /4910111. shtml。

④ 胡若愚：《美防长：中美不是"零和关系"》，http：//news. xinhuanet. com/world /2015 – 04 /08 /c_ 127664525. htm，2015 年 4 月 7 日。

⑤ 《习近平：尽早确定"一带一路"时间表》，http：//politics. people. com. cn /n /2014 / 1107 /c70731 – 25990006. html，2015 年 4 月 9 日。

在"建设新的开放与合作的经济发展带，把中国和沿线国家用发展这个主线紧密连接起来，构建经济、政治、安全、人文全面链接的新关系，构建基于共同利益的命运共同体"。而21世纪海上丝绸之路则是推动建设"基于海上航行开放自由、海上共同安全和海洋资源共同开发的新秩序，是合作发展的沿海经济带"。① 因此，中美两国战略之间存在众多现实和可能的合作，涵盖政治、经济、军事、安全、文化、国际制度等诸多方面，但主要体现在经济、军事与安全等领域。

经济关系已经成为中美关系的"压舱石"，这种关系在可以预期的未来不大可能出现根本性逆转，双边的经济相互依赖程度可能进一步增加。经济相互依赖固然会导致国家间的摩擦，但总体上在两国关系中扮演的是建设性角色。美国在构建国际机制方面的作用与能力依然无可匹敌。就"一带一路"战略而言，美国不妨建立与推动一些机制的建设，如参加亚投行与亚太自由贸易协定，促成世界银行、国际货币基金组织、亚洲开发银行等机构与亚投行、丝路基金的合作，在一些国家共同开展项目。

中美竞争性共存的典型例子是亚投行。很难想象，冷战期的美国会许可自己的同盟国加入苏联牵头成立的国际机制。而现在，美国则坐视自己的盟友一个接一个成为亚投行的创始会员国，甚至不排除自己未来也加入。对于盟国加入亚投行，美国虽然不高兴，但并没有全力阻止。而如果涉及军事同盟关系，美国的反应将迥然不同。如果中韩尝试建立军事同盟关系，哪怕韩国搞的是"双头同盟"，② 美国也会全力阻止。美国保持全球霸主地位的四大支柱是综合国力、国际机制、美元国际地位与军事同盟体系。美国的经济总量与国防支出在未来有可能被超过，从而严重削弱其综合国力，进而迫使美国在国际机制主导权上做出一定的让渡。美元国际地位与军事同盟体系因而成为美国力保的最后支柱。这两者在和平状态下很难被更替，尤其是军事同盟体系。

中美双方在安全与军事方面也有进一步合作的空间，特别是海上安全领域。中国海军在20世纪80年代实现了从"近岸防御"到"近海防御"转向，现在正处于从"近海防御"向"近海防御与远海护卫相结合"的转变阶段。随着国

---

① 张蕴岭：《如何认识"一带一路"的大战略设计》，《世界知识》2015年第2期，第29页。

② 在保持与美国同盟关系的前提下与中国结盟，以重现其历史上的"两端外交"。参见阎学通：《中韩结盟是"时代趋势"》，《南方周末》2014年10月24日。

力的增强，中国海军走向远海并成为全球海上安全的提供者是必然趋势。现阶段，西太平洋是双方互相调适的重点区域。中美之间有大量事务需要协调，以避免不必要的争端与摩擦发生。为此，除了军官互访、中国参加环太平洋军事演习外，还有许多事情可做。以南海为例，双方可以尝试划定彼此行为的"红线"，避免把对方逼到墙角。

"一带一路"与再平衡两种战略之间除了合作的一面，也有竞争的一面。而在军事领域，由于军事同盟的封闭性，还存在对抗性的一面。对于竞争性的一面，双方不妨坦然承认，并为此制定一些游戏规则。由于军事与安全领域的对抗有可能导致双边冲突，为此中美双方应给予特别的关注。其实，中国更多地承担国际责任，也是双边安全合作的一个方面，有助于减少双边的互相疑虑。为此，除了现有的朝核问题、伊核问题之外，中美可以尝试在阿富汗重建、巴以冲突调解、应对"伊斯兰国"等方面进行进一步的合作。2015 年 4 月 22 日，175 个国家签署关于气候变化的《巴黎协定》就展示了中美合作的世界意义，是两国合作的成功范例。两国温室气体排放量占全球 40%，两国达成的两份气候变化联合声明为 2015 年 12 月《联合国气候变化框架公约》196 个缔约方一致同意通过《巴黎协定》奠定了基础，两国在巴黎气候变化大会期间的通力合作则确保了协议的通过。

七、结论

根据现在的经济发展水平与所处国际环境，中国政府提出"一带一路"战略，以便推进中华民族伟大复兴这一中国梦的实现。作为大战略，"一带一路"将引导中国的对外发展，并塑造中国的对外政策，包括政治、经济、军事、文化等各个方面。总体上看，这一战略实施的重点在经济领域，包括公路、铁路、机场、港口、电站、油气管道等项目建设以及与此相关的一些产业部门。政治安全领域有亚信机制等，文化上也有扩大留学生规模、互办文化节等规划。机制的构建是开放性的，并没有把美国排除在外，这与美国力推的跨太平洋伙伴关系协定（TPP）、跨大西洋贸易与投资伙伴关系协定（TTIP）等排他性协定形成了鲜明的对比。

从国家能力到与中国的经济政治文化联系，决定了美国的亚太再平衡战略的性质并非遏制中国，而是两面下注。这一战略包括接触与防范两个方面。其在 2009 年前主要表现为接触的一面，此后开始强调防范的一面，并在 2013 年发展为涵盖南亚的印太再平衡。美国无法为"一带一路"涉及的地区提供足够的资金、技术、产品、人员等支持，其本国也需要中国的资金，但又不希望丧失（至少是过快地丧失）在这一地区的领导地位与利益，包括经济利益。

因此，中美双方存在合作的空间，以经济领域为主，同时也存在于安全、政治、文化等领域。为此，美国可以考虑参加亚投行、亚信、亚太自贸协定等已经或正在成型的机制，但亚洲国家有权利构建不包括美国的地区机制。美国还可以鼓励世界银行、国际货币基金组织、亚洲开发银行与亚投行、丝路基金进行更多的合作。美国的再平衡战略与中国的"一带一路"战略之间并非遏制与反遏制的关系，两国的战略目标虽然有竞争乃至对抗的一面，但也存在广阔的合作的空间。

（原载于《世界经济与政治》2016 年第 5 期）

推进"一带一路"可持续健康发展的战略思考[*]

"一带一路"倡议是国际合作的新平台，也是我国对外开放的升级版。习近平总书记指出，"一带一路"建设本质上是通过提高有效供给来催生新的需求，实现世界经济再平衡。截至 2016 年 8 月，已经有 100 多个国家和国际组织参与"一带一路"建设，中国已与 30 多个沿线国家签署合作协议，与 20 多个国家开展国际产能合作，并积极构建以亚投行、丝路基金为代表的投融资体系，不仅有力地推动了我国经济社会的可持续发展，也为加强全球经济合作提供了契机，为沿线国家和人民带来了丰厚福祉。据商务部统计，2015 年，我国对"一带一路"相关 49 个国家的直接投资同比增长 18%；2016 年上半年，我国企业在"一带一路"相关的 61 个国家新签对外承包工程项目合同额同比增长 37%，占我国同期对外承包工程新签合同额的 51%。

"十三五"规划纲要提出，要推进"一带一路"建设，支持企业扩大对外投资，坚持共商共建共享的原则，开展与有关国家和地区多领域互利共赢的务实合作。然而，作为一项具有长期性、复杂性、风险性的系统工程，"一带一路"倡议的实施仍面临诸多难题与挑战。要推进"一带一路"可持续发展需要从多方面入手，着力打造绿色丝绸之路、健康丝绸之路、智力丝绸之路、和平丝绸之路。

第一，"一带一路"建设要与沿线各国的国家战略对接，强化战略共识，实现互利共赢，形成真正的利益共同体。"一带一路"倡议构想自提出以来，遭到一些沿线国家的误读、误判、质疑甚至曲解，严重阻碍了中国与沿线各国加强

---

* 本文作者：辜胜阻，民建中央副主席、全国人大常委、财政经济委员会副主任委员、武汉大学战略管理研究院院长。

经济合作、构建利益共同体的进程。因此，要充分研究沿线各国的国家战略，探索"一带一路"发展理念与沿线国家相关规划有机结合的契合点，针对不同国家因地制宜地制定合理可行的实施策略和发展路径。要建立战略对话机制，以相近的发展诉求、相同的发展使命、相融的发展利益作为耦合点进行战略对接，通过签订国家级谅解备忘录、联合声明及相关协议，达成战略共识。要借力外交谈判推进战略对接，打造规划衔接、生产融合、协同跟进的地区发展新格局。要加大舆论引导，构建"团结互信、平等互利、包容互鉴、合作共赢"的价值认同，促进政治互信、经济合作与文化交流。要促进沿线国家的资源与我国现有的技术、资金有效结合，发挥互补优势，形成相互促进、共同繁荣的"利益共同体"。为了应对复杂多变的国际经济形势，沙特提出了"沙特愿景2030"，着力推进产业结构从过度依赖石油经济转向新能源与矿业等多元化领域发展，让非石油出口占非石油 GDP 的比例从 16% 提高到 50%；让外国直接投资占 GDP 的比例从 3.8% 增加到国际标准的 5.7%。我国积极研究沙特战略内涵，以能源合作为主轴，积极打造长期稳定的中沙能源合作共同体；将贸易和投资便利化为两翼，加强两国双边贸易、基础设施建设与投资领域的合作；并以航天、和平利用核能、可再生能源三大高技术领域为突破口，加强能源、贸易、投资、金融、工业化、矿产等领域的伙伴关系，打造中沙全方位立体合作新格局，不断丰富中沙全面战略伙伴关系内涵。

第二，要加强顶层设计和高层双边协调，抓住重点，实施好一批示范项目，为企业"走出去"提供风向标，保障项目落地生根，使沿线国家和人民有更多获得感。"一带一路"是以项目为导向，以互利合作网络、新型合作模式、多元合作平台为目标的战略构想，不能只停留在表象性、原则性、理论性层面。要切实做好顶层设计规划，为项目的推进提供制度保障与路线规划，把控重点方向与整体战略布局。要通过高层互访，加强与沿线国家的战略磋商，做实做细政府合作，形成协调一致的实施规划，共同打破战略合作中的障碍。要瞄准重点地区、重点国家，抓好"一带一路"建设重点项目、重大工程的推进落实，以点带面，逐步推进。要充分研究国外市场特征，坚持政府引导、市场运作、企业主体的原则，为企业"走出去"提供风向标，引领企业有序进入国际市场并参与国际合作，确保项目在不同的市场落地生根。我国着力打造"一带一路"的旗舰示范项目——中巴经济走廊。在两国高层的协调与谈判下，我国获得中巴经济走廊的重要出海口瓜达尔港的经营权，并成立了中巴经济走廊远景规划联合合作委员会，形成以中巴经济走廊为引领，以瓜达尔港、能源、交通基础设施和产业合作为重点的"1+4"经济合作布局，为两国经贸合作带来了新的发展机遇。

第三，要建立双边经济合作区，加强基础设施和产能合作的"硬件"和"软件"建设，营造良好发展"小环境"，促进企业集群式"走出去"，打造国际合作产业链。"一带一路"沿线许多国家受政治风险、政策限制、恐怖主义、宗教争端、基础设施不完善等因素的影响，投资"大环境"不容乐观。境外经贸合作区作为本国企业对外投资合作和产业集聚的平台，有利于消除投资贸易壁垒，为双方国家营造自由平等、互利共赢的发展小环境。因此，我国政府要按照国际通行规则，加强双边就合作区各项政策及基础设施和综合配套设施建设等方面的磋商，为境外经贸合作区的建设创造条件、提供支持。要加强产能合作的"硬件"和"软件"建设，增强企业进驻合作区、参与国际产能合作进而走进国外市场的积极性。要通过人文交流夯实经贸合作基础，以民心相通促进贸易畅通，使双边经济合作区成为人流、物流、资金流、信息流的辐射源。要充分发挥合作区的产业集聚效应，鼓励企业开展"集群式"国际产能合作和抱团发展，拓展海外市场。中国—印尼经贸合作区是中国在印尼设立的第一个经贸合作区，凭借"抱团"投资的方式和区位、政策、产业集聚、基础设施等优势，成功吸引了大批企业入园。截至2015年3月12日，入园企业达到25家，其中有两家世界500强企业。

第四，要建立商会协会，发挥其"承上启下"与"合纵连横"的重要作用，提高企业海外拓展的组织化程度，加强自律和维权。商会协会作为"三元"市场体系中介组织的组成部分，具有集聚人脉、商脉和财脉的基础性作用，不仅能办成单个企业想办而难以办成的事，还能发挥"中观调节"作用，弥补市场失灵与政府缺陷。因此，要建立商会协会并明确其定位，积极承接政府在转变职能中让渡出的治理空间，做到"在商言商、为商而谋"。要加强对商会协会的引导、服务和教育，提高商会协会的专业化水平，为会员企业提供信息共享、投资指导、技能培训、政策咨询、中介协商等多样化服务。要发挥商会协会善于交流沟通的"承上启下"的作用，让其既当好"牵线人""娘家人"，又当好"介绍人"，避免企业盲目投资，减少商业摩擦和壁垒。要构建多层次商会体系，发挥其"合纵连横"的凝聚力，提高企业海外拓展的组织化程度。要充分发挥好、利用好商会协会的协调作用，营造诚实守信、精益求精的自律氛围。要建立商会会员维权机制，通过引入专业机构，构建海外企业的维权风险防控体系。印尼中国商会自2005年成立以来，从原来的10多家会员单位发展至2015年的160多家，通过履行维权、组织、调研、信息、沟通、协调、联谊等职能，对帮助在印尼的中国企业抓住商机，维护自身合法权益，加强会员企业与印尼政府和社会团体间的沟通合作，为进一步推进中印贸易关系发挥了重要的桥梁作用。

第五，要实施人才发展战略，合理配置人才资源，推进人才"走出去"与就地"取才"相结合，建立人才交流平台，化解企业国际化战略的人才"瓶颈"。我国企业在"走出去"过程中，由于缺乏具有国际视野、国际背景和专业能力的高素质人才，导致对外投资成功率大打折扣，这也成为企业对外投资失败和跨国经营能力较低的最大瓶颈。因此，要形成以项目为导向，以产业集聚人才的跨体制、跨行业、跨区域人才资源整合优势，尤其是有效打通体制内与体制外、科研事业单位与民间智库、市场组织之间的区隔，建构起百川归海、众星捧月的聚才用才体制机制。要鼓励国内学生与员工出国留学或参与海外实践，全面了解国外经济社会环境、风俗习惯、宗教文化等，培养精通外语并熟悉法律金融等专业知识技能且具有国际化视野的复合型人才，助力海外企业接轨国际市场。要积极开发并充分利用沿线国家的人力资源优势，搭建沿线国家本土化的人才队伍和管理制度，为企业就地"取才"提供便利。要建立人才交流平台，加强人才特别是科技人才间的交流合作，加快人力资源优势向经济发展优势转变。2015年，中国在印尼成立"一带一路"人才培养基金，为中国企业在印尼的发展落地提供本土化人才支持；构建中民印尼产业园，为两国提供人才与智力资源的交流平台，促进两国在人才方面的整体对接。

第六，要推进协同发展，避免过度低价竞争和"内斗"，引导企业遵循商业规则，形成良性有序竞争，并在竞争中寻求合作。中国在"一带一路"沿线国家的投资大、项目多，一旦组织协调工作不到位，就容易造成恶性竞争、资源浪费、经济效率低下等问题。因此，中国企业在走出国门时要加强全局意识，把自身发展诉求和"一带一路"建设需求结合起来。要鼓励协同发展，避免内部斗争，加强企业之间的经验交流与互利互助，龙头企业要带动上下游中小企业共同发展，共同开拓市场，提高我国企业的国际竞争力。要发挥市场在资源配置中的决定性作用，遵循市场规律合理定价，建立品牌战略，依靠差异化优势而非低价优势抢占国际市场。要推动良性有序竞争，严格按照国际商业规则规范企业经营管理，以创新监管模式遏制不良竞争，增强竞争合作意识，加强企业自律。要在竞争中加强合作,统筹不同类型的企业建立资源共享平台,实现企业间优势互补与互利共赢。借鉴其他国家的国际经验,企业在"走出去"过程中,以差别化竞争优势为先导,以创建品牌为目标,以合作联盟为基础,成功抓住了拓展海外市场的机遇。

第七,要发挥使领馆作用,为海外企业提供保护和指引,加强外交工作的服务力度,帮助企业克服"水土不服"。我国企业在国际市场开发的过程中,面临各种挑战,企业"走出去"却"融不进"。我国拥有230多个驻外使领馆,他们在一线更易掌握情况、了解信息,能够为企业提供更为直接的服务与保护,是海外企业发展的坚强后盾。因此,要加强海外使领馆的商业保障功能,把双边关系做好做实,加强领事保护,努力提升中国企业和公民在外的安全系数。要加强外交工作对企业"走出去"的服务力度,为在海外投资的企业提供国别指导和信息服务,帮助企业克服文化、法律、政策等方面的"水土不服"。要始终把全面推进"一带一路"建设作为外交工作的重点和抓手,推进使领馆各项工作落实到位,加强与海外企业的密切联系,并利用政府外交、民间交流和高层互访机会,为企业"走出去"创造良好的境外发展环境。中印尼雅万高铁项目作为首个由政府搭台、两国企业对企业进行合作建设和管理的高铁项目,其成功启动主要得益于中印尼两国的使领馆外交协调和高层互访。该项目不仅通过驻外大使的协商与推广,在印尼打造出了中国高铁"金名片",还对推动中国高铁"走出去",具有重要的示范效应。

第八,既要研判机遇,又要加强风险预警,管控好风险,推进"一带一路"倡议的可持续健康发展。"一带一路"建设过程中机遇与挑战并存,企业"走出去"面临国外政治、经济、自然灾害等多重不确定因素。因此,政府在与各国确立项目建立合作时,要全面了解该国形势走向,研判投资机遇与挑战,把经济发展与维护安全紧密结合起来。要加强对海外投资风险的调研和分析,建立海外投资咨询机构,为企业投资提供专业支撑。要加强对海外投资风险的防控,发布投资风险指南,建立风险预警机制,及时为企业发布预警信息。要完善应对风险的解决方案,依靠专业社会人员增强境外安全责任制、境外安全联络员制度以及境外安全巡查制度的执行力和快速反应能力,及时遏制风险范围的扩大。要完善双边和多边投资保护机制,妥善运用政策性出口信用保险分散风险,建立海外投资保险制度和海外投资亏损准备金制度,帮助企业分担国际化风险。要大力倡导可持续安全观,联合沿线国家共同营造良好发展环境。"一带一路"

建设过程中存在政治风险、投资风险、大国博弈风险、宗教风险等多重复杂的风险，一些国家和地区由于特殊的地缘政治，宗教极端势力与恐怖分子猖獗，政治局势动荡不安，对此，我国与沿线国家均组建特种军队，进行边防联合巡逻，加强双多边反恐交流合作，为各项合作项目的顺利实施提供了安全保障。

（原载于《经济界》2016 年第 5 期）

"一带一路"战略的形成、实施与影响[*]

进入 21 世纪，尤其是 2008 年国际金融危机以来，中国经济发生了巨大的变化，世界经济同样也发生了巨大的变化。为了应对这一变化，2013 年，以习近平同志为核心的党中央审时度势，历史性地提出了"一带一路"战略，赋予古老丝绸之路以崭新的时代内涵，为中国的改革开放注入新的生机活力，勾勒了中国与亚欧非国家深化合作的中国愿景。几年来，"一带一路"战略的全面实施已经给中国和世界带来了深刻的影响，并将对中国和世界产生更加全面和深入的影响。

一、"一带一路"战略的形成

2008 年国际金融危机的爆发，将中国经济推向一个新的历史节点，发达经济体普遍遭受重创，世界经济的重心进一步由西方向东方转移，中国与世界的关系发生了重大变化。当前，世界已经不再是西方占据绝对优势。单就经济比重论，按照购买力平价法计算，G7 在世界经济中的比重已经从 1980 年占世界的 51% 下降到了 2012 年的 33%；即便使用汇率法计算，也已从占 62% 左右下降到了 47% 左右。作为发展中大国的中国用购买力平价法衡量的世界产出占比已经达到了 15%，用汇率法计算也达到了世界总产出的 11%。中国如何实现进一步发展，并更好地为世界经济做出更多的贡献？世界如何在变化了的经济格局下实现同中国的和谐发展？这些问题作为历史性的课题现实地摆在了世界面前，也摆在了中国党中央领导集体的面前。

---

* 本文作者：陈江生，中共中央党校马克思主义学院教授；田苗，中共天津滨海新区党校讲师。

　　审视中国的发展，"开放还是封闭"一直是各个历史阶段争论的话题。到了近代，中国人开始逐步认识到，每当中国开放占据主导的时候，国家发展就会加快；每当封闭占据主导的时候，国家就会走向衰落。于是，有了洋务运动、有了师夷之长技……有了各种各样的向外部世界学习。当然，学习是需要方法的，在交了无数学费之后，中国人终于在新中国成立之后经过艰难曲折的探索，开辟了改革开放这条正确的道路。改革开放30多年的发展，使得中国逐步发展成了世界第二大经济体，彻底改变了近代以来中国经济长期弱于许多西方小国，处于世界经济边缘地带的境况。2008年至2013年的5年间，中国对世界经济增长的贡献率已高达37.6%，中国重新回到世界经济发展的中心地带。在新的历史时期，中国如何找准在世界经济中的位置，在全面融入世界经济的同时不迷失自己？如何适应中国经济和世界经济的历史性变化，提升自己经济的层级并更好地参与到世界经济治理中来？"一带一路"战略的提出科学地回应了这两个问题。

　　党的十八大以来，以习近平为核心的党中央统筹国内国际两个大局，依据现实和历史两个条件，对全面提高开放型经济水平进行了新的部署。从国际上看，2008年全球金融危机的影响仍未结束，世界经济复苏艰难。根据国际货币基金组织（IMF）的计算和预估，2008年至2017年，世界实际产出年均增长仅为3.2%，较危机前的10年下降了1个百分点，未来5年世界经济增长仍不乐观，世界经济增长难以回到危机前的水平（见表1）。从国内来看，2012年以来，中国经济发展呈现新常态，经济增速下降压力持续增大，生态环境压力持续加大，产业结构的升级任务非常之重。为适应新常态，引领新常态，中国必须用开放的办法来解决发展中的问题，必须"加快走出去的步伐"，但面对全球金融危机后更加激烈的国际竞争环境，中国必须"创新开放模式"，"实行更加积极主动的开放战略"，中国的"走出去"必然不同以往。

　　历史发展到2013年，中国经济的溢出效应越来越明显。中国完全可以通过经济来带动周边的发展实现共赢；完全可以通过加强互联互通来支撑和继续扩大现有经济规模；完全可以通过加强在亚欧大陆及其沿海（洋），在整个世界的经济活动来推动欧亚乃至世界的经济发展。中国需要有一个规划来规范这种效应，让中国在与周边国家进一步发展经济合作时能够有序进行，以最大限度地满足中国和周边国家和平发展、互利共赢的现实需要。于是，旨在"推动同周边国家互联互通"的"一带一路"战略应运而生。

表1　实际GDP增长率　　　　　　　　（单位：年/百分比）

	平均值		预测值				
	1998—2007	2008—2017	2014	2015	2016	2017	2018—2021
世界产出	4.2	3.2	3.4	3.1	3.1	3.4	3.8
发达经济体	2.8	1.1	1.8	1.9	1.8	1.8	1.9
新兴市场和发展中经济体	5.8	5.0	4.6	4.0	4.1	4.6	5.0

数据来源：IMF《世界经济展望》（2016年4月）。

2013年9月，习近平在出访哈萨克斯坦的演讲中首次提出共同建设"丝绸之路经济带"；10月，习近平在印度尼西亚国会演讲时首次提出共同建设21世纪"海上丝绸之路"。这两个倡议共同构成了我国"一带一路"战略的基本内容。党的十八届三中全会提出要"推进丝绸之路经济带、海上丝绸之路建设，形成全方位开放新格局"①，把"一带一路"升级为国家战略。当年的中央经济工作会议对"一带一路"战略构想做出进一步的顶层设计：推进丝绸之路经济带建设，要"抓紧制定战略规划，加强基础设施互联互通建设"；建设21世纪海上丝绸之路，要"加强海上通道互联互通建设，拉紧相互利益纽带"②。此后，随着习近平的频繁出访与大力宣介，"一带一路"倡议得到了世界各国的广泛赞许和积极回应。"一带一路"以东亚的中国为起点，漫过中国周边国家，沿着陆路和海路，覆盖欧亚大陆，并将融合世界，推动囊括生产、流通、消费，涵盖金融、贸易、基础设施建设的发展大潮。

二、"一带一路"战略的实施

按照中国发展自身经济多年积累下来的成功经验，国家从高层引领到项目推动，从框架设计到政策实施，从平台搭建到资金带动，全面推开了"一带一路"的战略布局。在中国的推动下，愿意搭乘中国发展快车、便车的周边国家和其他国家，愿意看到世界经济越来越好的那些国际组织也做出了各种响应。到2017年初，我们看到"一带一路"战略已经取得了阶段性成果和早期收获。

---

①　《中共中央关于全面深化改革若干重大问题的决定》，《人民日报》2013年11月16日。
②　《中央经济工作会议在北京举行》，《人民日报》2013年12月14日。

（一）中国政府积极推动"一带一路"建设

中国政府非常重视"一带一路"战略的实施。中国领导人高频出访，阐释"一带一路"构想，并积极推动这一构想落地生根、开花结果。秉持共商、共建、共享的原则，"一带一路"战略致力于与沿线国家实现发展战略相互对接、优势互补。在中国政府的大力推动下，"一带一路"建设的愿景与行动文件已经制定，亚洲基础设施投资银行、丝路基金已经顺利启动，一系列合作框架业已达成，一批基础设施互联互通项目正在稳步推进。中国政府欢迎沿线国家和亚洲国家积极参与"一带一路"建设，也欢迎五大洲朋友共襄盛举①。

1. 高层引领，凝聚"一带一路"国际共识

中国领导人亲自引领"一带一路"战略，在国内外众多场合，阐释"一带一路"构想，增进理解、凝聚共识、深化合作。2014年以来，习近平高频出访，向亚非欧国家发出共建"一带一路"的倡议，欢迎"沿线各国分享中国发展机遇，实现共同繁荣"②；几乎每次接待外国政要，习近平都会谈及"一带一路"建设，愿意与来华各方就"一带一路"建设进行深入合作。习近平多次发表主旨演讲，积极推动"一带一路"建设。"一带一路"成为中国领导人在国际交往中的重要话题。通过高层引领，世界各国对"一带一路"的理解认同不断提升，合作意愿持续升温。在中国政府的积极推动下，中国与多个国家签订"一带一路"相关合作协议。第一，与一些毗邻的国家共同制定了合作建设规划纲要，包括《建设中蒙俄经济走廊规划纲要》《中国与吉尔吉斯共和国关于两国毗邻地区合作规划纲要》、中国与哈萨克斯坦《关于加强产能与投资合作的框架协议》。第二，与一些沿线国家达成了共建"一带一路"的谅解备忘录，比如中国与匈牙利、塔吉克斯坦、哈萨克斯坦、卡塔尔、科威特、中东欧五国（波兰、塞尔维亚、捷克、保加利亚、斯洛伐克）、土耳其等30多个国家分别签署了政府间共同推进"一带一路"建设的谅解备忘录，也正在与更多的国家进行着共同推进"一带一路"建设的备忘录签署的商谈。第三，与许多国家达成了一系列部门间协定，具代表性的有：中国人民银行已与21个沿线国家央行签订了双边本币互换协议；银监会已与28个"一带一路"沿线国家签署监管合作备忘录；国家税务总局已与53个"一带一路"沿线国家签署税收协定。众多合作协

① 习近平：《迈向命运共同体开创亚洲新未来》，《人民日报海外版》2015年3月30日。
② 习近平：《中国发展新起点全球增长新蓝图》，《人民日报》2016年9月4日。

议的达成，使中国能够在"一带一路"重点方向培育起若干支点国家和核心团队，从而有力地推动"一带一路"战略的落实。

2. 项目落地，推动"一带一路"务实合作

"一带一路"建设要产生实效，必须落实到具体的项目上。中国以基础设施重大项目为抓手，致力于推动"一带一路"建设在基础设施互联互通、产能合作、经贸产业合作区等方面的务实合作。互联互通方面，铁路、公路、港口、管道等基础设施项目进展顺利。印尼雅万高铁、中老铁路已开工建设，中泰铁路、匈塞铁路项目已启动合作，俄罗斯莫斯科—喀山高铁、坦赞铁路等项目也取得了不同程度的进展，中塔公路二期、巴基斯坦喀喇昆仑公路二期、卡拉奇高速公路开工建设，中亚天然气管道项目加快推进，汉班托塔港二期工程即将竣工，斯里兰卡科伦坡港口城复工，希腊比雷埃夫斯港股权收购项目完全交割。产能合作方面，中国与20多个国家开展务实合作，各类双多边产能合作基金规模超过1000亿美元。中国已与法国、德国、韩国、英国、西班牙等国就共同开拓"一带一路"沿线第三方市场达成重要共识，与俄罗斯、哈萨克斯坦、巴基斯坦、伊朗等国开展核电合作，推动中国自主三代核电技术"华龙一号"等核电技术走出国门。经贸合作方面，"六大经济走廊"各有收获，经贸园区建设也全面开花。中巴经济走廊建设初显成效，中蒙俄经济走廊建设已达成三方共识，中国—中亚—西亚经济走廊建设全面进行，中国—中南半岛经济走廊加快建设，新亚欧大陆桥经济走廊、孟中印缅经济走廊的建设也在稳步向前推进。中国已与相关国家合作建设了50多个境外经贸合作区，中白工业园全面动工，埃及苏伊士经贸合作区、匈牙利中欧商贸物流园正在加紧招商引资，泰中罗勇工业园、中印尼综合产业园区、阿曼杜库姆经济特区中国产业园等建设取得积极进展。一批重点合作项目的落地，对继续推进"一带一路"建设将起到积极的示范作用。

3. 政策配套，保障"一带一路"顺利实施

中共中央高度重视"一带一路"的顶层设计，在中央财经领导小组会议、中央经济工作会议，以及中央政治局集体学习中，多次强调要扎实做好"一带一路"建设的各项工作，习近平还亲自主持并研究"一带一路"的规划。2015年3月，中国发布《推动共建丝绸之路经济带和21世纪海上丝绸之路的愿景与行动》（以下简称《愿景与行动》），各部委积极推进《愿景与行动》相关配套政策和实施方案的制定与落实。为推动中国优势产业走出去，国家发改委已初

步完成《关于加快装备走出去的指导意见》的制定，通过解决企业融资成本、规范市场秩序等扶持政策，支持铁路、核电、建材生产线、钢铁、有色、建材、轻纺等产业走出去；工信部正在制定《制造业"走出去"战略规划》，围绕"一带一路"战略，研究制定相关发展规划和产业指导目录。为推动贸易自由化、便利化，国家税务总局从"执行协定维权益、改善服务谋发展、规范管理促遵从"三个方面制定出台了服务"一带一路"发展战略的10项税收措施；国家海关总署从"畅顺大通道、提升大经贸、深化大合作"三个方面推出服务"一带一路"的16条措施，并将"三互"大通关改革覆盖全国。为给"一带一路"建设做好保障，交通运输部审议通过《交通运输部落实"一带一路"战略规划实施方案》，国土资源部编制完成《"一带一路"能源和其他重要矿产资源图集》，推进"一带一路"建设工作领导小组办公室发布《标准联通"一带一路"行动计划（2015—2017）》。各地方政府也积极与国家规划对接，基本完成参与建设"一带一路"实施方案的编制、相关政策及配套方案的制定，为"一带一路"战略的顺利实施提供了强有力的支撑与保障。

4. 用活现有机制，构筑"一带一路"合作平台

为更好地推动"一带一路"沿线国家的合作共赢，中国政府高度重视"一带一路"的平台建设，积极利用现有的双边与多边合作机制，充分借助既有的、行之有效的区域合作平台，开展多层次、多渠道的沟通磋商，让更多国家和地区理解、认同并参与到"一带一路"建设中来。一方面，中国通过签署合作备忘录或合作规划的方式，推动双边关系全面发展；另一方面，中国强化多边合作机制，充分发挥上海合作组织、中国—东盟自由贸易区、亚太经合组织（APEC）、博鳌亚洲论坛、中国—东盟博览会、中国—阿拉伯国家合作论坛、中国—亚欧博览会、亚欧会议、亚洲合作对话、亚信峰会、中国—海合会战略对话、大湄公河次区域经济合作、中亚区域经济合作等一批多边合作机制的作用，推进"一带一路"沿线国家互利共赢。中国政府还非常重视新平台的建设，推动建立亚洲基础设施投资银行（以下简称"亚投行"）、金砖国家新开发银行，发挥丝路基金作用，为"一带一路"建设做好资金融通。此外，中国还在世界银行设立5000万美元的中国—世行伙伴基金，同世界银行在贷款、知识产权、能源等多个领域加强合作，以支持"一带一路"建设。

（二）国际上对"一带一路"建设的响应

"一带一路"提出以来，已有100多个国家和国际组织参与其中，"一带一路"建设不仅已经成为沿线国家的"大合唱"，而且已经超出"一带一路"的传统范围，吸引了更多的国家和国际组织加入到其中。

1. 沿线国家积极对接"一带一路"战略

顺着"一路"的沿线看，新亚欧大陆桥沿线国家积极将本国发展规划同"一带一路"战略对接。俄罗斯最早与中国签署了《关于丝绸之路经济带建设和欧亚经济联盟建设对接合作的联合声明》，表示支持"一带一路"倡议，愿与中方密切合作，推动该倡议的落实。蒙古国也积极响应"一带一路"倡议，提出"草原之路"计划，拟打造中蒙俄经济走廊。中亚五国均希望以"一带一路"为契机，加速本国经济转型和多元化发展。哈萨克斯坦的"光明大道"新经济计划、吉尔吉斯斯坦的《2013—2017年稳定发展战略》、土库曼斯坦的天然气出口多元化战略、乌兹别克斯坦的"2015—2019年乌兹别克生产本地化纲要"、塔吉克斯坦最新国情咨文所确定的至2030年国家战略，都与丝绸之路经济带建设在诸多理念和政策层面高度契合。中东欧16国也期待与中国就"一带一路"建设展开合作，希望"一带一路"为中东欧与中国的经贸合作注入新的动力。其中匈牙利非常重视同中国的合作，愿将本国的"向东开放"政策与"一带一路"倡议对接，并期待在"一带一路"战略中发挥重要作用。西欧国家是"一带一路"最重要的朋友圈，英国是西方首个宣布加入亚投行意向创始成员国的国家，承诺与中方共同推进"一带一路"建设，并期待成为"一带一路"的西端支撑点；德国也非常希望参与"一带一路"相关建设，其铁路公司愿在"一带一路"框架下与中国铁路总公司开展合作。

沿着"一带"，我们看到东南亚国家对"一带一路"的积极响应。印尼是中国境外华人数量最多的国家，印尼华商愿为印尼"全球海洋支点"发展规划与中国"一带一路"战略的对接与互动发挥积极作用。马来西亚积极响应并参与"一带一路"，邀请中国合资打造马六甲巴生第三港口。泰国推出边境经济特区发展战略，在宋卡进一步发展海运，主动与中国倡导的"21世纪海上丝绸之路"对接。老挝认为"一带一路"倡议将有助于老挝实现从"陆锁国"转为"陆联国"战略，邀请中国企业到老挝考察投资。新加坡愿意借中新政府间合作项目深度参与"一带一路"建设。文莱政府也看到了"一带一路"所带来的发展机遇，积极寻求与中国港口城市加强合作，促进海上互联互通，加强海上合作开发，共建"21世纪海上丝绸之路"。南亚国家同样积极响应。孟加拉国高度重视孟中印缅经济走廊对孟加拉经济发展的重要意义，希望与中国进一步加强在贸易、投资、经济技术等领域的合作，共同推动两国经贸合作取得新的更大发展。巴基斯坦作为中国"一带一路"倡议的早期获益者，非常支持中国的"一带一路"倡议，构建灵活的政策框架为倡议提供全方位的便利。阿拉伯国家认为阿中共建"一带一路"正当其时，沙特、埃及、伊朗等国支持并积极参与"一带一路"建设，愿意成为"一带一路"通往非洲和欧洲的支点。土耳其正在推动丝绸之路沿线的"中间走廊计划"与中国的"一带一路"倡议对接，认为双方在基础设施建设、汽车、纺织等领域的合作潜力巨大。以色列也积极响应"一带一路"倡议，不仅与中国正式启动自贸区谈判，还将阿什杜德新港和"红海—地中海"铁路（计划中）建设交予中国。

2. 域外国家积极参与"一带一路"建设

除传统的"一带一路"地域之外，许多国家也积极地参与其中。韩国政府对中国的"一带一路"建设始终秉持着积极参与的态度，认为中国的"一带一路"战略与韩国的"欧亚倡议"之间有互补性，为两国政府在经济战略方面的合作和交流奠定了重要基础。韩国政府希望借鉴"一带一路"的发展契机，与中国加强创新、智能制造、高端技术研发等领域的合作，使韩国尽快摆脱经济持续低增长的困境。韩国政府主动支持本国相关行业积极参与"一带一路"建设，利用韩国对亚投行的支援为韩国企业打开了亚洲基础设施建设市场。2015年底，韩国SK建设与中国建筑工程总公司签署战略合作协议，双方将在石油化学、发电、铁路等主营业务领域开展海外工程合作。现代建设、大宇建设等韩国企业也在积极寻求与"一带一路"项目的合作。

澳大利亚同样希望深入参与"一带一路"建设。2015年8月，中澳第二轮战略经济对话中，澳方表示，中国的"一带一路"倡议与澳大利亚的北部大开发倡议和国家基础设施发展计划有许多共同点，愿意通过两国发展战略的对接进一步提升合作的领域和层次。新西兰对"一带一路"也很感兴趣，认为"一带一路"构想给中新两国在经贸合作等领域提供了难得的机遇，新西兰的许多企业都可以参与到"一带一路"建设中。新西兰看好在食品、环保、基础设施建设等领域与中国的合作，它还是第一个成为亚投行意向创始成员国的发达国家。

拉美国家对加入"一带一路"建设也表示出强烈的意愿。阿根廷驻华大使曾在"丝绸之路经济带城市国际论坛2015"表示：阿根廷和拉美地区非常愿意加入到"一带一路"的倡议中来，以此加强双方的合作，推动双方的贸易和投资迈上一个新的台阶。智利驻华大使认为，"一带一路"倡议的原则同样适用于南美，欢迎中国投资智利的基础设施和工业，希望中国的技术、资本可以帮助南美提高其互联互通的水平。秘鲁政府期望将中国"一带一路"构想扩展到拉美海岸，将太平洋联盟成员国作为此构想的核心伙伴。

非洲各国非常期待在"一带一路"建设中获益。南非是亚投行创始成员国之一，非常欢迎中国企业的贸易与投资，希望与中国在海洋运输、石油勘探等领域合作，有效利用海洋，发展"蓝色经济"。南非还希望非洲的"2063年议程（Agenda2063）"与"一带一路"倡议实现同步，促进中非在基建、海洋经济等领域更紧密的合作，以及非洲与"一带一路"沿线国家的合作。很多非洲国家正在为成为"一带一路"计划的"支点"而努力。多哥总统将自己的国家推荐为中国在西非地区发展"一带一路"计划的支点；摩洛哥国王希望海上丝绸之路经由摩洛哥这个支点扩展至欧洲，以及与摩洛哥有多层次关系的西非国家。马达加斯加共和国、乌干达、莫桑比克等十余个非洲国家希望更多的中国企业到自己的国家投资。目前，中国在非洲的"三网一化"，即高铁、公路、区域航空的网络以及工业化，进展顺利。加拿大虽远在北美，但对中国的"一带一路"战略和自由贸易试验区，持非常积极和前瞻的态度，认为加拿大企业可以在其中发挥一定的作用。在杭州G20峰会期间，加拿大正式申请加入亚投行。

3. 国际组织高度关注"一带一路"未来发展

各大国际组织对"一带一路"建设给予了高度评价和积极关注。联合国认为"一带一路"倡议有利于促进沿线各国经济繁荣与区域经济合作，希望将"一带一路"建设与联合国《2030年可持续发展议程》结合起来，更好地推动"一带一路"建设有序开展。为此，联合国设立了为期一年的"评估'一带一路'战略宏观经济影响"研究课题，利用联合国世界经济预测模型系统，量化分析"一带一路"建设对国际经济发展的推动作用，以联合国名义发布预测结果，并将积极宣传、推动"一带一路"建设。

国际货币基金组织（IMF）总裁拉加德在2015年3月参加"中国发展高层论坛"时，明确表态"IMF将很乐于同亚投行展开合作，世界银行也是"，不仅对亚投行的成立持欢迎态度，还表示未来希望IMF可以为亚投行基础设施建设项目提供融资。世界银行与亚投行于2016年4月在华盛顿签署了首个联合融资框架协议，迈出两个机构联手解决世界巨大的基础设施需求的重要的第一步。目前正在讨论近 12 个联合融资项目，涉及中亚、南亚和东亚的交通、水务和能源等领域。根据协议，世界银行将遵循世行采购、环境和社会安全保障政策与程序进行项目筹备和督导。

欧洲复兴开发银行认为，"一带一路"的设想与"容克计划"的再工业化、单一数字市场、港口铁路网改造等计划非常契合，双方具有对接基础。2015 年 12 月，欧洲复兴开发银行接受中非洲各国非常期待在"一带一路"建设中获益。南非是亚投行创始成员国之一，非常欢迎中国成为其股东，推动中国"一带一路"与欧洲"容克计划"对接，为中方与该行在中东欧、地中海东部和南部及中亚等地区进行多种形式的项目投资与合作提供了广阔空间。

三、"一带一路"战略的影响

"一带一路"战略的全面实施已经给中国和世界带来了深刻的影响。随着"一带一路"建设的深入推进，将对中国开创改革开放的新局面、全面提高在世界经济中的话语权、推动世界经济的新发展带来更大的发展空间，世界经济也将走向包容性增长的新高度。

（一）"一带一路"战略的成功实施将有利于开创中国改革开放新局面

"一带一路"战略，以中国的改革发展为沿线国家互利合作、共同发展提供更为广阔的空间，又以沿线国家的和平发展更好地营造中国和平发展的国际环境。"一带一路"战略，可以在提质增效升级中最大限度地发挥国内市场、国际资源、国内规则的潜在优势，有益于开创中国改革开放的新局面。

1. "一带一路"战略是"十三五"规划的重要支撑

"一带一路"战略不仅是我国适应对外开放新形势提出的对外战略，也是顺应国内经济新常态提出的内部调整和转型战略。"十三五"是全面建成小康社会的收官阶段，也是中国新发展阶段的基础建设时期，是能否最终实现中华民族伟大复兴的"中国梦"的关键时期。一方面，"十三五"规划要求在"十三五"期间及以后更长的时期中，要坚持开放，坚持不断提升开放的水平，"一带一路"战略的实施正是开放水平的提高。另一方面，"一带一路"的建设将把更多的民众带入到世界经济的大循环中来，既有利于提高人民的国际眼光，也有利于提高人民的收入水平，支持"十三五"规划的实现。

2. "一带一路"战略将成为全面深化改革的突破口

针对"十三五"期间面临的新背景、新情况、新挑战，深入推进实施"一带一路"战略不仅能够更好地改善我国发展的外部环境而且也有利于我国全面深化改革的推进。第一，通过实施"一带一路"战略所带来的经济关系加深，基础设施互联互通对于共赢意义重大，进而对于改善发展的外部环境意义重大。第二，拓展对外开放的主体领域和方向，对外开放主体由国家和企业拓展到人民、企业和国家。这有利于深化人民对改革开放的理解、更好地凝聚改革开放的共识。第三，促进开放布局和体制，完善对外开放布局，全面完善法治化、国际化、便利化的营商环境的实践和经验，对于在其他领域推进全面深化改革同样意义深远。

3. "一带一路"战略将引领新一轮全方位对外开放

30 多年来，我国对外开放取得了举世瞩目的伟大成就，但受地理区位、资源禀赋、发展基础等因素影响，对外开放总体呈现东快西慢、海强陆弱格局。"一带一路"战略的实施将构筑新一轮对外开放的"一体两翼"，在提升向东开放水平的同时加快向西开放步伐，助推内陆沿边地区由对外开放的边缘迈向前沿。"一带一路"沿线大多是新兴经济体和发展中国家，总人口约 44 亿，经济总量约 21 万亿美元，分别约占全球的 63% 和 29%。这些国家普遍处于经济发展的上升期，开展互利合作的前景广阔。深挖我国与沿线国家合作潜力，必将提升新兴经济体和发展中国家在我国对外开放格局中的地位，促进我国中西部地区和沿边地区对外开放，推动东部沿海地区开放型经济率先转型升级，进而形成海陆统筹、东西互济、面向全球的开放新格局。

(二)"一带一路"战略的成功实施将有利于全面提高中国在世界经济中的话语权

1. 经贸规则的制定将更多地考虑中国的诉求

全球经贸规则是基于 20 世纪四五十年代的世界经济格局建立的，虽然预留了调整的空间，而且也随着世界经济格局的变化做了许多调整，但是，新世纪，尤其是近几年世界经济格局的变化，已经超出了许多原规则主导者的想象。于是，对发展中国家，尤其是对崛起的中国的诉求之排斥和忽视同样超出了各发展中大国忍耐的限度。因此，寻找既能尊重原有秩序，又能尊重现有格局的方案便成为必然。这样就有了倡导互利共赢的"中国方案"。"中国方案"主张和谐包容，强调多元平衡，倡导互利共赢。"一带一路"战略通过"促进经济要素有序自由流动、资源高效配置和市场深度融合，推动沿线各国实现经济政策协调，开展更大范围、更高水平、更深层次的区域合作，共同打造开放、包容、均衡、普惠的区域经济合作架构"①。用实际行动阐释了"中国方案"。其成功实施，一方面意味着中国倡导的话语得到了世界的认可；另一方面也意味着新一轮全球经贸规则的调整将更多尊重中国的诉求。

2. 国际大宗商品的定价将更加尊重中国的建议

作为后发国家，由于历史和人为安排形成的原有世界经贸规则和国际市场格局的原因，中国在21世纪初对大宗商品的定价几乎没有任何话语权。为了打破这种困境，作为世界上最大的大宗商品进口国，21世纪以来中国做了大量的努力。"一带一路"战略通过基础设施建设，将改变中国与沿线国家在国际大宗商品定价中的被动地位。"一带一路"沿线国家大多是新兴发展中国家，自然资源丰富而基础设施落后。中国则相反，对原油、铁矿石等资源性大宗商品外贸依存度相当高，而许多基建行业却处于过剩状态。"一带一路"战略的实施，可以充分发挥中国与沿线国家的互补优势，利用现有的双边、小多边、多边等机制，通过与沿线国家平等互利的自由贸易、控制交通运输、参股大宗商品生产、提供金融服务等方式，降低我国与"一带一路"沿线国家大宗商品贸易的交易成本，也可以与沿线国家联合起来发出亚洲声音，让原世界经贸规则的主导者们在国际大宗商品的定价方面更好地尊重中国的建议。

3. 将更好地推动人民币的国际化

随着"一带一路"倡议各项内容的推进和落实，人民币的国际货币功能将得到极大提升。在"一带一路"各项经贸合作展开之后，区域经济一体化加深，将极大促进人民币在双边贸易结算中的使用。伴随中国商业银行走出国门，人民币国际交易结算网络的不断扩大和完善，人民币在相关国家使用更加便利，进一步提升了人民币作为国际交易结算货币的功能。考虑中国的强大经济实力、援助国地位和中国企业竞争力，中国与沿线国家的双边、多边经贸合作，不可避免地会占据某种有利地位，这将有助于在双边贸易计价中可能会使用人民币而非其他货币。人民币作为国际结算、计价、储备货币的地位，也将随着"一带一路"倡议与各国发展战略的对接，随着中外双边、多边合作项目的推进而

---

① 国家发展改革委、外交部、商务部编：《推动共建丝绸之路经济带和21世纪海上丝绸之路的愿景与行动》，外交出版社2015年版。

在沿线国家建立并逐步得到巩固。

(三)"一带一路"战略的成功实施将有利于推动世界经济的发展

1. "一带一路"将为世界经济增长注入新动力

"一带一路"战略下的经贸投资和国际产能合作,将为世界经济的发展注入新动力。"一带一路"战略将改变全球贸易体系由欧美主导的格局。中国作为第一大货物贸易国,是全球130个国家和地区的最大贸易伙伴,有能力带动"一带一路"沿线国家实现贸易优化升级,"一带一路"战略为沿线国家地区的合作提供了广阔的市场和发展空间。中国对"一带一路"沿线国家的投资将拉动经济增长。"一带一路"沿线国家基础设施需求旺盛,产业升级空间很大,中国现在有近3万亿美元的外汇储备,有足够的资金投资于"一带一路"所需的基础设施建设,协助发展中国家解决基础设施上的瓶颈问题。同时,中国与"一带一路"沿线国家的产能合作,能够协助发展中国家实现快速发展。

2. "一带一路"将为全球经济治理提供新模式

长期以来,多边经贸体制和区域经贸安排是驱动经济全球化发展的两个轮子。国际金融危机后,多边贸易体制发展受阻,区域经济一体化逐渐成为全球经济发展新的重要特征。"一带一路"倡议强调共商、共建、共享,明确提出破除洲际和次区域之间的藩篱,打造开放、包容、均衡、普惠的区域合作架构的新愿景,使全球治理结构不断朝着公平、合理的方向发展,顺应了发展中国家重塑国际经贸规则的诉求,降低了少数国家对全球经贸规则从制定到实施的垄断。这是中国对优化全球经济治理和构建新型国际关系的探索,是推动沿线国家在区域合作中互利共赢,推动全球经济治理更加规范、公平、合理的中国贡献。

3. "一带一路"将为国际经济合作奠定新基础

"一带一路"建设强调的互联互通,有利于破除国际经济交流合作的软硬件障碍,夯实发展合作、互利共赢的基础。我国积极建立和加强与沿线各国互联互通的伙伴关系,推动国际骨干通道建设,在主要交通节点和港口推进境外经贸合作区建设,打造国际经贸合作走廊,深化与亚行、世行、亚信等多边平台的合作,优化产业链、供应链、价值链和服务链,进一步联道路、畅贸易、通货币、顺人心,努力形成沿线国家互助互推的动力机制,将有效激发"一带一路"区域经济发展的活力与国际合作的潜力。

(原载于《中共党史研究》2017年第2期)

"一带一路"倡议的理论基础探析*

——基于世界市场失灵的视角

一、引言

早期资本主义市场经济一度迷信市场这只"看不见的手"的功能，崇尚自由放任，认为市场的自发作用可以实现社会总供求平衡，达到资源最优配置，反对政府干预经济活动。但自由市场经济的实践证明其存在缺陷。

马克思主义经济学早就指出自由放任的市场经济的矛盾。之后，又有大量学者指出自由市场经济的种种弊端。例如：私人在追逐利润中，个别企业有组织性与整个社会生产无政府状态的矛盾、生产无限扩大趋势与有支付能力的需求相对不足的矛盾加剧，必然周期性爆发经济危机，使国民经济呈现出周期性波动的特点，无法实现持续稳定发展。另外，自由竞争也不可避免地导致垄断，垄断会破坏市场机制的功能，降低效率;① 私人在追求收益最大化过程中，不愿意投资于公共产品和公共服务领域，使公共产品的供给不能满足需求，社会资源不可能得到合理利用;② 资本无节制地追求利润，疯狂掠夺资源、破坏环

* 本文作者：郑伟，中国社会科学院亚太与全球战略研究院博士后；桑百川，对外经济贸易大学国际经济研究院院长，教授。

基金项目：国家社会科学基金重大项目（11&ZD007）。

① ［美］约瑟夫·熊彼特：《经济发展理论》，何畏，易家祥译，商务印书馆 1990 年版，第 18 页。

② ［英］约翰·梅纳德·凯恩斯：《就业、利息和货币通论》，徐毓枬译，北京联合出版公司 2013 年版，第 26 页。

境;① 自由竞争还必然导致贫富分化,无法实现社会公平,使社会福利总水平下降,在两极分化中社会矛盾恶化。② 1929~1933 年大危机促使人们反思自由放任的市场经济的缺陷,提出了"市场失灵"理论,即自由放任的市场经济存在效率、公平、稳定等方面的"市场失灵"问题。其实,不仅在一个国家内部存在"市场失灵",在世界市场上同样存在"市场失灵"。世界市场失灵同样表现在"效率、公平、稳定"问题上。资本在追逐利润过程中,推动了经济全球化进程,各国不同程度地参与到经济全球化进程中来,最终形成了世界市场。经济全球化与世界市场的发展,一方面促进了世界生产力的进步,另一方面,当今的世界市场仍然是发达国家主导的市场,靠世界市场机制自发作用,仍然有许多问题解决不了、解决不好,经济的全球化与世界市场自发作用的矛盾始终存在。发达国家在国际金融机构和先进生产技术层面的垄断;公共产品供给的严重不足;发达国家与发展中国家贫富差距拉大导致社会公平难以为继;发达国家为促进其自身经济发展出台的经济政策,导致其他国家经济因此受损,这种政策具有典型的负外部性特征等。

世界市场失灵的种种表现,已严重影响到全球经济的健康发展。解决世界市场失灵应成为全球经济治理中的首要课题,世界一直在努力寻求解决世界市场失灵的途径。但从解决世界市场失灵的动力来看,以美国为代表的发达国家在现有的国际经济秩序中占据主导地位,谋求建立高标准的贸易投资自由化规则体系,巩固其在世界经济运行中的收益。中国作为快速崛起的新兴市场国家,致力于改革世界经济治理体系,提出"一带一路"倡议,这是与美国不同的助力解决世界市场失灵的方案,谋求以共享、互利、包容、开放等理念,加强与世界相关国家合作,与其他促进贸易、投资自由化的区域经济合作机制有效对接,承担更多国际责任,让世界分享中国改革开放和发展的红利,完善世界市场功能,解决世界市场垄断问题,增加公共产品供给,缓解外部性问题,提高相关国家资源配置效率,促进落后国家经济开放开发,提升其产业发展和内生增长能力,缩小各国发展差距,增进国际公平,实现世界经济长期稳定增长。

---

① [美]理查德·沃尔夫,斯蒂芬·雷斯尼克:《相互竞争的经济理论:新古典主义、凯恩斯主义和马克思主义》,孙来斌译,社会科学文献出版社 2015 年版,第 78 页。
② [英]阿瑟·塞西尔·庇古:《社会主义和资本主义的比较》,谨斋译,商务印书馆 2014 年版,第 89 页。

二、世界市场失灵的主要表现

世界市场失灵集中体现在以下几个方面。

（一）发达国家对国际金融机构及先进生产技术的垄断

1. 垄断国际金融机构决策权。尽管后危机时代随着广大新兴市场国家实力的快速崛起，世界经济格局已经明显处于变动期，但以美国为首的西方发达国家却一直牢牢把控国际金融机构的运行规则，在国际金融秩序的制定上，拥有绝对的话语权。这主要表现在：

第一，发达国家一直维持其在国际金融机构中足够多的份额，以保障其在国际金融决策中的控制权，推行其国际金融政策主张。以国际货币基金组织（IMF）为例，2008年之前，美国、日本、德国、法国、英国这五个世界主要发达国家在IMF中的投票权占到38.39%，而发展中国家中投票权比例最高的中国仅为3.66%。即便在2010年IMF对其投票权进行改革后，增加了新兴市场国家的份额，但上述五个发达国家的投票权比重仍然高达37.92%，其中美国一国的份额更是高达17.41%，并拥有一票否决权，这一机制就决定了IMF的决议往往反映的是以美国为首的发达国家的意愿和利益。

表1　IMF部分成员投票权比例及排名

国家	2010年		2008年	
	投票权比例	排名	投票权比例	排名
美国	17.41%	1	16.77%	1
日本	6.46%	2	6.02%	2
中国	6.39%	3	3.66%	6
德国	5.59%	4	5.88%	3
法国	4.23%	5	4.86%	4
英国	4.23%	5	4.86%	4
印度	2.75%	7	1.89%	13

资料来源：IMF。

第二，发达国家垄断国际金融机构领导人岗位。世界两大金融机构IMF和世界银行在领导人问题上达成了某种默契，IMF总裁职位一般由欧洲人担任，美国人则出任第一副总裁；世界银行行长的职位一般为美国人，总部设在美国。① 此种情况下，世界两大金融机构便成为发达国家控制全球金融市场的工具，美欧主流观得以主导两大金融机构，形成实际上的制度垄断。

第三，发达国家严控新生国际金融机构。西方发达国家希望通过控制国际金融机构准入，避免其在现有国际金融机构中的作用被稀释。例如，在 1997 年亚洲金融危机之时，IMF 作为国际性金融救助机构，却迟迟不对几个重灾国家施以援手。迫于无奈，以日本为首的亚洲国家提议成立"亚洲货币基金组织"，帮助受金融危机影响严重的国家摆脱困境，但该提议却被以美国为首的西方发达国家及时遏制，胎死腹中。

第四，发达国家严控国际救助资金流向。在国际救助资金的分配方向上，现行的两大国际金融机构更愿意将救助款项发放给美国的盟友或者与美国政治立场相同的国家。国外已有大批学者对此种现象进行研究，其中较有代表性的是构建"联合国投票"指标。该指标以某年度联合国投票总次数为分母，以一国与美国投票相同的次数为分子，数值介于 0 和 1 之间，若该数值越趋近于 1，则表明该国与美国的政治立场约趋同。研究发现，IMF 在对一国进行救助贷款时，除考虑借款国还款能力、经济发展潜力、国内政局情况等因素外，其与美国的"联合国投票"指数越接近 1，其获得救助贷款的可能性越大，附加条件更少，贷款被中途停止的风险更小。② 因此，事实上 IMF 是受美国影响而有选择性地增加贷款附加条件。

对世界银行的研究也有类似发现。世界银行国际发展协会（IDA）向世界最不发达国家提供赠款和免息贷款，即 IDA 贷款。IDA 贷款具有较强的公益性质，同时因几无融资成本，受到世界低收入国家的广泛青睐。但若对 IDA 贷款分配机制进行研究便可发现，美国的态度对 IDA 贷款的流向有明显的影响。数据显示，1993～2000 年间，在获得 IDA 贷款的 76 个国家中，与美国在联合国投票中立场较为一致的国家占到 3/4。③

---

① 陈德铭：《经济危机与规则重构》，商务印书馆 2014 年版，第 203 页。

② Asiedu, E. and D. Lien. Democracy, Foreign Direct Investment and Natural Resources [J]. Journal of International Economics, 2011, vol. 2, pp. 37－44.

③ Y. Feng. Political Freedom, Political Instability, and Policy Uncertainty: A Study of Political Institutions and Priuate Investment in Development Countries [J]. International Studies Quarterly, 2001, vol. 2, pp. 271－294.

2. 垄断先进生产技术。从先进生产技术层面来看，发达国家的垄断更为明显。金融寡头和跨国公司具有技术、资本规模上的优势，掌握着国际定价权，国际市场价格并不能灵敏反映供求关系的变化；庞大金融寡头和跨国公司的存在，形成了其他企业进入市场的障碍，自身也存在着高昂的退出成本，企业并不能自由进出国际市场；跨国公司塑造出领先的国际品牌，提供着非同质的产品和服务，国际市场价格变动无法灵敏调节需求，国际市场并不能自动出清。[①]总之，世界市场是不完全竞争的市场，往往因跨国公司的垄断地位阻碍世界经济技术的扩散和进步，影响全球资源配置效率，降低全球福利水平。跨国公司对先进生产技术的垄断包含以下几种形式。

第一，控制核心技术。发达国家的跨国公司常将其核心技术通过公司内部市场转让的方式出售给其子公司，并对核心技术采取严格保密，防止技术外泄。

第二，弱化人才流动。跨国公司的核心技术人员外流是其核心技术外泄的最大隐患，因此跨国公司一方面依靠其雄厚的资金实力给专业技术人员丰厚的薪酬，另一方面设置人才流动壁垒，最大限度地防止人才流动所产生的技术外溢。

第三，独资经营模式。许多跨国公司在投资国设立独资经营公司，这是垄断其先进生产技术的最佳途径。跨国公司仅通过对外直接投资来降低运营成本，而最大限度地延长获得垄断利润的时限。

第四，垄断理念升级。跨国公司垄断先进生产技术的意愿，常得到发达国家政府的支持，进而将其垄断理念上升为国家意志。

（二）全球公共物品供给严重不足

全球公共产品是指在全球范围内，生产和消费具有非排他性和非竞争性的产品。为国际社会提供公共产品的行为包括提供商品和服务、资源供给、规则制定等方面。[②] 跨国公司主导着经济全球化，却不能提供正常的公共产品供给。因公共产品消费不具有排他性，收费困难，提供公共产品无法获得正常收益，跨国公司在全球追求投资收益最大化过程中，并不能为其贸易、投资的东道国提供正常的公共产品供给。发达国家在努力帮助本国跨国公司开拓国际市场中，

①　杨默如，李平：《一带一路战略下国际公共产品供给研究》，《价格理论与实践》2015年第 11 期，第 64 - 66 页。

②　高鸿业：《西方经济学（微观部分）》，中国人民大学出版社 2000 年版，第 331 页。

着力点在于促进贸易、投资自由化,而非为其他国家提供公共产品。如果东道国自身经济实力弱,本国不能提供充足的公共产品,则公共产品的供给就无法满足需求,反过来也会制约其经济社会发展。长期以来,由于全球公共产品的公益属性,而国际社会对全球公共产品的提供并没有明确的规定,更无法按照"谁受益谁提供"的原则行事。国际金融危机导致世界经济格局深刻变化,新兴市场国家实力处在上升期,发达国家对国际公共产品供给的态度消极也正是源自于南北世界的实力变迁。因此,在新时期如何解决全球公共产品供给不足的问题,就成为国际社会必须予以高度重视的课题。目前,国际社会公共产品供给不足主要表现在:

第一,现有国际合作理念及模式难以为继。有效的国际合作模式是维护世界经济稳定发展的关键所在,更是国际公共产品供给的重要保障之一。但从现有的国际合作理念和模式来看,其仍是冷战思维延续的产物,发达国家一方面竭力遏制发展中国家的崛起,以巩固其统治地位,另一方面又要依靠全球化进程让世界分担其过度金融化的风险。事实表明,进入21世纪的短短十余年时间,已经爆发了两次全球性的金融危机(2008年由美国次贷危机引发的国际金融危机以及2010年爆发的欧洲主权债务危机)。这两次危机导致世界经济深入衰退,许多国家至今仍在危机的泥潭中挣扎。根据IMF的测算,在危机持续的2008~2012年,全球生产总值(GDP)累计损失17.6万亿美元,贸易额累计损失10.2万亿美元,跨国投资累计损失8.2万亿美元。① 受金融危机冲击,世界政治经济格局发生深刻变化,现有的国际合作理念已经远远落后于时代发展的要求,更为客观公平的国际合作模式亟待建立。

第二,发展中国家基础设施较为落后。基础设施建设是国家经济发展的基础,特别是随着全球化进程不断加快,世界各国特别是发展中国家对基础设施建设的需求也在不断提升。目前,发展中国家每年基建投入约1万亿美元,但要想保持当前的经济增速和满足未来的需求,估计到2020年之前每年至少还需增加1万亿美元。以非洲为例,目前在非洲居民用电率仅为40%,交通和运输设施仅能惠及33%的农村人口,农业自动化灌溉率不到5%。为此,非洲每年的基建需求缺口达1000亿美元。②

---

① 数据来源:IMF《世界经济展望》(2013年4月)。

② 数据来源:联合国贸发会议(UNCTAD)数据库。

投资和建设基础设施，不仅有利于改善民生，提高民众的生活质量和便利程度，而且是驱动世界经济复苏和可持续增长的重要引擎。但基础设施建设具有投资周期长、投资收益率低、投资风险较高等特点，因此各国在针对发展中国家进行基础设施投资时，都较为谨慎，同时这也决定了对发展中国家的基础设施建设投入是国际公共产品供给领域的最大缺口。

（三）"负外部性"问题频发

外部性是指在经济活动中，一个经济体的行为或政策直接影响到另一个经济体的经济运行。若前者的行为对后者带来的是积极的影响则成为"正外部性"，若带来的是消极的影响，则称为"负外部性"。"负外部性"政策是目前国际市场失灵的主要表现之一。2008 年爆发的国际金融危机以及随后于 2010 年爆发的欧洲主权债务危机，导致美欧发达国家经济陷入深度衰退，进而导致其内需疲弱，失业率居高不下。为提振本国经济，美欧发达国家出台一系列经济刺激政策，这类政策在帮助本国经济复苏企稳的同时却导致其他国家特别是发展中国家和新兴市场国家的经济利益受损，这具有典型的"负外部性"特征。

以国际金融危机之后美国所施行的轮量化宽松政策（QE）为例，截至 2014 年底，美联储所推出的 4 轮 QE 总规模达到 4.1 万亿美元，导致全球流动性泛滥，发展中国家和新兴经济体面临较大的输入性通货膨胀风险，资产泡沫累积过快，经济过热风险加剧。而 2014 年底，美国突然宣布退出 QE，并释放美元加息预期，发展中国家和新兴经济体再次面临挑战：大量资本回流美国将会对发展中国家和新兴经济体的金融稳定性再次带来破坏性影响，巴西、印度、印尼等国在 2013 年之后相继出现大规模货币贬值、外汇储备下降等金融形势恶化现象；此外，美元政策的剧烈波动导致国际大宗商品价格忽涨忽跌，巴西、俄罗斯等大宗商品出口国经济大受影响。

美国之所以能够肆无忌惮地实施"负外部性"的货币政策，其根本原因是美元占据着世界货币的霸权地位。尽管在后布雷顿森林体系时代，日元、英镑、欧元、人民币等货币快速崛起以及全球普遍的浮动汇率制度和广泛的金融开放，世界储备货币多极化趋势逐渐显现，但这些并不足以撼动美元的垄断地位，美元仍是实际意义上的世界货币。21 世纪初，美元仍占国际储备货币的 65%、结算货币的 50%、外汇交易的 80% 以上。① 同时，美国通过操控国际金融机构，

---

① 数据来源：IMF《世界经济展望》（2003 年 4 月）。

维护其世界货币地位，既不让美国承担世界储备货币的责任，又忽视超主权货币的作用。

表2　国际金融危机以来美国量化宽松政策操作（单位：亿美元）

国家	QE	时间	公开市场操作		总计
			产品	额度	
美国	QE1	2008.11	购进抵押贷款支持证券（MBS）	125000	17250
			购进长期国债	30000	
			购进机构债（GSE）	1750	
	QE2	2010.11	购进长期国债	6000	6000
	扭曲操作	2011.9	购进剩余时间6～30年国债	4000	4000
	QE3	2012.9	购进抵押贷款支持证券（MBS）	400/月	截至2013年底累计12250
	QE4	2012.12	购进长期国债	450/月	
	5次总计		39500（加上QE前的政策，增加流动性近5万亿美元）		

资料来源：根据美联储资产负债表整理而得。

在世界市场上，美国依靠其发达的金融服务业，在危机爆发前向世界输出"有毒"的金融产品，而在危机爆发之后，又依靠美元的霸权地位让世界平摊危机所带来的后果，其国内的金融危机很快衍生为世界性的危机，加剧全球经济波动，冲击世界经济的稳定性，各国无法独善其身，难以持续稳定发展。

（四）国际社会贫富差距拉大

自工业革命爆发以来，世界经济的增长速度不断提升，特别是经济全球化趋势出现之后，全球贸易、投资数量实现井喷式增长，有效带动了世界各国福利水平的提高。但随着经济增长步伐的加快，发达国家与发展中国家的贫富差距却在不断加深，一些中小国家，特别是非洲国家的贫困人口数量仍然很高。目前全世界人均GDP最高的国家是最贫困国家的50倍以上，较19世纪初上升逾10倍。[①]由此可见，世界经济的蓬勃发展以及经济全球化的红利分配是有偏差的，发达国家更多地在20世纪的经济增长中获益。造成此种市场失灵现象的原因是：其一，发达国家不仅在经济上占有绝对优势，而且在国际经贸规则的制定中具有主导地位，虽然现存的国际经济秩序和国际经贸规则体系在某种程度上照顾了发展中国家的利益要求，但主旨上仍然体现着发达国家的根本利益，

---

① 数据来源：根据UNCTAD数据计算而得。

国际经济秩序并不公平。广大发展中国家和不发达国家自身教育、科技水平低，经济基础薄弱，经济结构不健全，发展相对落后，导致发达国家与发展中国家在世界市场上的竞争实质是不平等的竞争，结果表现为南北差距巨大，甚至南北两极分化，难以实现世界公平；其二，发达国家的技术垄断。发达国家依靠先发优势，积累了大量的优质先进生产力，导致其获得超额垄断利润。发展中国家为获得相应先进产品就需要付出更多的经济代价，这从客观上造成了世界经济发展的红利分配不均，贫富差距进一步拉大，国际社会公平难以为继。

（五）非传统安全问题应对不利

随着经济全球化进程的不断加快，非传统安全问题成为各国关注的焦点，但由于国际社会的认知水平和利益诉求差异较大，导致各国在非传统安全问题的国际合作一直举步维艰。

以打击恐怖主义为例，自"9·11"恐怖袭击发生以来，国际社会一直饱受恐怖主义活动困扰，特别是近年来随着恐怖组织伊斯兰国的兴起，恐怖主义活动又有明显的抬头之势。虽然近年来国际社会一直不遗余力的对恐怖主义进行武力打击，但恐怖主义活动却甚嚣尘上，这就促使国际社会不得不反思以往的做法，是否应将简单粗暴的武力打击，转化为加强文化、宗教层面的认同。又如，在应对气候变化方面，国际社会应对气候变化的最主要手段是控制二氧化碳等温室气体的排放，根据《联合国气候框架公约》和《京都议定书》的有关条款，发达国家应率先采取措施限制温室气体排放，承担强制减排义务，并向发展中国家提供资金和技术援助；发展中国家按照"共同但有区别的责任"原则，在得到发达国家技术和资金支持下，采取措施减缓或适应气候变化。但事与愿违，《联合国气候框架公约》和《京都议定书》这类国际合作公约并没有起到其应有的作用。一方面，发达国家为保持其技术优势，并不情愿将其先进的节能减排技术转让给发展中国家，同时又要求发展中国家同样承担强制减排义务；另一方面，由于控制温室气体排放不可避免将导致发达国家国内、国际利益的重新分配，因此发达国家纷纷推出"碳关税""碳标签""碳认证""碳足迹""航空航海碳税"等绿色壁垒，以减缓其经济损失。[1]

---

① 徐清军：《碳关税、碳标签、碳认证的新趋势对贸易投资影响及应对建议》，《国际贸易》2011 年第 7 期，第 54 – 56 页。

三、"一带一路"倡议的本质在于助力矫正世界市场失灵

矫正世界市场失灵离不开政府干预。而政府干预是有成本的，世界上经济实力强的国家理应为矫正世界市场失灵做出贡献。随着中国经济长足发展、实力增强，提出"一带一路"倡议，旨在加强与世界相关国家合作，承担更多国际责任，让世界分享中国改革开放和发展的红利，为解决世界市场失灵贡献中国力量。为此，"一带一路"倡议的核心问题是把"一带一路"相关国家作为整体市场，而非一个个孤立的、分散的个体市场，完善其市场功能，解决其市场垄断问题，增加公共产品供给，缓解外部性问题，增进资源配置效率，促进落后国家经济开放开发，缩小各国发展差距，增进国际公平，实现世界经济长期稳定增长。

（一）"一带一路"倡议助力缓解国际市场垄断问题

1. 打破国际资金使用权垄断。国际资金的使用权垄断，源自于发达国家对于现有国际多边金融机构的控制。配合"一带一路"倡议所建设的亚洲基础设施投资银行（简称亚投行）、丝路基金以及于 2014 年成立的金砖国家开发银行将弥补国际金融机构缺陷，缓解现有国际金融机构不能满足广大发展中国家基础设施建设和经济社会发展中庞大的资金需求的矛盾。

（1）亚投行。2015 年亚洲国家 GDP 总量约 23 万亿美元，占世界 GDP 总量的 1/3，同时亚洲人口数量占世界总人口的 6 成。① 因此，亚洲未来的发展潜力是可以预期的。但由于历史原因，亚洲的大部分国家是发展中国家，庞大的人口数量和相对落后的经济水平导致亚洲基础设施建设也大大滞后，许多国家对基础设施的需求日益高涨。从目前情况来看，亚洲国家的基础设施建设资金需求约为每年 8000 亿美元，但现有的国际多边机构不具有承担如此巨额款项的能力，亚洲开发银行（简称亚行）和世界银行仅有 2230 亿美元的贷款额度，而两家银行下拨给亚洲国家的份额仅为 200 亿美元，根本无法满足亚洲国家对基础设施建设的诉求。正是在这样的背景下，亚投行应运而生。根据《筹建亚投行备忘录》的相关内容，亚投行的法定资本为 1000 亿美元，中国初始认缴资本目标为 500 亿美元左右，占出资总额的 50%，各成员国将以各自 GDP 水平以及出资份额为基础来决定未来的投票权重。

---

① 数据来源：UNCTAD 数据库。

目前，亚投行共有 57 个国家成为创始成员国，其中亚洲国家 34 个，欧洲国家 18 个，大洋洲国家 2 个，非洲国家 2 个，南美洲国家 1 个。① 由于亚投行是开放包容的国际金融机构，相信未来会有更多的域内外国家加入其中，其将成为继 IMF、亚行、世界银行之后又一个重要的国际组织，为亚洲乃至世界的基础设施建设提供资金援助，有效缓解现行国际金融机构资金不足、贷款流向垄断等问题。

（2）丝路基金。与亚投行不同，作为"一带一路"倡议的另一重要金融保障机构，丝路基金是完全由中国出资组建的单边金融机构，初期设计的资金规模为 400 亿美元，不设封顶，视投资效果后续追加。丝路基金首期资本金 100 亿美元，分别来自中国外汇储备（65 亿美元）、中国进出口银行（15 亿美元）、中国投资有限责任公司（15 亿美元）、国家开发银行（5 亿美元）。②

丝路基金将以中长期股权投资为主，投资于基础设施、能源开发、产业合作和金融合作，尤其要重点支持国内高端装备制造业和优质产能的国际合作。根据亚行的测算，"一带一路"沿线国家在基础设施建设方面的资金需求很大，即使世界银行、亚行、各国政府和企业、亚投行等多边国际金融机构贷款达到理想化状态，每年仍将有 5000 亿美元的资金缺口，因此在这种情况下，丝路基金将成为发展中国家基础设施建设以及国际产能合作的又一支持性平台。此外，作为一种由中国主导推进的新型投资模式，丝路基金赢得不少"困难"国家的关注和欢迎。对于一些"困难"国家，因其债务率较高、主权评级较低、经济前景展望为负面，导致其融资成本较高，加之欧洲主权债务危机阴霾仍未散去，因此采用传统的主权融资模式已非常困难，而丝路基金这种以股权为主导，以债权、贷款等多种途径为辅助的新型融资模式便显示出其优越性。

（3）金砖国家开发银行。金砖国家开发银行的概念于 2012 年提出，在历时两年后的 2014 年 7 月，金砖国家《福塔莱萨宣言》宣布，金砖国家开发银行正式成立，初始资本金 1000 亿美元，由金砖国家五个成员平均出资，总部设在中

---

① 《亚投行昨日正式成立》，新华网，http：//news. xinhuanet. com/overseas/2015 – 12/27/c_128570892. htm，2015 年 12 月 27 日。
② 《丝路基金起航》，南方周末，http：//www. infzm. com/content/108368，2015 年 03 月 20 日。

国上海。①

金砖国家开发银行的主要资助对象是金砖国家成员和广大发展中国家,主要资助领域是基础设施建设。由于金砖国家开发银行的资助款项将向发展中国家倾斜,因此其将成为在中国"一带一路"倡议下解决国际资金使用权垄断的又一国际多边金融机构。

2. 打破国际多边金融机构垄断。中国以及广大发展中国家一直致力于推动国际多边金融体系改革,以不断适应时代发展的要求,促进国际金融秩序更加公平和谐。在"一带一路"倡议提出之后,亚投行、丝路基金、金砖国家开发银行应运而生,这些多边国际金融机构更加注重发展中国家的利益和诉求,建立更加公平的运行规则,保障发展中国家在国际金融机构中的参与度和话语权,是务实参与国际金融治理的体现,是以新的思路和标准关注发展中国家在国家治理和基础设施建设领域的金融需求,对现有国际多边金融机构改革形成倒逼,有助于打破现有国际多边金融机构在全球经济治理中的垄断地位。

3. 打破国际市场技术垄断。国际产能合作是"一带一路"倡议的重要组成部分,更是推进"一带一路"建设的重要抓手。改革开放三十余年来,中国积累了大量的优质产能,制造业国际竞争力大幅攀升,为中国展开国际产能合作奠定了坚实的基础。② 随着更多中国企业"走出去",将先进的生产技术输送给广大发展中家,带动其技术进步,增强其自身"造血功能",缓解国际先进技术被欧美发达国家垄断的局面。

(1) 中国对"一带一路"沿线国家的投资规模不断扩大。对外直接投资所产生的技术外溢效应将带动被投资国的技术进步,这一观点已成为国际共识。"一带一路"倡议正是通过国际产能合作、加强对外直接投资的方式,将中国的先进生产技术教给广大发展中国家,在自身获得经济收益的同时,也有效带动发展中国家通过技术进步带动经济发展。2003～2013 年,中国对"一带一路"沿线国家的直接投资经历了快速增长,中国对 65 个"一带一路"沿线国家的直接投资规模由 2003 年的 2 亿美元大幅升至 2013 年的 134 亿美元,占中国对外直接投资总额的比重也由 7.1% 攀升至 12.4% ,年均增长率达到 61.1% ,明显高

---

① 《金砖国家开发银行开业》,新华网,http://news.xinhuanet.com/fortune/2015 - 07/21/c_1115996887.htm,2015 年 07 月 21 日。

② 黄河:《公共产品视角下的一带一路》,《世界经济与政治》2015 年第 6 期,第 138 - 155 页。

于中国同期对外直接投资49.8%的年均增长率。① 从上述数据不难看出，"一带一路"沿线国家以及发展中国家是近年来中国投资的重点，并通过投资合作带动其技术进步，促进其经济发展。

（2）中国对"一带一路"沿线国家投资的产业结构不断升级。在中国对外直接投资份额不断扩大的同时，美欧等发达国家不断指责来自中国的投资具有"新殖民主义"色彩，目的是将国内淘汰产能和"两高一资"类产业转移给发展中国家。② 但事实并非如此。2005年以来，中国对"一带一路"沿线国家大型项目投资的行业结构呈现不断优化的态势，先由能源行业起步，逐步扩展至金属矿石、不动产、交通、高科技、农业、金融、化学等多个行业。③ 特别是近年来，高技术产业以及以中国自主研发高铁为代表的装备制造业投资比例不断提升，表明了中国在获得对外直接投资收益的同时，与"一带一路"沿线国家以及广大发展中国家分享先进生产技术的决心。

（二）"一带一路"倡议助力缓解国际公共物品供给不足问题

"一带一路"倡议对于增加国际公共物品供给的贡献主要体现在以下三个方面。

第一，为国际合作提供新的理念和模式。中国的改革开放以及富有中国特色的社会主义市场经济体制是20世纪最具影响力和创新性的国家发展模式之一。④ 随着中国越来越深地参与到全球经贸体系之中，新一轮改革开放成为中国保持经济快速可持续发展的必然要求。2013年，"一带一路"倡议的提出为中国未来的开放型经济发展路径指明了方向，可以将其理解为中国沿海沿边对外开放战略的总集合，其本质是中国在现行国际经贸体系下推动与发展中国家互利共赢、包容发展的一次尝试和实践。同时，"一带一路"倡议所提出的经济走廊建设方案，从多维视角诠释了经济带理论、区域经济一体化理论、国际合

---

① 数据来源：根据中国商务部网站数据库计算而得。

② 陈文玲，颜少君：《世界经济格局变化与全球经济治理新结构的构建》，《宏观经济研究》2012年第3期，第3－10页。

③ 李丹，崔日明：《"一带一路"战略与全球经贸格局重构》，《经济学家》2015年第8期，第62－70页。

④ 王明国：《"一带一路"倡议的国际制度基础》，《东北亚论坛》2015年第6期，第77－90页。

作理论，是现代新型国际经贸理论的践行与延伸。① 此外，"一带一路"倡议所提出的"五通"原则，将给未来的国际交流与合作带来共建、共享、共荣的新理念与新模式。

第二，促进基础设施互联互通建设。基础设施互联互通是"一带一路"倡议的重要内容。包括交通、电力、信息通讯与网络、能源等硬件基础设施的联通。"一带一路"倡议所倡导的基础设施互联互通建设具有很强的国际公共产品性质：一方面，利用亚投行等金融机构贷款、开拓公私伙伴合作关系（PPP）模式等拓宽融资渠道，建设、维护和更新高质量的公路、铁路、高铁等交通基础设施，促进海上基础设施建设，提高航空互联互通的效率和安全性，改善电力设施，增加能源供给，加强信息共享、改善通信技术、缩小数字鸿沟。通过与"一带一路"沿线国家在基础设施建设领域的合作，增加基础设施等公共产品的供给，缓解公共产品供给不足的矛盾，打通国际贸易通道，消除设施阻塞，提升沿线国家贸易能力；另一方面，中国参与沿线国家的基础设施建设并非完全出自自身的经济利益考虑，在中国参与竞标的多个国际高铁项目中，不论从价格、贷款、技术以及后期维护等方面，中国都给出了最为优惠的条件，甚至一些预期收益率很低的项目，中国也积极参与，旨在帮助广大发展中国家提升基础设施建设水平，夯实经济增长基础。

第三，完善国际市场运行机制。"一带一路"倡议主张经贸规则的"互联互通"，倡导以开放、包容的态度考虑各国的主张和诉求，以灵活务实的方法兼顾各国利益、协调各国矛盾，通过贸易投资政策的协调和规制改革，实现海关和边境管理机构现代化，加强贸易主管机构之间的协调沟通，培育透明可靠、公平竞争的国际商务环境，完善市场机制的功能，降低交易成本，提高市场效率，促进货物贸易、服务贸易、投资、物流等便利化，最终形成商品、服务和要素更加自由流动的大市场，扩大贸易投资规模，拉动相关国家经济增长。

"一带一路"倡议强调加强人文交流，实现人员交往的"互联互通"，包括商务旅行、跨境教育、旅游便利化和专业技术人才流动等问题。通过广泛的人文交流与合作，增强各国文化的认同感，增强各国间的互信，减少各国政治、经济和文化等领域的分歧，消除因隔阂而人为产生的国际经济合作阻碍，完善

---

① 邹志强：《全球经济治理变革对中国与新兴国家合作的启示》，《世界经济与政治论坛》2014 年第 4 期，第 72 - 84 页。

国际市场运行规则的机制和体制建设。

（三）"一带一路"倡议助力缓解"负外部性"问题

在落实"一带一路"倡议中，人民币将在融资贷款、本币互换、贸易结算、金融市场等领域发挥越来越大的作用，人民币区域化和国际化进程将大大提速。中国与"一带一路"沿线国家在开展贸易、投资、援助时将会更多地使用本币作为结算货币，这样不仅具有高效、安全、节约成本等优势，同时也更有利于发展中国家摆脱发达国家"负外部性"货币政策的干扰和影响，降低汇率大幅波动所带来的影响。组建多边国际金融机构，推动国际多边金融体系改革，完善国际货币体系，促进国际金融秩序更加公平和谐，关注发展中国家在国家治理和基础设施建设领域的金融需求，对现有国际多边金融机构改革形成倒逼，打破少数国家对国际货币体系的操纵和垄断，降低发达国家频繁实施"负外部性"货币政策所带来的政治和经济风险。

（四）"一带一路"倡议助力缩小国际贫富差距

"一带一路"倡议是国际社会以"发展"为第一要务的大背景下，中国带动世界尤其是广大发展中国家共同进步的理念和行动。通过增加基础设施建设，帮助发展中国家夯实经济发展基础，提高物流效率，提升贸易便利化水平；通过建立新的国际多边金融机构，施行更为公平的国际金融秩序，为广大发展中国家发展经济提供融资平台，使其经济发展获得更大的动力；通过扩大国际产能合作，将中国改革开放以来积累的优质产能和先进生产技术转移给"一带一路"沿线国家，为其经济发展提供原动力；通过扩大双边贸易、投资合作，为沿线国家提供更多就业岗位，提升国民收入、福利水平，促进社会和谐稳定，引领其经济发展走上良性循环轨道。因此，"一带一路"倡议的着眼点和落脚点是帮助广大发展中国家提振经济发展水平，进而缩小与发达国家之间的贫富差距，从而促进国际社会的公平正义。在对待世界局部动荡和冲突问题上，中国采用了另一种思路和解决方案，即通过包容性发展带动地区经济和人民福利水平提升。这与少数发达国家一直以来借助武力打击的方式贯彻自己的价值观相比，中国倡议更符合国际社会和平发展的意愿，应更具可持续性。

（五）"一带一路"倡议助力构建化解非传统安全问题的国际合作机制

"一带一路"倡议通过积极建立应对区域内非传统安全问题的国际合作机制，在防灾减灾、防治疾病、应对气候变化、反对恐怖主义、维护网络安全等非传统安全领域的合作，解决世界市场失灵。自然灾害和重大疾病、气候与环境、恐怖主义、全球网络建设等问题都与各国的国家经济安全相关，解决这些问题，需要在全球治理框架下各国共同行动。以"一带一路"倡议为平台，推动"一带一路"沿线国家乃至世界更多国家加强合作，为解决这些问题做出贡献。

在积极参与应对全球气候变化谈判中，积极参与公约框架下有关谈判，致力于推动构建公平合理、合作共赢的全球气候治理体系；将落实 2030 年可持续发展议程与"一带一路"沿线国发展战略有机结合，为广大发展中国家落实 2030 年可持续发展议程提供力所能及的支持和帮助，促进共同发展；反对一切形式的恐怖主义，推动"一带一路"沿线国家积极开展国际反恐合作，建立国际反恐对话机制，并深入参与联合国、亚太经合组织、全球反恐论坛等多边机制框架下的反恐合作，遏制恐怖主义滋生蔓延；促进海上丝绸之路国家积极参与海上安全对话与合作，构建多双边合作机制，努力保障国际通道安全畅通；倡议"一带一路"沿线国家深入参与网络领域相关国际进程，为维护全球网络安全做出积极贡献。

四、结语

中国所提出的"一带一路"倡议，其理论基础是解决长期存在的国际市场失灵问题，以期影响世界治理机制的运行，与其他世界治理机构相互配合，促进世界经济健康发展，建立更为公平、和谐的国际社会新秩序。

第一，解决经济全球化与世界市场失灵的矛盾，矫正世界市场失灵，需要世界各国共同努力。"一带一路"倡议，旨在以共商、共建、共享、互利、包容、开放等理念，加强中国与世界相关国家合作，与其他促进贸易、投资自由化的区域经济合作机制有效对接，主动承担更多国际责任。

第二，在"一带一路"建设中，需要协调世界市场这只"看不见的手"和各国政府"看得见的手"的作用。既要使世界市场在资源配置中起决定性作用，减少政府对世界资源的直接配置，减少政府对微观经济活动的直接干预，把市场机制能有效调节的经济活动交给市场，让世界市场机制在所有能够发挥作用的领域都充分发挥作用，又要更好发挥各国政府作用，弥补世界市场缺陷，矫正"世界市场失灵"，而非一味强调世界市场的自由化（其实，完全自由的世界市场也从来没有真正出现过）。

第三，"一带一路"倡议强调基础设施建设。这在发展理念上是对新自由主义发展观的重大超越。而且，加大促进资金向广大发展中国家倾斜也是金德尔伯格所归纳的大国重要经济职能。通过基础设施建设，为世界提供更多的公共产品，改善"一带一路"沿线各国尤其是广大发展中的经济社会发展条件。

第四，"一带一路"倡议重视国际产能合作。沿线各国利用中国改革开放以来积累起来的大量优势产能和先进技术，一方面可以建立中国与"一带一路"沿线国家的供应链合作和机制保障，另一方面各国可以形成新的全球价值链体系，加强共同命运，形成集体合力，推动相关国家经济发展，让世界分享中国经济发展的成果。

第五，"一带一路"倡议建立新的国际和区域金融秩序，为广大发展中国家提供金融支持，助力其国民经济稳定快速发展；通过加速人民币区域化和国际化进程，缓解发达国家"负外部性"货币政策频发所带来的影响；通过构建代表广大发展中国家利益的国际多边金融机构，深度参与到国际金融体系改革之中。

第六，"一带一路"倡议通过积极建立应对区域内非传统安全问题的国际合作机制，在防灾减灾、应对气候变化、防治疾病、打击恐怖主义等非传统安全领域的合作，构成解决国际市场失灵的重要内容。

（原载于《东北亚论坛》2017 年第 2 期）

"一带一路"倡议的国际制度基础[*]

2013 年，习近平主席提出的"一带一路"倡议是新时期中国对外关系的中长期战略。其中，国际制度与组织建设是"一带一路"倡议的重要基础。通过国际制度与组织建设，可以在经贸领域推动中国与各国互利共赢，在政治领域突破美国"亚太再平衡"战略施加的羁绊；同时，"一带一路"战略也为当前中国进一步参与并重构全球治理体系提供了难得的机遇。中国已经成为世界第二大经济体和第一大出口国，在世界政治中发挥着愈加重要的作用。随着中国国际制度实践的不断增加，国际制度尤其是亚洲地区性组织在中国国家战略中的重要性不断增强。不过，作为快速发展的新兴大国，中国尚未形成自己明确的地区制度观和全球制度观，更多的是具体国际组织参与及其实践行动。

目前，学术界对于"一带一路"倡议是否需要进行制度建设持不同看法。比如，美国战略与国际中心甘思德（Scott Kennedy）等人持否定或质疑的观点，他们认为，"一带一路"倡议不涉及自由贸易区，也不含国与国之间的绑定协议。由于中国极力避免潜在的、具有可衡量要求的正式条约，通过减少正式的安排来提高灵活性。因而，"一带一路"倡议不涉及新国际机构的构建。① 袁胜育、汪伟民认为中国在中亚地区的"一带一路"倡议以多方合意的路径循序推进，并不需要建立超国家的机构和严格的规则与机制。② 当然，也有学者对此

---

* 本文作者：王明国，上海对外经贸大学法学院国际战略与政策分析研究所副教授。
基金项目：教育部人文社科基金项目（13YJCGJW011）；中央财政支持地方高校发展专项资金项目（YC－XK－13301）

① 甘思德，戴维·A. 帕克：《关于中国建设"一带一路"的问答》，《国际经济评论》2015 年第 3 期，第 148 页。
② 袁胜育，汪伟民：《丝绸之路经济带与中国的中亚政策》，《世界经济与政治》2015 年第 5 期，第 41 页。

持肯定态度。有研究者认为,"一带一路"倡议是中国提供公共产品的过程,而沿线国家和国际组织能否从这些公共产品中获取共同利益、创建共同价值,关键在于公共产品的分配、使用过程中的制度建设。① 在经济上,为了推进亚洲经济合作并强化经济联系,应考虑建立哈萨克斯坦、印度、印尼、日本与中国"亚洲五国经济论坛"(G5 – Asia)。在文化上,利用亚洲多文明并存的特点,推动成立"亚洲文明对话"机制。②

尽管"一带一路"倡议从提出至今才短短两年的时间,是否需要着力推进制度建设还处于争论之中,但是,"一带一路"倡议本身包含了国际制度的合理诉求,如能把"一带一路"倡议转化为具体的国际制度与组织,无疑有助于破解新时期中国国际制度战略面临的挑战,进而推动中国国际制度战略转型并对全球治理结构变迁产生实质性影响。当前,中国缺乏系统性的国际制度战略,为此,不仅需要探索"一带一路"制度的必要性、紧迫性和可能性,还需要以现有"一带一路"实践为基础,推动现有制度改革和新制度建立。总之,以"一带一路"倡议为理念指导,系统构建新时期中国的国际制度战略,具有重要的理论价值和现实意义。

本文从国际制度的特征和行为逻辑出发,提出制度行为的一般逻辑,并结合亚洲基础设施投资银行(AIIB)等新制度建设现状,分析"一带一路"制度建设的可能路径。"一带一路"倡议不仅需要进行必要的国际制度建设,同时,还为新时期中国国际制度战略提供了系统性的原则规范和指导方向。总之,由于国际制度在改变行为体行为及决定社会进程结果方面日益发挥了重要的作用,"一带一路"倡议要实现互利共赢,就需要从制度建设着手,进行前瞻性、探索性的实践。

一、制度行为逻辑与制度战略

作为当代国际关系理论主流范式的国际制度研究,核心是阐述制度在影响

---

① 刘辰,刘欣路:《"一带一路"背景下共同价值观念培育与中国国际话语权构建》,《对外传播》2015 年第 7 期,第 53 页。
② 薛力:《中国需要亚洲版大国外交》,中国价值网,http://www. chinavalue. net/General/Article /2015 – 2 – 10/204094. html,2015 年 02 月 09 日。

政策和国家行为方面具有的优势和潜力。① 一般而言，国际制度是指："规定行为体的角色，约束有关活动并塑造预期的一整套持久并相互联系的（无论正式或者非正式）规则"。国际制度具体包括：正式的政府间或跨国的非政府间组织、国际机制、国际惯例。② 国际制度理论的核心要素是"相互依赖""国际合作"与"国际制度"，也就是国际制度的存在及其作用的发挥是自在的、独立的，对合作前景和国家行为变化持乐观态度。就其本质而言，制度主义在于寻求解释国际制度如何通过改变合作的成本和收益来调和国际无政府状态的影响。

长期以来，国际制度已经成为中国融入国际社会、参与世界事务的重要途径。制度在国际政治领域的重要程度正如权力之于国内政治领域。无论是国际体系建设，还是全球治理改革，国际制度都是重要组成部分。从国际制度理论来看，行为体的国际制度行为及后果构成了制度的行为逻辑。具体而言，制度行为逻辑与战略主要包括如下四个方面：一是行为体对现有制度的参与，此为融入型制度战略；二是行为体启动新制度的建设进程，此为转移型制度战略；三是行为体推动不同类型制度间的竞争，此为替代型制度战略；四是行为体拒斥现有各类制度，此为对抗型制度战略。

（一）制度参与与融入型制度战略

制度参与（institutional participation）是当前国际社会中行为体的普遍做法。从制度参与的类型看，可分为主动参与和被动参与、有限参与和深度参与、部分参与和全面参与、间接参与和直接参与四类。制度参与本身有助于提升制度的合法性、决策制定的缜密性与有效性。③ 由于西方国家对权利让渡的空间有限，新兴经济体出于维护作为体系参与者的利益，对国际制度合法性不足、透明度不够等方面进行质疑，推动了国际制度的改革进程。不过，国际制度改革是一个中性的、有限的且不触及本质问题的过程，由于现有主导国不愿意进行实质性改革，因而，行为体参与国际制度后，制度改革将是适应后的渐进性调整的产物。

① Keohane, R. O. Twenty Years of Institutional Liberalism. International Relations, 2012, Vol. 26, No. 2.

② Keohane, R. O. International Institutions and State Power: Essays on International Relations Theory [M]. Boulder: Westview Press, 1989: 3.

③ Abbott, K. W, Gartner. D. Reimagining Participation in International Institutions [J]. Journal of International Lawand International Relations, 2012, Vol. 8: 25.

对于现有制度的参与并推动重视国际制度改革，进而形成了融入型的国际制度战略。融入型国际制度战略是对现有国际制度体系的原则承认与总体接受，是国家行为体与国际制度协调一致的体现。20 世纪 70 年代以来，中国选择了融入型国际制度战略，具体而言，中国对国际制度体系的融入可以从 1971 年联合国恢复中国的合法席位算起。中国通过接受并支持现有国际社会的"游戏规则"，有效推动了自身的发展。

当然，中国对国际制度的参与经历了被动参与到主动参与，消极参与到积极参与，从间接参与到直接参与，以及从部分参与到全面参与的渐进过程。在此过程中，随着自身实力的增长，中国开始逐步提出改革现有国际制度的主张，试图通过积极的改革进程，推动国际制度体系的不断完善。

（二）制度重建与转移型制度战略

参与国作为后来者，面临着主导国掌控国际秩序的约束。由于现有制度体系存在种种弊端，导致了新制度建设的可能要求。一般而言，国家通常利用现有国际制度，这是由于现有制度的交易环节较为简单，可以降低交易成本，而新建立国际制度必然增加交易成本。不过，与理论探讨不一致的是，当前国际社会新的制度建设浪潮不断涌现。对此，美国哥伦比亚大学约翰尼斯·乌尔佩莱宁（Johannes Urpelainen）和比利时根特大学塞及·范德格拉夫（Thijs Van de Graaf）认为，当现有制度受到挑战者的反对、建立新制度的预期以及国内政治因素迫使抛弃现有制度的压力这三种情况出现时，新的国际制度倡议和制度建设便会产生。① 在世界社会理论（world society theory）看来，国家政策受到国际社会规范性压力的影响，这反映出治理制度中理念与实践的鸿沟。帕特里克·科特雷尔（M. Patrick Cottrell）就认为，国际组织出现的代理怠惰导致制度合法性丧失，进而引发新制度建立或旧有制度被代替。②

因而，在原有制度存在的情况下，新的制度建设值得关注。自由制度主义对制度建立的研究主要从功能绩效及制度黏性的视角出发，但是自由制度主义对为何创立新制度的洞见却很缺乏。爱德华·曼斯菲尔德（Edward

---

① Urpelainen, J, Van de Graaf. T. Your Place or Mine？ Institutional Capture and the Creation of Overlapping International Institutions ［J］. British Journal of Political Science，2014：29.

② Cottrell, M. P. Legitimacy and Institutional Replacement：The Convention on Certain Conventional Weapons and the Emergence of the Mine Ban Treaty ［J］. International Organization，2009，Vol. 63，No. 2：217 – 248.

D. Mansfield）认为，如果现有国际制度出现功能失调，国家会尽量避免现有的国际制度。① 奥兰·扬（Oran R. Young）则认为，国际制度建立的场所选择是制度动力和行为体利益预期相结合的产物。② 不过，新制度建立往往需要更高的成本，承担更大的风险和不确定性。

新制度的建立为转移型制度战略的形成与实施创造了条件。转移型制度战略是指国家对新制度的选择、设计及其建立的一整套过程，使得国家对国际制度的关注从一个国际组织转移至另一个国际组织。不过，转移型国际制度战略是在现有国际制度体系下的具体制度实践，并没有完全抛弃现有国际制度体系。

（三）制度竞争与替代型制度战略

国际制度竞争既包括原则、规范方面的博弈，也涉及意识、理念方面的竞争，同时还涉及不同的具体操作程序。具体而言，国际制度竞争一是规则体系本身的竞争；二是国际规则博弈进程中的竞争；三是通过竞争谋求制度优势。行为体在制度竞争过程中能够形成自身的规范认同，加强自身的谈判能力和适应能力，从而增强本国在国际竞争中的竞争力和影响力。

制度间的竞争对立导致了新的国际制度战略形成，即替代型制度战略。所谓替代型制度战略是对现有制度的核心原则与规范的否定，试图建立不同原则、规范、规则和决策程序的竞争性制度。一般而言，替代型制度战略一方面适应了国际秩序和权力结构的变迁，另一方面也符合并维护了自身的利益。当前，国际社会权力变迁和新兴经济体为了维护自身利益，使得替代型制度具有重要的功能与价值。比如，当前亚太地区，"跨太平洋战略合作伙伴关系协定"（TPP）谈判与"区域全面经济伙伴关系协议"（RCEP）谈判，事实上已经成为制度竞争的例证，且 TPP 试图超越并替代东亚地区现有多边经济制度。

（四）制度拒斥与对抗型制度战略

除上述三种国际制度战略外，国家行为体还有一种对抗型的制度战略，通过制度拒斥（institutional rejection）予以体现。制度拒斥是指行为体对现有国际制度体系的根本性否定。从行为体行为的角度看，制度拒斥不仅意味着不会参与现有制度的鲜明态度，而且是"另起炉灶"，重构一套不同于现有国际秩序的

---

① Mansfield, E. D. Review: International Institutions and Economic Sanctions [J]. World Politics, 1995, Vol. 47, No. 4: 575–605.

② Young, O. R. The Institutional Dimensions of Environmental Change: Fit, Interplay, and Scale [M]. Cambridge, MA: MIT Press, 2002.

原则、规则及行为标准。

制度拒斥行为的后果是导致了不同行为体之间、不同类型制度的对立。这一对立不仅是原则、规则等基本理念方面的根本性冲突，同时也是具体操作规则、执行方式等方面的显著差异。对于制度拒斥而言，"非此即彼"的对抗型制度战略将是可供选择的工具。不过，制度拒斥在当前国际制度体系中并没有合适的案例。亚洲地区今后是否会形成对抗型的制度目前并不明朗，有待国际形势及制度组织的进一步演变。

总之，在当前的区域、跨区域和全球层面治理中，行为体的国际制度行为主要集中在制度参与、重建和制度竞争方面，对应的制度后果通常是制度融入、制度转移或制度替代，而制度拒斥的例子几乎并不存在。在不同的国际制度战略选择中，国际社会成员目前普遍采取了融入型的战略，也有不少成员基于种种考虑，开始选择转移型的制度战略。就未来发展而言，随着制度竞争的出现，替代型国际制度战略也将开始逐步显现。

长期以来，中国国际制度实践遵循融入型的制度战略，制度参与和改革是对现有全球治理制度体系的增强或补充。由于原有制度无法解决新出现的全部问题，增强型制度或补充型制度有助于提升相关问题领域的制度功能和解决能力。本质上，增强型制度所面临的基本合作命题并未改变，所发生的改变在于预期合作水平上的成员国偏好。① 不过，现有的融入战略既无法完全消除当前全球治理制度体系的顽疾，也无法从根本上维护中国国家利益。"一带一路"倡议的提出恰逢其时，日益显示出一种系统的、转移性的国际制度战略。

二、"一带一路"倡议呼唤制度建设

国际制度和国际组织是当前国家间合作的重要载体，是实现国家战略目标的重要手段。制度建设是"一带一路"倡议扎实推进的重要保障，不仅有助于减轻"一带一路"推进过程中面临的阻力，更重要的是，可以打破美国施加的制度羁绊，进而推进全球治理机制的完善。

---

① Powner, L. C. Institution Design in Regime Complexes：The Case of European Security Policy [R]. Prepared forthe Annual Convention of the International Studies Association, New Orleans, LA, 2010：34.

（一）"一带一路"制度建设是新时期发展战略的重要组织基础和运行保障

2013年9月和10月，国家主席习近平在出访中亚和东南亚国家期间，先后提出共建"丝绸之路经济带"和"21世纪海上丝绸之路"的倡议。"一带一路"战略是一个跨越欧亚大陆、连接亚洲、非洲和欧洲的互联互通网络，这一网络不仅需要得到沿线国家，尤其是俄罗斯、巴基斯坦等战略支点国家的支持，更离不开各类跨区域、区域和次区域组织与制度的有力支撑。

当前，60多个沿线国家对于"一带一路"倡议大多持欢迎或接纳态度，各国的意图大多在于通过"一带一路"倡议实现各自经济、政治利益。当然，不排除一些国家借美国"亚太再平衡"战略推行对华"大国平衡外交"，甚至个别国家为获取利益最大化而进行利益勒索。沿线国家在"一带一路"推进过程中的利益纷争将严重影响"一带一路"倡议的实施效果及远景。为此，通过相关制度建设，可以规范沿线国家的利益诉求，在透明化的基础上破除部分国家不切实际的幻想。通过务实、开放的制度平台，实现各国共商、共建、共赢。

当前，不少"一带一路"沿线国家存在着领土争端和民族分离主义、极端主义和恐怖主义等安全威胁问题，此外，还共同面临着跨国犯罪（贩毒、走私、非法移民、洗钱、网络犯罪）、环境污染、气候变化等全球性问题和区域性问题的挑战，加之沿线一些国家政局不稳和无政府状态，导致"一带一路"战略面临着传统安全困境和非传统安全方面的双重挑战。如处理不当，"一带一路"战略的实施效果会大打折扣，同时，还会加剧中国外交中存在的地缘政治风险。为此，需要通过必要的国际制度建设为"一带一路"倡议保驾护航。

（二）"一带一路"制度建设有助于最大限度地降低部分国家的忧虑和担心

"一带一路"倡议是推动多赢、共赢的产物，旨在促进经济要素有序自由流动、资源高效配置和市场深度融合，推动各国实现经济政策方面的协调。但是，不少国家对此却持消极态度，突出表现在不少国家的现实主义利益诉求考量与传统地缘政治纷争产生的矛盾。比如，一些国家担心成为中国经济上的依赖国，还有国家担心中国借"一带一路"战略追求世界大国的野心，试图用"中国梦"绑架其他国家。美国等西方国家为中国的"一带一路"倡议贴上"新殖民主义""破坏环境论"和"掠夺资源论"等标签。缅甸密松水电站项目、斯里兰卡港口城项目及墨西哥高铁项目等情况的出现，则是上述论调产生的后果。无论是美国等西方国家，还是俄罗斯、印度这样的金砖国家成员，都对中国的"一带一路"战略心存焦虑。比如，在印度有人认为，"21世纪海上丝绸之路"

是中国在印度洋的软实力战略，将有助于中国解决"马六甲困境"，有助于加强中国的"珍珠链战略"。① 为此，中国作为世界第二大经济体，如果要坚持"一带一路"建设的互惠互利原则，就需要进行必要的制度建设，构建沿线60多个国家间交流的平台。

应该说，制度性事实是国际政治的通常状况。"一带一路"的制度建设，通过加强透明度、提供论坛场所、减少不确定性等方式，影响成本收益，改变观念认知和战略目标，促进政策沟通和政治互信，进而达成合作共识。其中，制度所传递的真实信息和承诺可信度具有重要的意义。强调信息沟通在"一带一路"建设中尤其具有重要作用，制度组织可以为行为体提供、甄别各种各样的信息。总之，制度建设不仅能够减缓部分国家的担忧，甚至通过制度"扩溢"或"外溢"功能，有助于夯实"一带一路"沿线国家的国际共识与社会基础。

（三）"一带一路"制度建设有助于推动全球治理结构的变迁和完善

"一带一路"战略是开放性、多元化和合作性的倡议。"一带一路"沿线覆盖的国家多数为新兴经济体和发展中国家，人口总计约44亿，经济总量约21万亿美元，分别占全球的63%和29%。"一带一路"贯通中亚、南亚、东南亚、西亚等区域，连接亚太和欧洲两大经济圈，是世界上跨度最大、最具发展潜力的经济合作带。② 国际合作特别是中国周边区域合作在"一带一路"倡议中居于重要地位。当前，包括区域治理机制在内的全球治理机制面临着挑战，共建"一带一路"则是推动协同治理进程的重要方式。可以说，"一带一路"需要解决的问题很大程度上就是全球治理需要面对的问题。

当前，需要有关国家合作提供区域性或区域间公共产品，特别是基础设施类公共产品，以契合"一带一路"沿线国家的实际需要。③ 在公共产品中，核心就是规范各国行为的各类制度与规则体系。从制度建设的角度看，中国设立亚洲基础设施投资银行、金砖国家开发银行（BRICs New Development Bank）、上海合作组织开发银行和丝路基金等制度，通过股权债权投资、提供担保和贷款等方式，提供跨区域、区域或次区域公共产品，有助于推动该区域发展中国

---

① 林民旺：《印度对"一带一路"的认知及中国的政策选择》，《世界经济与政治》2015年第5期，第47页。

② 高虎城：《深化经贸合作共创新的辉煌》，《人民日报》2014年07月02日。

③ 黄河：《公共产品视角下的"一带一路"》，《世界经济与政治》2015年第6期，第139页。

家参与到全球治理的进程之中。同时，中国对亚投行等新型国际制度的贡献，也有助于弥补美日经济体由于实力衰落无法全面提供基础设施等公共产品方面的不足，尤其体现在世界银行、亚洲开发银行（ADB）等原有经济制度的功能不足与缺失方面。正如外交部部长王毅所说，"一带一路"构想是中国向世界提供的公共产品，欢迎各国、国际组织、跨国公司、金融机构和非政府组织都能参与到具体的合作中来。①

当前，全球治理的困境在于全球相互依赖正在接近他们的制度限度，制度的合法性正在褪色。② 旧有全球治理结构的提升空间有限，中国为此需要提出新的国际制度战略，应对全球治理问题。对于中国而言，在"一带一路"战略实施过程，要发挥自身的领导作用。在制度建设领域，通过引领合作的规则制定与机制建设，积极提出中国方案、确定行动准则、制定行业标准、贡献中国智慧，是制度领导权的集体体现。③ 不仅是原有制度的改革，更重要的是新制度的建立及其对美欧主导的全球旧有治理体系的扬弃，有助于推动全球治理结构朝着公正、合理的方面演变。甚至可以说，正是由于现有全球治理结构存在的弊端及其改革的滞后性，推动了"一带一路"倡议及其国际制度建设进程。

（四）"一带一路"制度建设有助于突破美国制度霸权的羁绊

近年来，美国已把中国视为其在当今全球事务中最大的战略竞争对手。美国担心自己作为亚洲"天然领导"的地位不再被认定为理所当然。④ 为此，美国采取了多种措施对华施压，其中，美国的亚太制度战略就是非常重要且日益突出的实施途径。美国主导了由多边规则、制度和地区伙伴关系组成的世界政治体系，到目前为止已经有60多年的历史。当前，为了维护自身的霸权地位，美国高度重视亚太地区的制度设计与制定，美国的亚太制度战略突出表现在两个方面：一是从以双边同盟体系为主，改为多边参与和双边同盟并存，多边经济合作与双边军事同盟并重；二是打造具有差异特征的区域或跨区域制度规则，

---

① 王毅：《"一带一路"是中国向世界提供的公共产品》，新华网，http：//news. xinhua-net. com/2015 – 03/23/c_ 1114735852. htm，2015 年 03 月 23 日。

② Tiberghien，Y. An Uncertain World：Rising Powers，Systemic Risk and the Role of Institutions and Entrepreneurship. Pacific Affairs，2014，Vol. 87，No. 2：288.

③ 赵龙跃：《"一带一路"战略中的观念更新与规则构建》，《光明日报》2015 年 04 月 30 日。

④ Khong，Y. F. Primacy or World Order? The United States' Response to the Rise of China [J]. International Security，2013，Vol. 38，No. 3：161 – 162.

试图以此进一步主导亚太事务。当前，美国更多的是在亚太地区积极打造差异性的国际制度。

美国亚太制度战略的变化及其新特征一方面既体现出美国自身实力的相对衰落，另一方面也反映美国试图挽回并重塑自身霸权地位的尝试。美国试图通过对亚太制度战略的调整，即通过制度工具重新逆转世界经济、政治力量对比的变迁趋势，逆转金融危机后政治力量对比"西降东升"的进程。法国巴黎政治大学教授梅拉尼·阿尔巴雷（Mélanie Albaret）指出，世界政治领域的一些多边主义现在转向俱乐部实践，可以被看作为代表世界主要强权利益的寡头反应（oligarchic reaction），以便维持自身支配的游戏规则。①

中美之间的制度观差异及其制度竞争应被纳入中美大国关系的更大范畴之中进行考量。在"一带一路"倡议推进过程中，中国基于负责任大国的态度，坚持开放包容、合作共赢的原则推进相关制度建设。无论是亚投行的稳步推进、金砖国家开发银行和丝路基金的成功运作，还是积极支持 APEC 在亚太经济合作的重要作用，倡导中日韩自贸协定和东盟主导的 RCEP 谈判等行为，中国都试图稀释以美国主导的 TPP 等排他性制度给中国施加的羁绊。总之，"一带一路"倡议下的中国国际制度实践一方面显著改善中国的地缘政治环境并有力维护中国国家利益，同时也不断推动完善世界政治、经济、社会等项治理结构安排。

三、"一带一路"制度建设的现有基础

"一带一路"倡议不仅拥有众多跨区域、区域或次区域机制的配合，还通过亚投行等新制度建设予以协同推进。这些现有制度基础和新制度实践为进一步提升"一带一路"倡议的制度水平创造了条件。

（一）"一带一路"倡议的现有制度基础

根据《推动共建丝绸之路经济带和21世纪海上丝绸之路的愿景与行动》文件，丝绸之路经济带重点畅通中国经中亚、俄罗斯至欧洲（波罗的海）；中国经中亚、西亚至波斯湾、地中海；中国至东南亚、南亚、印度洋。21世纪海上丝

---

① Albaret, M. Multilateralism under Transformation: International Organizations and Clubs. Bob Reinalda（ed.）. Routledge Handbook of International Organization. New York: Routledge, 2013: 519.

绸之路重点方向是从中国沿海港口过南海到印度洋，延伸至欧洲；从中国沿海港口过南海到南太平洋。① 在"一带一路"沿线区域存在着错综复杂的制度与组织，这些既提供了"一带一路"制度建设的组织基础，同时也带来了制度互动和制度碎片化的新境况。

就全球性制度而言，"一带一路"倡议涉及国际安全领域的联合国、国际经济领域的世界贸易组织等整体性治理制度。在全球治理体系中，联合国的地位、作用与权威毋庸置疑。全球性问题的发生没有国家边界的限制，解决全球性问题，需要联合国在治理中发挥更大作用。为此，一方面，"一带一路"的制度建设需要遵循《联合国宪章》的宗旨和原则，维护联合国对全球治理的主导权；另一方面，由于联合国制度体系存在自身的不足，"一带一路"倡议的制度建设能够弥补其不足，共同推动形成公正、有序、均衡、包容的新型全球治理体系。在国际经济领域，世贸组织多边谈判尽管陷入困境，但是以开放和规则为核心的世贸精神在推动全球化进程中发挥了关键作用。"一带一路"战略要推动设施联通、贸易畅通，制度建设进程就必须主张遵循世贸组织规则，维护世贸组织权威，克服关税壁垒和贸易保护主义，进一步提升贸易自由化和投资便利化水平。

从"一带一路"倡议与现有治理制度区域覆盖程度来看，丝绸之路经济带沿线涉及的治理制度与组织大体包括：上海合作组织、亚信会议、亚洲合作对话、中国—阿拉伯国家合作论坛、中国—海合会战略对话、亚欧会议、中国—中东欧国家合作论坛（"16 + 1"）和中欧峰会等。海上丝绸之路途径国家的主要治理制度与组织则包括：中国—东盟"10 + 1"、APEC、东亚峰会、东盟地区论坛、大湄公河次区域合作、西太平洋海军论坛和中非合作论坛等。

具体区域而言，东北亚是丝绸之路的重要源头，东北亚地区已经纳入"一带一路"倡议的辐射范围之内。长期以来，在东北亚地区的重要政治组织是已经陷入停顿的"六方会谈"机制。2014 年，中国在中俄蒙三国首脑晤中提出的"中蒙俄经济走廊"开启了东北亚地区新的制度建设进程，这有助于中国"一带一路"战略具体化，并有效地与俄罗斯的"欧亚联盟"以及蒙古国提出的"草原之路"构想相对接。此外，2015 年 6 月 1 日，中韩自贸协定签署，为

① 国家发展改革委，外交部，商务部：《推动共建丝绸之路经济带和21 世纪海上丝绸之路的愿景与行动》，《人民日报》2015 年 03 月 29 日。

东北亚地区的"一带一路"倡议注入了新活力,推动了中韩关系进一步对接"一带一路"战略。

中亚地区在丝绸之路经济带建设中具有连接欧亚的重要地位,是丝绸之路经济带建设的关键环节之一。在经济领域,不少国际组织在中亚地区积极推进经贸合作制度。比如,联合国开发计划署发起了"丝绸之路项目"、亚洲开发银行发起了"中亚区域合作计划"、欧盟主导实施欧洲—高加索—亚洲运输走廊计划,尤其是俄罗斯主导推进的独联体自贸区及2015年成立的欧亚经济联盟。当前,亚投行如何在中亚地区协调与亚洲开发银行间的关系,是"一带一路"倡议在中亚面临的重要课题。在政治领域,中亚地区的基础设施紧密相连,互联互通和经济走廊建设需要稳定的政治与地缘环境,克服争端地带造成的负面影响,尤其是大国政治对中亚的介入。比如,俄罗斯长期以来把中亚作为自身的势力范围,而美国试图通过"大中亚计划"主导中亚。因此,"一带一路"战略不仅需要与俄罗斯主导的集体安全条约组织等协调关系,还需要处理好与其他大国已有组织的关系,如北约主导的"和平伙伴关系计划"、欧盟主导的"伙伴与合作关系"、深受欧盟等西方影响的"古阿姆民主与发展组织"及土耳其主导的突厥语国家元首会议等。总之,"一带一路"倡议与其他国际组织不是竞争和替代关系,而是遵循合作与共赢的逻辑。

中国与近东、北非地区的交往历史悠久,近东、北非是"一带一路"倡议的天然合作伙伴。由于近东、北非地区传统安全困境和恐怖主义等非传统安全较为复杂,在"一带一路"制度建设过程中,应积极发挥阿拉伯国家联盟、阿拉伯议会联盟、伊斯兰合作组织、海湾阿拉伯国家合作委员会、西非国家经济共同体、非洲联盟等区域或跨区域组织的作用。由于没有地缘政治和历史包袱等方面的负面影响,"一带一路"倡议依据相关制度平台,正在该地区积极稳步推进。目前,中国与海湾阿拉伯国家合作委员会各成员国在中国—海合会战略对话框架下积极推动中国—海合会自贸区建设进程。特别是中阿于2004年建立了"中阿合作论坛",通过这一平台,双方致力于传承和平合作、开放包容、互学互鉴、互利共赢的丝绸之路精神,推动能源、基础设施建设、贸易投资便利化以及核能、航天卫星、新能源等高新领域和科技创新领域的合作。

自古以来,东南亚就是"海上丝绸之路"的重要枢纽。东盟作为东南亚地区最主要的政府间国际组织,对"一带一路"所持立场非常关键。当前,东盟整体上对于"一带一路"战略持审慎乐观的态度。东盟认为,"海上丝绸之路"

构想是中国通过外向型合作塑造全球大国的战略，通过促进港口和其他基础设施建设方面的合作，中国正试图以此来缓解与东盟声索国之间的边界争端，同时增强自信。① 在"一带一路"大背景下，双方正积极打造中国—东盟自贸区升级版。不过，东盟内部成员对"一带一路"倡议持不同程度的战略疑虑，且中国与部分东南亚国家在南海岛礁等方面存在争议。为此，需要改革并完善东盟地区论坛等地区性治理制度，增信释疑，推动共同发展。作为"海上丝绸之路"的倡议国，中国不仅应着力推动"10＋1"、东亚峰会、东盟地区论坛等制度不断改革，还应积极协调各制度间的互动。

南亚是中国新时期"亲诚惠容"周边外交着力开拓的重要区域，也是丝绸之路经济带的纽带和海上丝绸之路的战略枢纽和海陆交汇之处。当前，南亚地区存在着不少倡议或构想，除中国提出的"一带一路"倡议、中巴经济走廊和孟中印缅经济走廊之外，还有美国于 2011 年重启的"新丝绸之路计划"，印度于 2012 年提出的"连接中亚政策"以及巴基斯坦于 2007 年提出的"国家贸易走廊计划"等。为此，中国应加强和南盟等区域性机制的合作力度，把互联互通等内容纳入相关倡议的制度建设之中，推动各国战略构想的协调，避免可能出现的分歧。这不仅有助于解决南亚地区存在的恐怖主义、宗教极端主义和分离主义等安全难题，还可以缓解中印、印巴以及印度与孟加拉国等国存在的地缘政治冲突与领土分歧，推动"一带一路"战略在南亚地区的开展。

欧洲地区是丝绸之路经济带的终点，也是中国"一带一路"倡议的关键区域。目前，欧盟是中国最大经济伙伴，中国是欧盟第二大贸易伙伴。从现有制度平台来看，"一带一路"不仅需要重视欧盟、欧洲中央银行、欧洲复兴开发银行这样的区域组织，还需要关注亚欧会议、经济合作与发展组织这样的跨区域组织。从基础设施投资与建设的角度看，"一带一路"倡议需要与"泛欧交通运输网"等欧盟现有各类倡议加强合作与协调。为此，可以充分利用中欧峰会等战略沟通平台，推动实现互利共赢。2015 年，第十七次中国欧盟领导人会晤时中欧双方表示对接中国"一带一路"合作倡议和欧洲投资计划，同意建立中欧共同投资基金；同意在基础设施领域加强联系，建立中欧互联互通平台；尽快

---

① 杨丹志：《东南亚局势与"海上丝绸之路"建设》，见张洁主编：《中国周边安全形势评估："一带一路"与周边战略（2015）》，社会科学文献出版社 2015 年版，第 130 - 131 页。

达成一个高水平、全面的投资协定。① 总之，"一带一路"倡议的推进为推动建立具有全球影响力的中欧全面战略伙伴关系注入了新的动力。

中东欧地区在"一带一路"倡议中发挥了独特的作用。中国与中东欧16国合作是新时期中国外交的重要方面，中国与中东欧国家目前都处在经济转型的关键时期，中国提出的"一带一路"和向西开放战略与中东欧国家面向东方的开放战略遥相呼应。在《中国—中东欧国家合作布加勒斯特纲要》和《中国—中东欧国家合作贝尔格莱德纲要》等文件指导下，中国积极参与塞尔维亚"泽蒙—博尔查"跨多瑙河大桥项目、塞尔维业科斯托拉茨热电站改扩建项目以及波黑斯坦纳里火电站项目建设。当前，双方以制定《中国—中东欧国家中期合作规划》为契机，以合作建设连接塞尔维亚贝尔格莱德和匈牙利布达佩斯的匈塞高铁项目为标志，通过打造中欧陆海快线和构建互联互通新走廊，降低物流成本，提升经济效益，进而改善营商环境，实现资源优化配置。在推动"一带一路"倡议中，应积极发挥中国—中东欧国家合作秘书处的顶层设计作用。中国—中东欧国家合作秘书处能够推动"16＋1"合作与"一带一路"战略的充分对接与耦合，实现双方共同发展、合作共赢，并使其成为中欧全面战略伙伴关系的重要补充。

总之，"一带一路"倡议的现有制度平台既有覆盖面广的整体性制度，也有次区域制度组织的支撑。既有约束性的硬制度，也追求坚持弹性、柔性的软制度。这些都较好地契合了沿线区域的复杂情况，有助于中国与"一带一路"沿线国家基础设施建设及经贸合作扎实推进。

（二）"一带一路"倡议的新制度建设

当前，"一带一路"倡议的新制度建设在基建与融资领域不断发展，初步形成了具有系统性的制度体系，这主要是由于"一带一路"倡议是关涉基础设施建设、产业、投资、能源等方面的经济合作战略，而现有全球经济治理制度体系在这些方面具有局限性，无法满足发展中国家的新需求。其中，亚洲基础设施投资银行、金砖国家开发银行、丝路基金和上海合作组织开发银行是中国为推动"一带一路"倡议而新建立的经济制度，也是当前"一带一路"倡议中最具系统性的制度安排。

亚投行是"一带一路"倡议中最重要的制度创新，已经成为"一带一路"

---

① 《第十七次中国欧盟领导人会晤联合声明》，《人民日报》2015年07月01日。

倡议的主要融资工具之一。2015年6月29日，各成员国签署了《亚洲基础设施投资银行协定》，这为亚投行的成立提供了法律依据。经合法数量国家批准及协议生效后，亚投行将于2015年年底宣告成立。自2012年提出构想以来，金砖银行筹备进展顺利。2015年7月7日，金砖银行在莫斯科举行了首次理事会会议，宣布完成了运营前相关准备工作。随后，金砖银行于2015年7月21日开业，在备受关注的1000亿美元储备基金中，中国提供了410亿美元的份额。2014年11月8日，习近平主席在加强互联互通伙伴关系对话会上宣布中国出资400亿美元成立丝路基金。一个多月之后，丝路基金正式注册，中国投入的启动资金到位。当前，作为中长期开发投资基金，丝路基金已经入股参与开发巴基斯坦卡洛特水电站等清洁能源项目。上合组织开发银行尚未成立，不过，上海合作组织各成员就成立上合组织开发银行和发展基金正积极稳妥予以推进，致力于通过构建持久的融资平台促进该地区贸易和投资联系，打造地区命运共同体。

与国际货币基金组织、世界银行、亚洲开发银行以及欧洲复兴开发银行相比，上述经济治理制度在组建过程中具有平等、高效的特征，在制度特征上具有包容性、合法性强的特征，有效保障了发展中国家的话语权。比如，《亚洲基础设施投资银行协定》从提出倡议到最终签署，期间举行四轮会谈，仅仅花费一年多的时间，而金砖国家开发银行也仅用了两年多的时间就从倡议变为现实。相比之下，亚开行从1953年提出倡议，直到1966年才最终建立。在亚投行筹建过程中，中国不刻意谋求一票否决权和"一股独大"，恰恰相反，中国从包容性、开放性和多元化立场出发，创始成员国并不仅仅局限于亚洲区域，邀请美日等西方国家加入，甚至向私人资本开放，进而调动私人资本的活力。《亚洲基础设施投资银行协定》规定，亚投行成员资格向国际复兴开发银行和亚洲开发银行成员开放，负责亚投行总体运营的董事会共有12名董事，其中亚洲域内9名，域外3名，并把遵循"公开、透明、择优"原则遴选管理层明确写入《协定》。[1] 亚投行的上述特征反映了合作共赢的理念，既有助于中国主动适应经济新常态，也能够维护广大发展中国家在亚投行中的话语权和正义呼声。总之，"一带一路"新制度建设秉持了共商、共建、共享原则，遵循了和平合作、开放包容、互学互鉴、互利共赢的丝路精神，坚持开放包容，不搞封闭排外。

当前，中国一方面继续参加现有制度安排，同时也积极打造符合自身利益

---

[1] 李丽辉：《协定签署亚投行筹建迈出最关键一步》，《人民日报》2015年06月30日。

需求的各类制度规则。"一带一路"新制度建设反映出，中国正采取积极进取的制度外交布局，通过构建新的国际制度安排，更好地维护自身利益和国际社会的共同利益。简言之，"一带一路"倡议的实施无疑为新时期中国国际制度战略提供了新的契机。

四、"一带一路"倡议与中国的国际制度战略

"一带一路"倡议是中国主动参与全球治理制度体系的第一次系统性倡议。国际制度在中国全球治理战略和多边外交中具有越来越重要的地位，而"一带一路"战略的提出推动并提升了新时期中国国际制度战略以及具体制度建设的实施步伐。"一带一路"战略以周边为核心，向西、向南分别延伸，同时具有系统性、整体性与互补性的显著特征，为中国构建全球性和区域性国际制度战略提供了重要的理念基础。

随着国际体系变迁和国际形势的快速发展，近两年来，中国开始提出要积极在国际事务和全球治理领域提供"中国方案"、贡献"中国智慧"。2013 年和2014 年，中国先后召开了周边外交工作座谈会和中央外事工作会议，上述会议确定的周边外交理念和近两年来的中国外交实践表明，中国外交正从"韬光养晦"转向"奋发有为"。2014 年 7 月，国家主席习近平在出席巴西金砖国家领导人第六次会晤时指出，"我们将更加积极有为地参与国际事务，致力于推动完善国际治理体系，积极推动扩大发展中国家在国际事务中的代表性和发言权。我们将更多提出中国方案、贡献中国智慧，为国际社会提供更多公共产品。"①中国的国际制度理论、战略及其实践，在解决全球性问题、充实全球治理内涵方面有深入挖掘的必要。"一带一路"倡议的提出，正成为新时期中国国际制度战略转型的指导理念。在"一带一路"倡议的引领之下，中国国际制度战略逐步出现了融入型国际制度朝着转移型国际制度战略的方向转变。

当前，中国在参与改革现有制度的同时，以新制度建设为重要突破口，推动形成转移型国际制度战略。其中，亚投行的建立具有重要的象征意义。亚投行的创建既表明中国愿意承担更大的国际责任，又体现了中国开始从国际规则的参与者转变为国际规则的创设者，体现在创建新机制、创新机构治理及开拓

---

① 《习近平接受拉美四国媒体联合采访》，《人民日报》2014 年 07 月 15 日。

融资新方式等方面。①

具体而言,"一带一路"倡议的新制度建设可以遵循如下路径。

首先,以非正式制度为先导,逐步推进正式制度建设进程。中国在推进"一带一路"制度建设中,可尝试以非正式制度为先导进行议题设定、规则制定和项目执行,待不断实践后可逐步协调并推进正式的制度建设进程。与正式制度不同的是,非正式制度以共识和共同获益取代具有约束性的国际条约和正式的履行规定。非正式制度类似于国际法中的软法,软法是指那些不具有严格拘束力的法律。由于"一带一路"沿线各国国情不同,资源禀赋各异,非正式性制度坚持主权平等和共同协商原则,通过赋予灵活性、开放性和弹性空间,发挥了协调、沟通与必要妥协的作用,避免了与沿线国家在战略层面可能的纷争,有利于"一带一路"倡议有关基础设施、融资平台和人文交流建设的落实。同时,"一带一路"制度建设没有现成的组织方案可以借鉴,非正式性制度可以作为合适的探索路径。"一带一路"倡议过程中形成的谅解备忘录、联合声明、行政协议、临时安排、口头承诺、互换函件等方式都是非正式制度建设的载体。本质上,非正式制度更敏锐地把握了世界政治力量变迁和治理结构转型的客观趋势,而正式的条约规则往往受到西方国家的阻碍短期内很难达成。

其次,以双边机制为基础,以多边机制为方向。从稳步推进的角度看,积极打造双边机制有助于形成示范效应和榜样力量。有学者认为,"一带一路"建设应该是在打造双边关系的基础上以各个突破的循序渐进方式一步步缔结多边网络,避开现有地区一体化机制和规则的长期胶着状态,另起炉灶,先易后难、先近后疏地将合作条件成熟的国家有序接纳。通过双边关系缔结的"一带一路"多边网络是以中国为中心的松散关系,立足点是中国与相关国家一对一的关系,而非一对多的联系。② 在"一带一路"推进过程中,应注重发挥沿线长期对华友好国家的独特作用,并通过双边机制带动多边机制的建立。

再次,以经济机制为核心领域,以政治机制和人文机制为重要补充。当前,传统安全与非传统安全越来越具有跨区域性、综合性和关联性的新特征,为此,综合性的制度建设与制度互动将是"一带一路"组织基础的新常态。"一带一

---

① 陈绍锋:《亚投行:中美亚太权势更替的分水岭》,《美国研究》2015年第3期,第23页。

② 高程:《从中国经济外交转型的视角看"一带一路"的战略性》,《国际观察》2015年第4期,第45页。

路"的优先领域是交通互联互通、贸易投资便利化，同时需要政治和人文交流方面的有效保障，需要从经济、政治、人文交流领域三管齐下。经济领域是"一带一路"的核心领域，互联互通是"一带一路"战略的重点关切，当前相关制度建设应以基础设施建设为主开展。通过金砖国家开发银行、亚投行、丝路基金和上海合作组织开发银行等经济制度建设，推动互联互通、基础设施建设与可持续发展的落实。这些新型经济治理制度的建立，不仅为"一带一路"沿线国家提供资金支撑和金融平台，更为构建互利共赢的利益共同体和共同发展繁荣的命运共同体注入强大动力。同时，"一带一路"倡议面临着多重复杂的地缘政治挑战，不仅有美国"亚太再平衡"战略的结构性束缚，还有传统的领土纷争，甚至还有新兴的极端主义、海盗威胁等方面的全球性问题困扰。为此，需要搭建多边政治安全制度，确保"一带一路"倡议的稳步推进。此外，人文交流能够增信释疑、增进友谊并夯实互利共赢的民间基础，提升新时期中国的国家形象。在"一带一路"推进过程中应重视人文外交的独特作用，推动人文交流机制和对话机制的构建。

最后，"一带一路"制度建设，尤其需要加强南南合作。"一带一路"制度建设在很多方面遵循非正式性的无人问责机制（Drone Accountability Regime），这是实现效率和问责的必要条件。① 在制度约束性不足的情况下，加强与发展中国家的沟通和协调，打消发展中国家的疑虑是制度建设取得成功的保证。"一带一路"倡议沿线多为发展中国家，在现有的治理体系下，能否取得广大发展中国家的认同与支持，事关"一带一路"建设的成败。为此要重视发挥好不结盟运动、七十七国集团等的作用，建设好亚信会议、金砖国家等新型制度平台，在新的历史时期，探讨建立南南合作新架构。当前，要提高发展中国家在国际体系内的代表性和发言权，引导2015年后发展议程谈判重点关注解决发展中国家、特别是非洲国家和最不发达国家面临的困难和挑战，更好维护发展中国家正当权益。②

当然，"一带一路"倡议下的中国国际制度战略转型尚没有完全成型，还处在探索过程之中。同时，相关制度化建设水平能够达到一个什么样的高度，也

---

① Buchanan, A, Keohane, R. O. Toward a Drone Accountability Regime. Ethics & International Affairs，Vol. 29，No. 1，2015：15.

② 习近平：《弘扬万隆精神推进合作共赢——在亚非领导人会议上的讲话》，《人民日报》2015年04月23日。

无定论。但是,"一带一路"制度建设不仅势在必行,而且能为中国国际制度战略转型提供重要的指导方向。

五、结束语

"一带一路"倡议是中国的一项长远战略。政策沟通、道路联通、贸易畅通、货币流通、民心相通是共建"丝绸之路经济带"战略的核心,需要以完善合作机制为主要载体,推动各国形成命运共同体,有助于消除部分国家担忧的中国输出型发展战略和"中国威胁论"的疑虑。"一带一路"倡议同样是全球治理结构变迁的积极推动力量。无论是地缘纷争、国内冲突等传统安全,还是气候变化、跨国犯罪、极端主义威胁等非传统安全,都诏示全球治理的重要性及全球治理制度体系改革的紧迫性。

当前,中国的快速发展为中国的国际制度战略既提供了机遇,同时也面临着地缘政治变迁及美国"亚太再平衡"等方面的挑战。为了更好地贯彻经略好外交战略,积极构建共同、综合、合作、可持续的亚洲安全观,中国需要更有系统性、层次性和针对性的国际制度战略。而"一带一路"倡议的提出无疑成为新时期中国全面参与全球治理制度的重要指导,推动全球治理体系完善,进而实现中国与世界的互利共赢与持久繁荣。

(原载于《东北亚论坛》2015 年第 6 期)

"一带一路"倡议下中国与沿线国家关系治理及挑战*

就国际关系主流理论而言，不管是现实主义、自由主义还是建构主义，对国际关系行为体的研究均是题中应有之义，但是，对关系过程的研究显然是较为薄弱的环节，其中建构主义有所涉猎，不过并没有对国家间的"关系性"进行深入研究。根据国内学者的研究，"关系性"恰恰体现了中国的传统思想，而这种文化特征在如何建构国家关系方面具有重要思想意义。① 换言之，关系的重要性对中国推进"一带一路"发展倡议的实施具有重要的启迪。"一带一路"发展倡议的提出意味着中国在国际关系中的角色开始发生转变，即从过去某种程度上被动参与转变为积极的"塑造者"，而该项战略涉及的国家之多，人口之众，在中国外交史上史无前例。在这样的背景下，治理好中国与"一带一路"沿线国家的关系直接关系到"一带一路"发展倡议的成与败。然而，关系治理固然重要，却不能为关系而关系，这显然是治理中国与"一带一路"沿线国家关系面临的最为核心的挑战。解决这一挑战的方案只能依据中国地缘文化来实现，也只有如此，中国与"一带一路"沿线国家关系的治理才能寻找到其灵魂与核心，为"一带一路"倡议的成功奠定基础。

* 本文作者：杨思灵，云南省社会科学院南亚研究所副所长、研究员。

基金项目：本文系 2014 年度国家社科基金一般项目"印美日海洋安全合作及对中国的影响研究"（课题编号：14BGJ017）的阶段性成果。

① 秦亚青：《关系本位与过程建构——将中国社会理念植入国际关系理论》，《中国社会科学》2009 年第 3 期，第 69 - 86 页。

一、中国与沿线国家关系治理的意义

毋庸置疑，对于"一带一路"倡议，其国家关系治理的重要意义就在于关系的重要性。唯有重视关系治理，中国与"一带一路"沿线国家才有可能在国际关系的互动过程中建立起大家所认可的范式与规则，并在某种核心认同下为共同的目标而加强合作。

首先，从根本上来讲，中国与"一带一路"沿线国家关系治理的效果直接决定了"一带一路"倡议的成或败，这无疑是国家关系治理对"一带一路"最重要的意义。"一带一路"中的"一带"主要包括三个部分，即北方丝绸之路经济带、中巴经济走廊、孟中印缅经济走廊；"一路"则主要指海上丝绸之路。"一带一路"几乎囊括了欧亚大陆上绝大多数国家，其中重点（以习近平主席访问为标准）国家包括蒙古国、俄罗斯、哈萨克斯坦、吉尔吉斯斯坦、乌兹别克斯坦、土库曼斯坦、荷兰、法国、德国、比利时、塔吉克斯坦、马尔代夫、斯里兰卡、印度、印度尼西亚马来西亚等 17 个国家，但如果加上"一带一路"沿线其他国家，"一带一路"涵盖的国家达到 60 个以上，总人口将占世界总人口的 60% 以上。这 60 多个沿线国家给予"一带一路"倡议积极回应，但涉及国家数量庞大，各个国家的战略需求不同，而且涉及的问题也多，比如有的国家非传统安全问题突出，如恐怖主义，有的国家与中国还存在边界争端问题。此外，"一带一路"沿线国家涉及的文化多元，思维理念有着极大的不同，再加之外部反华势力的干扰，中国要顺利推进"一带一路"的实施殊非易事。在这样的背景下，如何管理中国与"一带一路"沿线国家关系，深化合作，管控分歧，随时解决并处理好"一带一路"倡议实施进程中出现的各类问题，就显得非常重要。

其次，塑造"一带一路"的发展模式与规范显然是中国与沿线国家关系治理的另一重要意义。正如上文所指出的，"一带一路"倡议的提出预示着中国正在改变在国际社会中的身份，不再一味地被动遵守国际社会规则，而是想办法塑造有利于自身及国际社会发展的规范。那么中国试图通过"一带一路"塑造什么样的模式与规范呢？这可以从习近平主席于 2013 年 9 月 7 日和 2013 年 10 月 3 日分别在哈萨克斯坦和印尼提出的"一带一路"的构想中寻找到答案。在

哈萨克斯坦演讲时，习主席提出要用创新的合作模式，共同建设丝绸之路经济带;① 在印尼演讲时，习主席则提出要与东盟国家发展海洋合作伙伴关系，共同建设 21 世纪海上丝绸之路。② 从习近平主席在哈萨克斯坦及印尼的演讲中，我们可以看出"一带一路"的发展模式至少包括如下含义：和平、伙伴和开放。换言之，"一带一路"并不是要抢占谁的地盘，更不是要与谁争夺地盘，其实质是为欧亚地区的发展创造宽松而友好的环境。这种发展模式显然与现存的国际经济秩序的歧视性有差别，典型案例如中国以歧视性的条款加入世界贸易组织，更不用说广大的发展中国家在与发达国家的合作中普遍面对歧视性的政治条款。那么，要顺利使"一带一路"的发展模式得到沿线国家的认可，关系治理的重要性就显现出来了。唯有治理好中国与"一带一路"沿线国家的关系，"一带一路"的发展模式才有可能得到这些国家的认可，并进而形成未来国际社会的规范，得到国际社会的接受。

再次，中国与沿线国家关系治理的第三个重大意义是培育"一带一路"上的集体情感。根据建构主义的观点，互动的关系治理会对行为体产生影响，互动过程会不断塑造和再塑造行为体的身份及其利益。故此，在关系治理的合作过程中，国家可以建构集体认同。③ 从习主席在哈萨克斯坦及印尼的讲话中可以看出，其在提出丝绸之路经济带及 21 世纪海上丝绸之路时均是从历史联系入手。在谈到"一带"时，他强调，2000 多年前，中国汉代和平使者张骞两次出使中亚，从而开辟出了连接欧亚的丝绸之路。在论及"一路"时，习主席强调明朝时郑和七下西洋对海上丝绸之路的意义。④ 这些显然均是历史留给中国与"一带一路"沿线国家的美好记忆。然而，世事变迁，由于近现代地缘政治格局的变化，尤其是中国在这种格局中一直被压抑，甚至长期处于被边缘化的地位，"一带一路"的历史记忆并没有被充分挖掘。更有甚者，随着中国近年来经济不断增长，受到地缘政治竞争思维的影响，长期坚持和平发展的中国反而被一些国家冠之以"威胁"之名而加以遏制，致使中国在国际社会中的国家形象遭到

---

① 习近平：《弘扬人民友谊共创美好未来——在纳扎尔巴耶夫大学的演讲》，《人民日报》，2013 年 9 月 9 日。

② 习近平：《携手建设中国—东盟命运共同体——在印度尼西亚国会的演讲》，《人民日报》2013 年 10 月 8 日。

③ ［美］亚历山大·温特：《国际政治的社会理论》，秦亚青译，上海世纪出版集团 2005 年版，第 311 页。

④ 习近平：《弘扬人民友谊共创美好未来——在纳扎尔巴耶夫大学的演讲》。

严重损害，对中国与"一带一路"沿线国家的发展造成了负面影响。在这样的背景下，"一带一路"的发展倡议对于中国与沿线国家重拾历史记忆，挖掘其中的丰富营养，培育共同集体情感，实现地缘文明背景下的共同发展等具有重要的作用。然而要重拾这样的历史记忆，培育集体情感，重塑中国的国家形象，如何健全与完善中国核心凝聚力的传播路径就显得异常重要。要完成这样的任务，显然只有依托关系治理，在行为体的互动过程中传播中国的软实力。

最后，国家关系治理的重要意义也体现在为落实与沿线国家合作项目保驾护航。"一带一路"的提出与实施旨在通过促进经济与人文合作，为中国的和平发展创造良好而广阔的国际环境，同时带动"一带一路"沿线国家共同发展。就经济合作项目来看，中国现阶段的布局旨在通过亚洲基础设施投资银行及"丝路基金"，与沿线国家开展交通基础设施、工业园区、贸易投资等项目合作，为"一带一路"倡议的实施奠定良好的开局。客观来看，中国在保护海外投资项目方面缺乏较为有效及有力的手段。这方面的经典案例莫过于缅甸政治转型导致中国企业在缅投资的尴尬境地。因此，从某种意义上来讲，中国要顺利推进与"一带一路"沿线国家的项目合作，除系统地经营与沿线国家之间的"关系"之外，似乎并没有更好的办法。就缅甸案例来看，中国与其关系的治理无疑是滞后的，作为中国通向印度洋最重要的国家之一，中国对缅甸关系的治理模式非常单薄，主要依靠官方来维系。此外，在中国战略伙伴关系外交中，缅甸的重要性也未能得以体现，2011年两国才正式签署战略伙伴关系协议。然而，囿于外交关系治理的滞后，最终也未能阻止中缅关系的退化，导致中国在缅合作项目或被停止，或被取消。就"一带一路"沿线国家的整体情况来看，形势同样不容乐观。绝大多数国家不仅经济发展水平低，而且政治局势也长期处于动荡之中，社会安全局势尤其严峻，再加之外部反华势力的干扰，势必会影响到"一带一路"项目的实施。2015年斯里兰卡新政府暂停中国在科伦坡的投资项目无疑敲响了警钟，尽管斯里兰卡政府一再声称并不特别地针对中国投资，但新政府采取这样的措施显然与其国内的政治斗争及地区大国印度的施压密不可分。总之，囿于缺乏"硬"手段保护这些合作项目及投资的现实，中国要顺利地推进与沿线国家的项目合作，只能在国家关系治理上加大力度。

二、中国与沿线国家关系治理的形态

从国家关系的形态来看，关系治理主要涉及对各种状态关系的互动。我们可以将国家关系状态粗略地分为三类，即互动的起点、加深合作、关系反复。依据上述三类关系，中国与"一带一路"沿线国家的关系治理可以分为三类，即起点关系治理、发展关系治理和退化关系治理。

（一）起点关系治理

根据亚历山大·温特的建构主义，行为体第一次相遇时可能会带着关于自我身份的预设观念，这种预设观念使双方均具有暂时的角色，并成为互动的起点。在接下来的关系互动中，两个概念会起到非常重要的作用，即"自我角色确定"和"他者角色确定"。其中"他者角色确定"总是"受到自我角色确定"的影响，也极大地影响到在随后的关系互动中国家关系的形态。自我角色确定指从现有的自我再现形式中选择某一种互动身份，因之也就产生了自我在互动中需要追求的利益。且自我在确定自己特定的身份的同时，也确定了他者相应的反角色。在此基础上，他者与自我会建构一种"对情景的定义"，并根据情景定义的真实性采取行动。① 上述观点对于中国与"一带一路"沿线国家在建构起点关系（指"一带一路"情景下的起点关系）治理时具有重要的启示意义。因为如果中国与"一带一路"沿线国家在自我角色确定与他者角色确定之间能够产生互为认同的互动情景及身份时，那么对于"一带一路"的顺利实施无疑具有非常重要的作用，但如果相互对情景及身份认同差距较大，那么对此后"一带一路"战略的实施无疑会造成较大阻碍。

我们知道，在"一带一路"的新起点上，中国自我确定的身份是和平崛起的大国、"一带一路"沿线国家的朋友及伙伴，对"一带一路"沿线国家的身份与利益认定则是朋友及伙伴、有经济发展需要的发展中国家。然而，在这里需要转换视角，即中国变为"他者"，"一带一路"沿线国家则成为"自我"的情况。在这样的情况下，情形就有了极大的不同。在经济发展层面，"一带一路"沿线国家认可中国的发展成绩，也希望与中国一道推进经济合作，以获取经济发展机会。然而，在"一带一路"的起点关系建构上，很多沿线国家仍然心存疑虑，即这些国家心中实际上认为中国所要的不仅仅是经济利益。由此可见，中国与沿线国家在"一带一路"的起点关系建构认知方面存在模糊区，即在情景定义及认知上双方存在差距，这无疑将为此后的中国与"一带一路"沿

---

① ［美］亚历山大·温特：《国际政治的社会理论》，秦亚青译，上海世纪出版集团2005年版，第321－322页。

线国家的关系治理及"一带一路"倡议的实施带来重大挑战。

（二）发展关系治理

在新情景定义背景下建立起互动关系起点后，中国与"一带一路"沿线国家关系就进入了发展关系治理阶段。从中国与"一带一路"沿线国家的互动轨迹来看，中国与"一带一路"沿线国家的发展关系治理主要围绕如下重点来进行。

一是推进中国与"一带一路"沿线国家的战略合作伙伴建设。建构并发展战略合作伙伴是 21 世纪以来中国治理与其他国家关系的"新常态"，取得了非常好的效果。据统计，中国在全世界的伙伴已经达到 58 个。在"一带一路"沿线国家中，欧盟、英国、意大利、法国、西班牙、葡萄牙、希腊、哈萨克斯坦、印度尼西亚和马来西亚等为全面战略伙伴；巴基斯坦为中国的全天候战略合作伙伴；德国为全方位战略伙伴；尼泊尔和孟加拉国为全面合作伙伴；泰国、越南、柬埔寨、老挝和缅甸为全面战略合作伙伴；阿富汗、韩国、印度和斯里兰卡为战略合作伙伴；东盟、阿联酋、乌兹别克斯坦、塔吉克斯坦、土库曼斯坦、蒙古国和乌克兰为战略伙伴。① 在未来的中国与"一带一路"沿线国家关系治理中，伙伴外交仍然将是重中之重。根据"一带一路"建设与发展的需要，一些重要国家比如印度等均有潜力上升为全面战略合作伙伴，作为南欧丝绸之路重要通道的土耳其也应成为中国伙伴外交的战略重点。另一方面，如何充实中国与"一带一路"沿线国家伙伴关系的内容也将是未来双方关系治理的核心内容。

二是建构中国与"一带一路"沿线国家的自由贸易区。近年来，中国推进自由贸易区的力度不断加大，党的十八大及十八届三中全会均指出要推进与周边国家的自由贸易区战略。周边显然与"一带一路"囊括的范围有着高度的重合。从现有的自由贸易区网络来看，与"一带一路"沿线国家建设自由贸易区的空间非常广阔。据统计，中国在建自由贸易区有 20 个，涉及 32 个国家和地区。② 其中，涉及"一带一路"沿线国家或地区的双边与多边自贸区有 7 个，即东盟、新加坡、巴基斯坦、斯里兰卡、海湾合作委员会（GCC）、印度和孟加拉国。中国与东盟、新加坡、巴基斯坦的自贸区均已实施，中国与斯里兰卡、

---

① 《媒体盘点中国在全世界 58 个伙伴详解伙伴关系》，环球网，http：//world, huanqiu. com/article/2014 –07/5082508. html，2014 年 7 月 25 日。

② 中国自由贸易区服务网，http：//fta. mofcom. gov. cn/。

海湾合作委员会的自贸区则正在谈判，中印自由贸易区已完成联合研究。另外，印度是多边自贸区"区域全面经济合作伙伴关系"的谈判成员，同时也是《亚太贸易协定》成员，孟加拉国为《亚太贸易协定》成员。随着"一带一路"发展倡议的实施，中国的自由贸易区战略发展的空间也在扩大，尤其是与一些战略支点国家的双边自由贸易区会得到重视，比如与印度尼西亚、印度、土耳其、哈萨克斯坦、法国、德国和欧盟等。此外，提升现有的自由贸易区的水平，即与东盟、巴基斯坦等国家打造自贸区升级版也将受到重视。

三是人文交流将成为关系治理的重要组成部分。人文交流无疑是构建国家间关系的一项长期而基础性的工作，其本身也是"一带一路"发展倡议的主要内容之一。从现状来看，中国与"一带一路"沿线国家的人文交流取得了较大成功。人文交流涉及的"一带一路"沿线国家包括东南亚国家、印度、巴基斯坦、土耳其、伊朗、以色列、阿拉伯国家、中亚国家、俄罗斯、德国、法国和英国等。人文外交内涵丰富，形成了独特的人文外交项目，其中包括：孔子学院及教育合作、主题年活动、友好城市、医疗外交、体育外交、奥运外交、世博外交、旅游外交、夫人外交、熊猫外交等。在"一带一路"倡议的新起点上，中国与"一带一路"沿线国家的人文交流与合作将会进一步扩大，尤其是在宗教文化交流项目上，中国与东南亚国家、南亚国家、中亚国家及中东国家有着丰富的合作资源可以发掘。

四是大型项目的落实。大型投资项目无疑是中国与"一带一路"国家关系发展中的点睛之笔。经过中国与"一带一路"沿线国家的共同努力，一批涉及交通、能源、工业园区的大型项目已经启动，如中巴铁路、中国与中亚国家天然气项目、中国与印度工业园区项目等。这些大型项目的顺利实施对推进中国与"一带一路"沿线国家关系的友好发展有着重要作用，同时友好的国家关系对这些大型项目的实施也起着重要的作用。

（三）退化关系治理

客观来看，国家关系治理一般而言是朝着积极方向发展的，但由于受诸多因素的影响，国家关系的发展也会出现反复的可能。比如在冷战地缘政治形势下，中国与苏联、中国与印度等国家的关系均出现了严重的倒退，尤其中印关系，虽然双方皆付出了极大的努力，但双边关系在战略互信上受到极大损害，相互信任严重不足。就中国与"一带一路"沿线国家关系而言，虽然在新背景定义下双方均有共同的利益及目标，但并不能保证双方的关系治理会一帆风顺。

近年来最突出的例子莫过于中缅关系的严重倒退。2011 年是中 缅关系治理的高潮时期，两国签署了建设全面战略伙伴关系的协议，但随着缅甸政治转型期的到来，中缅关系陷入了低谷，出现退化的态势，此前 20 年双方构建的特殊关系受到了极大冲击。缅甸民间舆论对华极度不满，两国经贸合作陷于停滞，两国关系的不确定性在增加，未来两国关系治理陷入窘境。然而，对于"一带一路"而言，问题会更加严重，因为很多沿线国家的政治局势均面临着与缅甸同样的问题抑或其他更突出的问题，意味着中国与"一带一路"沿线国家的关系治理可能面临退化的状态。针对中缅关系治理，有学者提出了依据各国的不同规模建构国家关系模式的倡议，并建议在调整心态和思路，加强顶层设计、机制建设和政策执行力．管理双边关系中存在的重大问题，务实推进经济合作，树立正确的义利观等方面加强双边关系的治理。① 另一个较为典型的例子是中国与斯里兰卡合作项目的倒退，斯里兰卡新政府于 2015 年 3 月宣布暂停中国在科伦坡的投资项目。尽管有学者分析缅甸和斯里兰卡发生的情况与外部势力的影响密切相关，但根源仍然在于中国与相关国家关系治理出现了问题。尽管外部因素的影响下容忽视，然而中缅、中斯关系出现的问题仍然取决于其内部的政治转型及政治斗争。从更广泛的意义来讲，发生在缅甸与斯里兰卡的情况对中国如何治理与沿线国家关系有重要启示，比如未来我们必须要考虑中国与"一带一路"战略支点国家关系的治理如果出现问题怎么办？比如巴基斯坦，执政当局与中国合作的热情毋庸置疑，然而其国内政治与民族矛盾可能导致的变数也是存在的，但在此方面，中国显然缺乏可操作的预案。就此而言，我们应当从中缅、中斯退化关系状态中汲取经验与教训。

三、中国与沿线国家关系治理的挑战

毋庸讳言，中国与"一带一路"沿线国家的关系仍然存在诸多不确定性因素，这些不确定性因素如果能够得到有效治理，对促进双边关系的良性发展甚有裨益，如果处置不当，也有可能促使中国与沿线国家关系的形态发生改变。综合来看，影响中国与"一带一路"沿线国家关系治理的主要挑战包括战略利益互构及认同、国家的政治社会结构、双边关系中的重大问题、中国文化范式

---

① 李晨阳：《探索不同规模国家关系模式——以政治转型以来的中缅关系为例》，《国际展望》2014 年第 2 期，第 29 - 33 页。

吸引力的缺失、大国干扰及其影响等。

（一）战略利益的互构及认同

国家战略利益的建构无疑具有自私性，即从自身的国家立场与利益来考虑问题，但要使双方能够产生合作的局面，在关系治理中寻找共同利益无疑是必不可少的环节。显然，战略利益的认同程度与合作广度和深度有较为密切的关系。从中国发展战略合作伙伴关系的经验来看，战略利益认同度高就意味着双方战略伙伴的层次会相对较高，战略利益认同度低，战略伙伴层次就会较低，合作面也会相对较窄。从"一带一路"沿线国家的战略利益需求来看，东南亚国家重经济利益与大国战略平衡，南亚国家重经济利益与安全，中东与中亚均有经济与安全方面的利益诉求。从这些可以看出，重视经济利益是部分沿线国家积极呼应"一带一路"倡议的重要原因，也是驱使这些国家与中国开展积极合作的重要动因。但另一方面，即在政治与安全利益方面，中国与部分沿线国家存在较大分歧。东南亚国家重视与中国开展经济合作，但防范中国的戒心较重，在地缘政治上，希望中国、日本、美国等在该地区形成一种战略平衡。南亚的印度则视中国为竞争对手，虽然希望与中国开展经济合作，但对中国谋求在印度洋的经济利益及加强与其他南亚国家的合作戒心较重。就中亚和中东国家而言，在谋求经济利益的同时，也希望中国能够在这些地区的安全形势方面发挥作用，然而这恰恰也是俄罗斯和美国等大国不希望看到的结果。中国要突破与沿线国家关系治理的瓶颈，就要在与沿线国家战略利益的互构及认同上下功夫。对于部分欧洲国家而言，看重中国的经济利益，但在政治与安全方面对中国也怀有二心，不排除在关键时刻追随美国步伐对付中国。

（二）沿线国家政治与社会安全形势复杂

"一带一路"沿线国家多为发展中国家与欠发达国家，经济社会发展较为滞后，政治与社会安全形势异常复杂，为中国与沿线国家关系治理带来严峻挑战。

一是部分沿线国家政治局势不稳定。客观来看，大多数"一带一路"沿线国家政治制度与民主、资本仍然未能达成理想的平衡状态，不仅未能成功地促进经济社会的发展，反而致使这些国家的政治局势长期处于不稳定的状态。从东南亚地区的缅甸，到南亚地区的巴基斯坦、阿富汗，西亚北非地区的利比亚、叙利亚、伊拉克、也门，再到中东欧地区的乌克兰，均面临着政治局势长期不稳的挑战。缅甸的政治转型以及近期的内战，使中缅关系陷入低谷，这种状况不仅使双方现有的投资项目遭受损失，而且使一些设想，如孟中印缅经济走廊陷入窘境。巴基斯坦的政治不稳定也对中巴关系治理带来较大挑战。客观而论，巴基斯坦政权的更迭并不会对中巴关系造成倒退的影响，但其内斗却耗去了中巴合作的动力与可持续性。经历反恐战争后的阿富汗政治局势也不平静，美军的存在维持着微妙的平衡，一旦美国撤军，阿富汗政治局势发展何去何从确实难说。西亚北非地区更是狼烟四起，局势动荡一波未平一波又起。叙利亚内战未平之时，伊拉克极端组织伊斯兰国（ISIS）不仅宣布建国，且不断攻击战略要地，紧接着也门胡塞武装与政府军的内战又如火如荼地展开，由沙特牵头的逊尼派国家联军对也门展开军事行动。总体而言，这些国家的内乱与外患掺杂了伊斯兰教派与政治斗争的因素，再加上区内区外大国的明争暗战交织，该地区的政治局势难以平静。中东欧地区的乌克兰危机虽然因签署《新明斯克协议》而渐趋平静，但美俄之间的角力远未结束。从"一带一路"的走向来看，上述这些国家处于重要位置，缅甸是通往印度洋及南亚地区的门户，也门位于亚丁湾与红海的咽喉部位，叙利亚是地中海东岸的重要国家，乌克兰则是黑海地区的重要国家。因此，不难看出，这些地区国家政治局势的不确定对"一带一路"倡议的影响不容小觑。而且，这种局面也给我们提出了一个重要的问题，那就是下一个可能爆发内乱的国家将会是哪国？我们将如何应对？

二是恐怖主义形势较为严峻。这一问题在中亚、中东及南亚较为突出。就中亚地区而言，自苏联解体之后，武装恐怖组织如雨后春笋般成长，"乌兹别克斯坦伊斯兰运动""东突厥斯坦伊斯兰运动"及伊斯兰解放党等非常活跃；西亚北非的恐怖主义形势更是愈演愈烈。美国的"反恐战争"并未能消除恐怖主义根源，相反近年来相关地区的恐怖主义问题形势日益严峻，2014年以伊斯兰国（ISIS）为代表的恐怖主义势力非常活跃。2015年年初也门的内战也为中东地区的恐怖主义活动提供了机遇，在沙特大肆空袭也门胡塞武装的同时，基地组织及其他恐怖团伙则浑水摸鱼，抢夺武器弹药，抢占地盘。在南亚国家中，印度、巴基斯坦和阿富汗等均是恐怖主义活动较为频繁的国家。就印度而言，恐怖主义的星星之火一直存在，而且影响广泛，西孟加拉邦、泰米尔纳德邦、那加兰邦、米佐拉姆邦、梅加拉亚邦、曼尼普尔邦、查谟和克什米尔地区、阿萨姆邦、所谓的"阿鲁纳恰尔邦"以及特里普拉邦等都是恐怖主义及暴力活动的重灾区；巴基斯坦的恐怖主义活动形势更为严峻。据统计，从2014年1月1日到12月7日，在巴基斯坦发生的与恐怖主义相关的暴力袭击多达367次，比2013年的319次有较大幅度的上升；阿富汗的社会安全状况也日益恶化，联合国秘书长阿富汗问题特使库比什称，2014 年 1 - 8 月，阿富汗平民死、伤人数已分别超过 2300 人和 4500 人，同比上升 15%。①

三是民族宗教文化多元。"一带一路"沿线连接欧亚大陆地区，民族宗教文化非常复杂，涵盖了儒家、佛教、印度教、伊斯兰教、基督教等多种文明体系，而这些文明体系衍生出的政治制度、社会制度及文化制度均有着极大的差异。更为致命的是，国家之间的交往与合作交织着太多的宗教民族矛盾。比如印巴之间印度教教徒与穆斯林之间的矛盾与冲突仍然在撕裂南亚次大陆，西亚北非、中亚地区伊斯兰教不同教派的矛盾更是该地区持续动荡不安的深层次因素，这种教派矛盾在欧美西方文明的不断侵蚀下更加复杂，近年来该地区政治局势的长期动荡正体现了这一点。中国与沿线国家关系治理无疑也难回避这些地区宗教文化矛盾所带来的问题，中国能否有效提供方案促进沿线地区不同宗教文化的和谐共处也考验着中国与沿线国家关系治理的成效。

（三）中国与沿线国家的双边问题

一是与部分沿线国家存在双边互信不足的问题。战略互信不足是制约中国与沿线国家深化经济与人文合作的重要因素。总体来看，东南亚及南亚国家与中国互信不足的问题较为突出，比如在缅甸、越南、印度等国家，"中国威胁论"很有市场。中亚地区国家情况稍好，但同样存在战略互信缺失的问题，比如 2007 年俄罗斯举办上海合作组织"和平使命"演习，哈萨克斯坦不允许中国军队过境其领土赴俄参加演习。

二是多数沿线国家并不是中国的主要经贸合作伙伴。"一带一路"发展倡议以经济合作和人文合作为核心，尽管人文合作不仅有历史记忆，且在当代交流也不为少，但就经贸合作情况来看，绝大多数沿线国家均不是中国的主要贸易伙伴。以 2014 年为例，在中国十大贸易伙伴中，唯有东盟是第三大贸易伙伴，南亚、中亚、西亚、北非以及中东欧国家均非中国的主要贸易伙伴。从中国的出口市场来看，也只有东盟和印度进入前 10 位。在十大进口来源地方面，东盟列第 2 位，沙特列第 9 位。② 从现阶段合作的现状来看，欧盟、美国、日本、韩国、澳大利亚等发达国家仍然是中国主要的经贸合作对象。那么，中国的"一

---

① 中华人民共和国驻阿富汗伊斯兰国大使馆网站：《阿富汗动态》，http：//af. china - embassy. org/chn/afhdt/，2014 年 12 月 16 日。

② 根据中国商务部网站信息整理。

带一路"发展倡议在经历巨大的投入之后是否能够如预期那样带来合理的经济回报？这可能是未来很长时间内我们需要思考的重要问题。

三是中国与沿线国家的人文交流规模有限。尽管中国与沿线国家拥有丰富的丝路记忆，与很多沿线国家建立起了稳定的人文交流合作机制，但除了东南亚国家之外，南亚、中东、中亚等地区与中国的人员往来规模仍然有限。相比较而言，中国与发达国家之间的人员往来频仍，比如2013年中美人员往来近400万人次，① 2014年中韩人员往来突破1000万人次，② 同年中日人员往来556.6万人次。相比较而言，中国与部分沿线国家的人员往来情况就要逊色得多，如2013年中国与南亚大国印度人员往来82.14万人次，其中印度来华67.66万人次，中国到印度人员仅14.48万人次。③ 造成这种局面的原因固然与中国出访的倾向有关，但从另一个侧面也反映了中国与部分沿线国家经济合作规模仍然比较小的事实。

四是与部分沿线国家存在领土领海争端以及历史纠葛问题。这可能是中国与部分沿线国家关系治理中最复杂、最麻烦的问题。在东南亚地区，中国与多个国家存在着领海争端问题，其中包括菲律宾、越南、马来西亚、文莱等。在南亚地区，中国与印度、不丹等国家存在领土争端问题。而且中国与部分沿线国家还存在历史恩怨的纠葛问题，比如中国和印度之间过去爆发的边境冲突，至今仍然影响着两国关系的正常发展。尤其是印度，与此相联系的民族主义情绪一直未能得以消弭。正如印度前商务部长兰密施所言：毫不夸张地说，绝大多数印度人对中国怀有很强的戒备心理。④ 这也正是印度比较排斥"一带一路"发展倡议的重要原因。

（四）中国文化范式吸引力有待加强

文化是软实力，尤其是如果国家文化具有吸引力和感召力，能起到润滑国

---

① 王毅：《继往开来努力构建中美新型大国关系》，新华网，http：//news. xinhuanet. com/world/2013－12/31/c_ 118787603. htm，2013年12月31日。

② 《旅游局副局长出席"中韩人员往来突破千万人次"庆祝活动》，中华人民共和国中央人民政府网站，http：//www. gov. cn/xinwen/2015－04/10/content_ 2844732. htm，2015年4月10日。

③ 中国外交部网站：《中国同印度的关系》，http：//www. fmprc. gov. cn/mfa_ chn/gjhdq_ 603914/gj_ 603916/yz_ 603918/1206_ 604930/sbgx_ 604934/。

④ 《印度对华心态深陷"1962年悲情"》，http：//www. legaldaily. com. cn/zmbm/content/2010－11/18/content_ 2353847. htm，2015年4月13日。

家关系的作用。如果说"一带一路"发展倡议为中国与沿线国家的"共赢"提供了一个重要的经济发展选项的话，那么在未来的中国与沿线国家的共处与发展模式上，中国是否能够提供合理的实现方案呢？最终答案可能要由时间来回答，但中国正在努力，利益共同体与命运共同体的提出均体现了这一点。从中国决心要为国际社会秩序发展纠偏的那一刻起，就注定中国要走出以经济外交为主的老路，重视国际社会发展的整体命运。要做到这一点，文化范式的号召力与吸引力必不可少。中国秦汉以降形成的完善的官僚制度对世界各国的发展做出了非常重要的贡献，比如大唐盛世时周边国家频频派遣使者竞相学习中国政治文化制度的景象为史册所载，印度莫卧儿王朝、奥斯曼帝国、波斯帝国等曾经雄霸一世的帝国官僚制度的发展深受中国影响，近代西方文明国家的发展也离不开对中国技术和官僚制度的学习。① 更为重要的是，近代以来的西方文明国家将学习而来的官僚制与民主和资本等要素结合，实现了近代以来的崛起。时至今日，对世界文明发展做出重要贡献的中国在政治制度与文化领域却被冠以各种负面的头衔，这一方面可能与世界政治、地缘政治密切相关，尤其是霸权国家为遏制中国而刻意为之，另一方面也深刻透露出中国文化的吸引力与感召力在建构与传播上仍然存在问题。这也将是未来中国与沿线国家关系治理面临的重要挑战。"以利相交，利尽则散"，以心相交，才能持之久远。要做到这点，如何结合中国文化传统，建构起具有吸引力的文化范式将是我们需要解决的重要课题。

（五）大国干扰及影响

从地缘战略层面来看，西亚、北非和中亚是世界能源地缘中心，从西亚、北非到东南亚的印度洋是亚太国家的"经济生命线"，东南亚地区则是连接印度洋与太平洋的战略通道。对于中国所提出的"一带一路"建设，这些地区无疑是战略重点，那么，最为重要的一个后果就是区内区外大国对"一带一路"必将产生较大疑心，并采取相应的政策，从而对中国与沿线国家关系治理构成挑战。其中几个国家尤其值得重视，一为美、日，二为印度，三为俄罗斯。美国是全球霸权国家，其地区政策也主要是为了维护其在全球的地位，而且从其战略重点及部署来看，"一带一路"覆盖地区也是美国战略利益覆盖的重点地区，因此，不仅对中国所提"一带一路"发展倡议心存疑虑，而且会采取一些应对

---

① 尹保云：《中华文明的过去与未来》，《学术前沿》2013 年第 3 期，第 9 页。

措施，比如大力散布"中国威胁论"，曲解中国"一带一路"发展倡议的内涵，鼓动与中国存在双边问题的国家与中国对抗。比如美国第七舰队司令罗伯特·托马斯建议东盟国家应该建立海上联合力量在南海进行巡航，他也承诺第七舰队会对此进行支持。① 很明显，美国旨在挑拨中国与东南亚国家的关系，故意制造紧张局势，以阻碍中国与该地区国家的合作计划与进程。在多边层面，美国还鼓动加强美日印海洋安全合作，表面上声称不针对中国，但三方却在南海航行自由问题上频频无中生有，其目的昭然若揭；日本积极推进在东南亚地区的价值观外交，加大对南亚地区的官方发展援助，均凸显出日本针对中国的战略意图；在南亚地区，印度对其他南亚国家的影响对"一带一路"的实施也会造成重要的影响，最为明显的例子就是印度对斯里兰卡政局的影响，给中斯合作造成一定曲折。在中亚地区，俄罗斯对中国所提的一些发展措施也存在疑虑，比如上海合作组织自由贸易区。

四、中国与沿线国家关系治理的途径

"一带一路"显然是迄今为止中国外交战略设计规模最为宏大，囊括国家最多，涵盖人口最多，相关国家的政治社会形势也最为复杂的一项重要倡议。经营与治理如此众多的国家关系表面上各有不同，而且有的国家关系治理确实也要具体问题具体分析，不能一概而论，但这并不妨碍中国从整体上针对"一带一路"沿线国家形成较为稳定的国家关系治理模式。笔者认为就中国与"一带一路"沿线国家关系治理而言，应当包括共同、互动、多维、重点、共同安全等治理要素。

（一）共同治理

从领导人的相关表态我们可以看出，"一带一路"倡议虽然为中国所提，但如果仅依靠中国，显然是行不通的。习主席于 2014 年 6 月出席中国—阿拉伯国家合作论坛第六届部长会议并发表题为《弘扬丝路精神，深化中阿合作》的演讲，其中提出中阿共建"一带一路"遵循"共商、共建、共享"原则。② 事实

---

① 《美司令建议东盟联合巡航南海中方斥其煽风点火》，中国社会科学网，http://www.cssn.cn/jsx/jsjj_ jsx/201503/t20150327_ 1563127. shtml，2015 年 3 月 27 日。

② 习近平：《弘扬丝路精神 深化中阿合作——在中阿合作论坛第六届部长级会议开幕式上的讲话》，人民网，http://politics. people. com. cn/n/2014/0606/c1024 – 25110600. html，2014 年 6 月 6 日。

上，该原则显然普遍适用于中国与"一带一路"沿线国家的关系治理。换言之，在中国与这些国家的关系治理中，应当充分重视及尊重"一带一路"沿线国家行为体的主体作用，就双方关系的发展充分尊重彼此的战略需求及考虑。唯有如此，中国与"一带一路"沿线国家的关系治理才有可能得到双方认可，"一带一路"倡议才有收获成功的可能。中国"一带一路"倡议的特点是一经国家领导人提出，在国内就首先形成热潮，各种规划建议纷纷出台，而相关国家的主体地位及作用并没有得到充分的认可与尊重，而且国内官员学者在热炒的时候难免会产生一些溢出效应，使得一些国家行为体感觉在中国的外交战略中"被纳入""被规划"，从而产生抵触情绪，给"一带一路"倡议的顺利实施带来一些困难。尽管"一带一路"倡议应者云集，据统计已有超过60个国家做出了积极回应，但如果仅凭回应就认为所有这些国家均愿意加入"一带一路"建设显然是站不住脚的。也可能有一些国家是愿意参与"一带一路"建设的，但具体的合作项目是否符合这些国家的需求呢？如果不符合，中国在推进"一带一路"倡议时就难免要碰钉子。"一带一路"并不是中国独有的战略，而是地区共有的发展设计，每个行为体均是平等的成员。同时，中国还应当充分尊重"一带一路"沿线国家"主人翁"地位，充分考虑这些国家的经济利益与战略需求，通过关系的共同治理来推进"一带一路"框架下各类项目的合作，即在关系上应当让对方体会到足够的平等、重视与尊重。在这点上，中国—东盟的合作模式值得借鉴，即在东亚地区，中国充分尊重东盟地位，通过东盟平台，较为成功地推进东亚地区互动与合作。

（二）互动治理

国家之间的互动过程表明的是国家关系之间的实践，实质内涵是运动的关系。根据过程建构主义，规则和规范是在社会进程中孕育的，形成的动力也来自过程本身。① 换言之，就关系治理而言，互动与关系相互建构，两者之间的互动不仅有可能不断塑造行为体的身份，而且在互动的实践过程中也有可能产生行为体所认可的关系治理规范与规则。过程的运动意味着规范通过行为体积极的关系治理可以不断地建构和再建构，行为体之间的共同利益不断地被生产和再生产，新的共同利益规则又反过来建构新的关系治理模式。"一带一路"是

---

① 秦亚青：《关系本位与过程建构——将中国社会理念植入国际关系理论》，《中国社会科学》2009 年第期，第 79 页。

一个国际合作倡议，并非中国的单边设计，因此更应重视对关系治理的互动。任何的对外战略，缺少互动过程必将是失败的。根据建构主义的观点，在互动中，国家（行为体）不仅仅力图得到他们希望得到的东西，而且还力图保持产生这种希望的自我和他者的概念。① 只有在互动的实践过程中，中国与"一带一路"沿线国家才有可能寻找到关系治理的阻碍因素，并加以及时、有效地解决；唯有在互动实践过程中，中国与"一带一路"沿线国家才有可能在战略利益的互构问题上少走弯路，减少对彼此的战略猜忌，加深战略互信；唯有在互动实践过程中，中国与"一带一路"沿线国家的共同利益才有可能不断地被生产和再生产；也只有在互动实践过程中，才有可能通过双方文化的融合与交汇，寻找到"一带一路"合作模式衍生而来的、符合各方心理需要的"公共产品"，这种产品就是"一带一路"合作框架下的核心凝聚力，它的规范及规则的形成需要国家关系的全面互动治理。

（三）重点治理

众所周知，"一带一路"涉及的国家非常多，这就为中国与"一带一路"沿线国家的关系治理带来了难题。客观而言，尽管近年来中国经济实力大幅度增长，且从量上已经成为世界第二大经济体，如以购买力平价计算，则中国已经是世界第一大经济体，然而中国人口数量庞大，如将经济发展成果平均到13亿人，则殊无可观。这就决定了在"一带一路"发展方面，中国应寻找到"一带一路"上的"战略支点"，使之成为中国与"一带一路"国家关系治理的重点。如何确定"一带一路"上的战略支点国家呢？笔者以为至少应符合三个条件：交通条件较好，并具有一定的抗干扰能力，即面对第三方的影响，与中国的合作不会受到较大干扰，同时还须有与中国进行合作的真诚意愿。根据上述标准，"一带一路"上的战略支点国家至少包括印度尼西亚、斯里兰卡、巴基斯坦、伊朗、土耳其和哈萨克斯坦。哈萨克斯坦与印度尼西亚的战略支点作用非常明显，两个均是地区大国，哈萨克斯坦有国土200多万平方公里，以其为支点"一带一路"发展倡议就获得了纵横捭阖的空间，不仅横贯东西，还能实现南北连接。印度尼西亚领土领海面积也较为广袤，是东南亚地区的大国，而且在交通方面连接西太平洋与东印度洋，在战略位置上得天独厚。对于广大的南

---

① ［美］亚历山大·温特：《国际政治的社会理论》，秦亚青译，上海世纪出版集团2005年版，第311页。

亚国家而言，在海上丝绸之路与北方丝绸之路的历史记忆中，均扮演了重要角色，但就现阶段的"一带一路"而言，重要的战略支点国家包括斯里兰卡和巴基斯坦。这两个国家符合战略支点的三个特征，在交通上均是印度洋上重要的国家，而且在地区博弈中有一定的抗压能力，同时与中国的合作愿望非常强烈。印度本身对"一带一路"来说也很重要，但囿于中印之间结构性的矛盾，短期内要取得突破的可能性并不大。土耳其是连通亚洲与欧洲的大通道，是"一带一路"最为核心的连接点，而且也愿意积极与中国开展合作。当然，我们并不主张只重视与战略支点国家的关系治理，同时也应当重视"一带一路"上的"战略主轴国家"，在"一带"上，战略主轴国家包括阿富汗、哈萨克斯坦、巴基斯坦、伊朗、土耳其、意大利和西班牙等。就"一路"来说，战略主轴国家包括新加坡、缅甸、印度尼西亚、孟加拉国、印度、斯里兰卡、巴基斯坦、伊朗、土耳其和沙特等。其中一些国家既是战略支点，也是战略主轴国家，因此，在关系治理上应给予这类国家足够的重视。

（四）多维治理

传统的国家间关系治理的行为体主要是国家，执行者为外交代表（比如外交官）。但随着国家关系互动与实践越来越丰富，外交形式与内容也越来越丰富。其中有两个非常值得关注的现象。一是公共外交的兴起。所谓的公共外交，主要指通过善意的行为和话语赢取别国民心的一种外交形式，外交旨在通过塑造本国良好形象和改变他国政府与人民看法的方式来推动本国外交政策目标的实现。其形式主要包括对外援助、人员互访、信息交流、文化传播和媒体宣传等。① 二是次行为体逐渐参与国家间关系治理活动，比如城市外交。美国学者詹姆斯·罗西瑙认为，以国家为中心的世界中的国家行为体和多中心世界中的次国家行为体是对等的，它们相互竞争、合作、互动或共存，不断挑战和削弱传统国家行为体的主导作用，推动世界政治的面貌发生改变。② 从中国的外交发展历程来看，公共外交形式受到高度重视，尤其近年来较为重视媒体外交，为传播中国声音与理念做出了贡献。但从现实来看，公共外交依然任重道远。尤其在"一带一路"倡议实施进程中，沿线一些国家对中国的形象仍然缺乏理

① 李少军：《国际政治学概论》，上海人民出版社2009年版，第236页。
② 余越、王海运：《次国家行为体视阈中的城市外交与形象传播》，http://qnjz.dzwww.com/dcyyj/201212/t20121210_ 7778452. htm，2012年12月10日。

性认知，造成这样局面的重要原因显然还在于中国的公共外交仍然没有日本公共外交的"精"与"细"，同时也同中国媒体活语权的缺失有密切的关系，中国企业急功近利的某些做法更恶化了中国形象。因此，习近平主席指出，积极推进"一带一路"建设，要切实落实好正确的义利观，做好对外援助工作，真正做到弘义融利。① 在城市外交方面，近年来中国的发展力度也不断加大。2014年5月15日，习近平主席在中国国际友好大会暨中国人民对外友好协会成立60周年纪念活动的讲话中，首次正式提出"城市外交"。官方首次使用城市外交这一概念，无疑丰富了中国外交的理论和内容，② 对推动中国与"一带一路"沿线国家关系治理具有重要的现实作用与意义。在未来的中国与"一带一路"沿线国家关系治理中，应当全面落实城市外交的内容，改变城市外交只重视协议签署数量，不重视落实及丰富合作城市外交。此外，中国与"一带一路"沿线国家关系治理还应当重视非国家行为体的作用，比如政府间组织、国际非政府组织、跨国公司等。在政府间组织中，积极与"一带一路"沿线国家形成互动，维护这些国家的正当利益；在国际非政府组织方面，一方面加强与在这些国家活动的非政府组织的合作，另一方面补足中国在此领域的短板，积极推动及培育一些中国非政府组织，参与国家关系治理；在跨国公司问题上，应规范好中国企业在"一带一路"沿线国家的行为，力促其承担起建构中国形象、传播中国文明及文化的使命，为中国与"一带一路"沿线国家的关系治理做出应有贡献。

（五）共同安全

战略互信严重不足无疑是中国与沿线国家关系治理的致命伤，中国与部分沿线国家之间的安全焦虑不仅日益严重，且对双方的经贸合作进一步深入发展造成极大制约。国际政治结构存在三种无政府状态：霍布斯无政府状态、洛克文化无政府状态和康德文化无政府状态。霍布斯文化无政府状态的逻辑是"所有人反对所有人的战争"，在这种战争中，行为体的行为原则是不顾一切地保全

---

① 《习近平出席中央外事工作会议并发表重要讲话》，中国公共外交协会网站，http://www.chinapda.org.cn/chn/zyzx/t1216908.htm，2014年12月5日。

② 赵启正等：《中国城市外交的实践》，察哈尔学会网，http://www.charhar.org.cn/newsinfo.aspx? newsid =8160，2014年9月24日。

生命,是杀戮或被杀;① 洛克文化无政府状态的逻辑则是竞争在国际社会普遍存在,但在竞争中,战争不再是唯一的手段,弱国也会得到一定程度的保护,均势局面的形成也会促使行为体采取理性的行动,同时允许中立或不结盟的情况存在;康德文化无政府状态更前进一步,认为西方的和平政治文化正在出现,非暴力和团队行动已经成为规范。② 从当前的国际社会形势来看,无政府状态显然处于洛克文化阶段,但康德文化逻辑衍生出来的"共同安全"却值得我们借鉴。从现实来看,部分沿线国家对安全手段的追求也主要通过不断加强自身安全来实现,而且可能还牵涉域内或域外大国,比如近年倍受外界关注的美日印海洋安全合作。但这样做更会导致对方感觉不安全,从而使双方在追求安全方面陷入"囚徒困境"的窘境。因此,在推进"一带一路"合作进程中,中国应积极与沿线国家建构"共同安全"的理念与模式,为深化中国与沿线国家的经贸合作奠定坚实的基础。而且从"一带一路"发展面临的共性问题,比如地区暴力冲突、恐怖主义、民族主义倾向、气候变化、核武器扩散等来看,中国与沿线国家有着共同的利益诉求。因此,在中国与沿线国家关系治理中,积极倡导"共同安全"理念是具备条件和基础的。

结论

"一带一路"发展倡议的提出与实施,为中国创造崛起的良好环境提供了重要途径,它的效果如何却要受到中国与这些国家关系治理效果的影响。可以说,中国与"一带一路"沿线国家关系治理的成效决定着"一带一路"发展倡议的成与败。故而意义重大。根据建构主义的观点,中国与沿线国家的关系治理面临三种状态,即新情景下的起点、发展与退化三种关系,发展状态的国家关系是承前启后,继续深化合作的表现,但退化状态却是国家关系遭遇重大挫折的表现,也是国家间关系治理必须要重视的内容。客观来看,中国与沿线国家关系治理面临着一系列问题的挑战,比如战略利益互构程度、沿线国家复杂的政治经济社会状况、中国与部分沿线国家存在的双边问题、中国文化吸引力问题及区域内外的大国因素等均会对中国与沿线国家关系治理造成严峻挑战。针对

---

① [美]亚历山大·温特:《国际政治的社会理论》,秦亚青译,上海世纪出版集团2005年版,第260页。

② [美]亚历山大·温特:《国际政治的社会理论》,秦亚青译,上海世纪出版集团2005年版,第2页。

如何推进中国与"一带一路"沿线国家关系治理，我们提出了一些路径。总体而言，我们认为中国与沿线国家关系治理不仅要充分考虑对象国的身份、利益，给予足够的尊重，同时还应当在关系治理参与的行为体上突破传统模式，鼓励次行为体、非国家行为体参与国家间关系治理。但更为重要的是，我们认为在推进中国与沿线国家关系治理过程中，不应刻意回避安全问题，应当积极倡导"共同安全"理念，亚信会议开了个好头，中国要做的是在中国与沿线国家关系治理中大力推进中国关于"共同安全"的方案，较为彻底地解决中国与"一带一路"沿线国家合作存在的战略互信不足的问题。

（原载于《南亚研究》2015 年第 2 期）

"一带一路"倡议的经济逻辑*

——国家优势、大推进与区域经济重塑

一、引言

"一带一路"战略是在全球经济新形势下通过构建以中国为枢纽点的全方位经济开放新体系,进而推动沿线国家形成宽领域、深层次、高水平的经贸合作新格局的重要战略。党的十八届三中全会已经通过了《中共中央关于全面深化改革若干重大问题的决定》,其中关于"构建开放型经济新体制"进一步明确提出:"加快同周边国家和区域基础设施互联互通建设,推进丝绸之路经济带、海上丝绸之路建设,形成全方位开放新格局。"这标志着"一带一路"战略已经成为国家层面的重要中长期规划。从现实情况来看,"一带一路"不仅是迄今为止世界上规模最大的跨区域合作,同时也是当前经济增速最快的区域。据UNCTAD统计数据计算,2010年至2013年间,"一带一路"对外贸易和跨境投资年均增速达到13.9%和6.2%,高出全球平均水平4.6个百分点和3.4个百分点(李丹,崔日明,2015)[①]。虽然在"一带一路"的经济地理版图中,其一头是世界上经济最活跃的东亚经济圈,另一头是世界最发达的欧洲经济圈,但问题是中间沿线却形成了经济的深度凹陷区。长期以来沿线国家或地区经济发展

* 本文作者:郭平,云南大学发展研究院博士研究生,主要研究方向是发展经济理论、国际经济理论。

基金项目:国家自然科学基金项目"不确定环境下我国沿边经济区的企业行为与企业集聚研究"(71362026);2015云南省博士新人奖(C6155501)。

① 李丹,崔日明:《"一带一路"战略与全球经贸格局重构》,《经济学家》2015年第8期,第62-70页。

水平普遍较低,大多尚处在工业化初级阶段,而铁路、港口、公路等基础设施建设落后导致了该地区难以充分享受经济全球化带来的收益,最终沦为世界贸易发展的过道,成为国际分工的灰色地带。"一带一路"地区的这种非均衡的发展方式成为我国"一带一路"战略实施的重要现实背景。

当前对于"一带一路"战略的重要经济意义的研究,主要从以下几个方面展开:第一,从中国当前经济发展的阶段论出发,认为"一带一路"战略与当前中国对外开放的战略相一致,有利于实现"以开放促改革,以改革促发展,以发展促转型"的战略目的;此外,"一带一路"战略是中国的一项重要战略部署,在当前中国经济增长速度换挡期、结构调整阵痛期和前期刺激政策消化期三期叠加的背景下具有极为重要的战略意义。第二,从促进区域合作的一体化论出发,认为"一带一路"战略是以一种典型的跨境次区域合作,不是一国的事,而是相邻各国共同的事业;不是某个区域的利益独享地带,而是跨国界的利益共享地带,旨在将安全互信、地理毗邻、经济互补的优势转化为切实合作和共同发展(柳思思,2014)①,而且鉴于"一带一路"地区的多元化特征,其必须需求多元化的合作机制(李向阳,2015)②。第三,从世界经济结构演变与调整的大背景出发,认为"一带一路"战略通过建立"新南南合作",把世界经济从传统的"中心—外围"格局向通过"双循环"结构转变,推进世界经济发展和转型(王跃生,2014)③。正是由于对"一带一路"的经济逻辑认识上的差异,有的学者侧重于研究"一带一路"战略如何促进中国的经济转型与产业升级(张良悦,刘东,2015)④,并强调了中国经济改革在其中的重要作用;而有的学者则侧重于研究"一带一路"战略中的促进区域一体化的重要作用,认为国际公共品的提供以及贸易协定的制定是问题的关键(黄河,2015)⑤,而也有一些学者从全球经贸格局重构的角度认为"一带一路"战略需要从我国参与

---

① 柳思思:《"一带一路":跨境次区域合作理论研究的新进路》,《南亚研究》2014 年第 2 期,第 1 - 11 页。

② 李向阳:《论海上丝绸之路的多元化合作机制》,《世界经济与政治》2014 年第 11 期,第 4 - 17 页。

③ 王跃生,马相东:《全球经济"双循环"与"新南南合作"》,《国际经济评论》2014 年第 2 期,第 61 - 80 页。

④ 张良悦,刘东:《"一带一路"与中国经济发展》,《经济学家》2015 年第 11 期,第 51 - 58 页。

⑤ 黄河:《公共产品视角下的"一带一路"》,《世界经济与政治》2015 年第 6 期,第 138 - 155 页。

改革国际经济治理、构建国际经济新秩序、建设国际经济新规则方面进行努力（王跃生，2016）①。

可见，一项政策举措的实施需要基于坚实的经济学逻辑，而当前学者对于"一带一路"经济逻辑的解读仍具有一些片面性，其原因如下：第一，"一带一路"战略的目标是实现共同发展、共同繁荣，最终实现"命运的共同体"，因而仅仅从中国的利益诉求以及发展趋势出发难以全面把握战略实施的思路与方向。第二，"一体化"的观点简化了"一带一路"地区的发展机制，事实上，一个物理上快捷便利的连在一起的区域才能更好地发挥制度安排的优势，区域合作的规模经济效应也才能真正发挥（王玉主，2015）②。第三，从世界经济格局的演变出发，事实是更容易理解"一带一路"战略提出的重要意义，但并不能有效指导战略的实施，如何构建以中国为核心的全球价值"双"环流体系，特别是构架中国与其他亚非拉地区的以贸易与直接投资为载体的循环体系，终归是一个地区如何实现共同发展的问题。因此，本文认为从"一带一路"地区的特征与发展思路上，其更需要从一个世界经济理论与发展经济理论融合的经济逻辑来进行解释。"一带一路"倡议的关键并不是通过互联互通完成区域的一体化，而是通过发挥核心贸易国的"国家优势"，进行大规模的工业投资促进跨国间生产分工，进而实现沿线地区"跨国工业化"的大推进战略，最终拉平区域内不同经济体的技术与经济差距，形成区域内的跨国经济收敛。

二、"一带一路"地区的特征事实与一体化困境

"一带一路"倡议所反映出的经济逻辑来源于"一带一路"地区发展的特征事实以及面临的一体化滞后的问题。从"一带一路"地区的特征事实来看，"一带一路"倡议是迄今为止覆盖面积最大的区域合作关系，其贯穿亚欧非大陆，一头是活跃的东亚经济圈，一头是发达的欧洲经济圈，共涉及 65 个国家，覆盖总人口数超过世界人口的 60%，GDP 总量约为全球的 1/3。虽然近年来该沿线国家贸易增长迅速，但"一带一路"地区仍然面临着发展滞后的困境，其主要表现为以下 3 个方面。

---

① 王跃生：《"一带一路"与国际经济合作的中国理念》，《中国高校社会科学》2016 年第 1 期，第 17 – 19 页。

② 王玉主：《区域一体化视野中的互联互通经济学》，《人民论坛》学术前沿 2015 年第 5 期，第 17 – 29 页。

从地区发展异质性来看，其主要体现在经济发展水平的异质性。由于"一带一路"地区覆盖面积较大且受制于初始条件的巨大差异，"一带一路"地区的经济发展水平上存在着较大的异质性。从人均收入来看，中东欧等国家的收入水平较高，而68.9%的国家的收入都低于世界平均水平；从人均收入增长率来看，"一带一路"地区总体增长率较快，共有76.7%的国家的人均收入增长率高于世界平均水平，其中东南亚国家增长速度显著高于其他国家。但与此同时也存在相当的一些国家在人均收入水平以及增长率方面都处于世界平均水平或以下（见图1）。总体来看，"一带一路"国家收入水平比较分散且差距较大，但大部分集中在中等收入阶段，大部分国家属于发展中国家。另外，高收入国家则大多都属于资源型国家，对地区整体发展缺乏带动作用。区域内收入差距过大将阻碍高层次的贸易合作，使得该地区难以进行经济的深度融合，不利于实现共同发展。

"一带一路"地区发展的问题还表现在经济地理分割方面。从自然地理的角度来看，"一带一路"沿线如中亚、南亚等地区远离世界市场，难以享受大市场带来的贸易优势，而较差的地理环境如多山脉地带也限制了国家之间的要素流动。从经济地理来看，经济学上的距离不同于几何学上的直线距离，具体是指商品、服务、劳务、资本、信息和观念穿越空间的难易程度（世界银行，2009）[1]。交通运输基础设施的位置和质量、运输的可得性可以极大的影响经济距离。可长期以来"一带一路"地区面临着基础设施严重不足的情况。就亚洲地区，据亚洲开放银行预计，2011～2020年间，亚洲各经济体的基础设施要想达到世界平均水平，区域性基础设施建设需近3000亿美元。[2] 基础设施的不足严重阻碍了"一带一路"地区的要素的流动，成为区域分割的重要原因。此外，政策障碍也同样可以增加经济距离，地方保护主义使得贸易流动受到大量人为壁垒的阻碍。来自世界银行的数据显示，2012年经合组织国家平均关税率为4.97%，而东亚与太平洋国家为8.15%；南亚，中亚地区达到14.05%与7%。从资本限制指数来看，南亚、中亚、东南亚等地区显著高于经合组织国家（世界银行，2009）[3]。政策壁垒导致的要素流动障碍同样使得"一带一路"地区面

---

① 世界银行：《2009年世界发展报告：重塑世界经济地理》，清华大学出版社2009年版。
② 亚洲开发银行：《亚洲基础设施建设》，社会科学文献出版社2012年版。
③ 世界银行：《2009年世界发展报告：重塑世界经济地理》，清华大学出版社2009年版。

临着严重的分割。

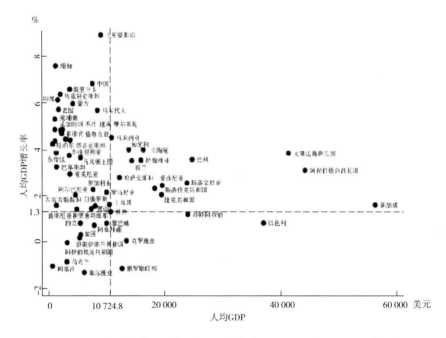

图 1 2014 年"一带一路"地区国家人均 GDP 以及人均 GDP 增长率

资料来源:世界银行。

从"一带一路"地区全球生产的参与情况来看,其存在全球生产边缘化与低端化的特征。首先,"一带一路"地区在全球价值链参与上存在着显著差异。自东亚生产网络形成以来,该地区就成为全球贸易中最活跃的地区,中国、泰国、马来西亚等国家全球价值链的参与程度较高,而相对来看,印度、土耳其等地区全球价值链参与率较低(如图 2)。由于数据缺失,中亚与中东欧等地区全球价值链参与度没有获得,但其参与度显然要更低。其次,从全球价值链的位置来看,虽然东亚地区参与率均较高,但其在全球价值链的位置显著低于美国、日本等国家,这反映出东亚生产网络严重依赖于外国增加值,其出口产品主要是由大量进口投入品构成。这些现象一方面反映出"一带一路"沿线某些地区仍然难以参与国际生产分工,成为国际分工的"灰色地带",而另一些地区虽参与全球价值链程度较高,但其在全球价值链中存在着明显的"低端锁定"。

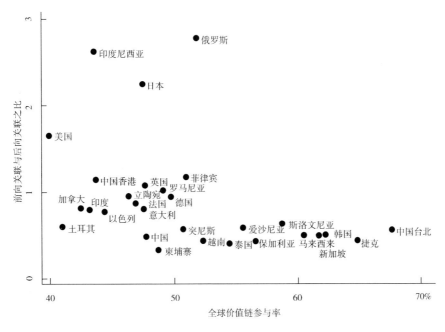

图 2　2011 年部分国家或地区全球价值链参与率与全球价值链位置

资料来源：OECD Global Value Chains indicators.

　　从以上 3 个方面的特征事实可以反映出"一带一路"地区发展所面临的重要问题。那么传统的区域一体化政策是否能够解决这些问题？从"一带一路"地区的贸易协定分布可以看出，截至 2013 年 1 月，亚洲已经批准的自贸区数量有 109 个，与 2002 年相比增加了两倍。此外，尚有 148 个自贸区协定处于谈判阶段。亚洲的自贸区协定总计达到了 257 个，超过世界其他任何地区。但亚洲的贸易协定没能发挥其应有的作用，其原因在于东亚地区外向型的增长模式使得自身的生产网络发展受制于外部的经济体，其全球价值链地位虽然逐步攀升但始终难以突破低端锁定，导致东亚地区难以形成利益共赢的经济共同体，这使得现有亚洲自贸区协定的自由化程度较低，相互交织的自贸区协定都有自己的原产地规则，致使"意大利面碗"现象突出（李向阳，2015）①。当前中国已经开始了向西开放，与巴基斯坦签订了自由贸易协定且已经进入第二阶段的谈判，但由于国家发展之间过大的异质性，中巴的经济结构互补性较低，贸易量

---

　　①　李向阳：《论海上丝绸之路的多元化合作机制》，《世界经济与政治》2014 年第 11 期，第 4 - 17 页。

小且结构极端不平衡，使得国家之间难以形成具有实际经济效益的一体化协定。另外，即使区域性的合作安排能够达成，制度性藩篱的拆除并不会自动消除经济一体化面临的自然障碍。相反，制度性合作协议的确立凸显了对于基础设施互联互通的需求。一个物理上快捷便利的连在一起的区域才能更好地发挥制度安排的优势，区域合作的规模经济效应也才能真正发挥（王玉主，2015）①。

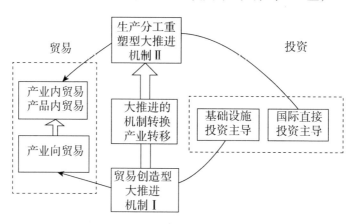

图 3　"一带一路"倡议的经济逻辑

　　总之，"一带一路"地区所面临的发展异质性、经济地理分割以及全球生产边缘化与低端化问题，传统的一体化政策难以解决，需要新型的区域合作机制。具体而言，需要通过基础设施建设减少经济地理分割促进贸易的实现以及通过大量的国际直接投资促进欠发达地区发展，实现区域内合理分工。此外，区域内生化的生产网络的形成是防止经济外向化的重要基础，也是最终实现区域利益共赢的重要保障。

三、"一带一路"倡议中的经济理论融合

　　目前，中国提出的"一带一路"倡议已经被写入"十三五"规划，这标志着它已经成为中国未来中长期的国家层面的重要规划，其重点就在于通过基础设施建设将中国与周边国家连接起来，实现"政策沟通、设施联通、贸易畅通、资金融通、民心相通"的"五通"，这显然是为"一带一路"地区一体化进程提供了重要支持，同时也体现出中国将外汇储备以及过剩产能投入到"一带一

---

① 王玉主：《区域一体化视野中的互联互通经济学》，《人民论坛》学术前沿 2015 年第 5
　　期，第 17 – 29 页。

路"地区所具有的重要意义。但从经济理论的角度看，自"一带一路"提出以来，学界尚未有清晰的逻辑框架作为"一带一路"倡议的理论基础，因为传统的国际贸易理论以及发展经济理论均难以契合的为"一带一路"倡议提供较好的理论解释。"一带一路"倡议所提出的对外投资推动型的新型合作机制需要进一步融合当前的世界经济理论以及发展经济学理论来加以解释。

理论的融合将从两个方面展开，从世界经济理论来看，我们已经难以将"一带一路"的共同发展简单看成一个贸易问题。传统的国际贸易理论或是国际投资理论难以解决"一带一路"地区所表现出的较大的异质性以及严重的经济地理分割问题。传统比较优势理论中强调贸易的形成来源于劳动生产率差异而形成的比较优势，而传统要素禀赋理论则认为要素禀赋差异是比较优势的真正来源。但无论是比较优势理论还是要素禀赋理论其重要前提条件都是零关税与零运输成本。在基础设施条件较差、经济分割的"一带一路"地区，满足这样的条件并不容易，因而潜在的比较优势将难以发挥。此外，国家经济水平的差异性也使得克鲁格曼提出新贸易理论以及林德提出的需求重叠理论难以适用于该地区的贸易，这两者都需要贸易国之间存在较大本地市场规模或相似的消费偏好以便形成规模经济。另一方面，国际投资理论同样难以支持"一带一路"地区的发展。比较优势以及规模经济同样是国际直接投资发生的重要前提，而这些正是"一带一路"地区所缺乏的发展基础。虽然东亚地区凭借国际直接投资的进入参与了国际分工，最终促进了贸易的增加。但对于"一带一路"地区而言，过大的经济差距以及远离世界市场的经济地理条件都使得落后国家难以承接产业转移，因此难以吸引跨国公司的进入。总之，传统国际投资理论包括垄断优势理论（Hymer，1960）[1]、产品周期理论（Vernon，1966）[2]、内部化理论（Buckley，1976）[3]、国际生产折中论（Dunning，1977）[4] 等理论均是以跨

---

① Hymer S. The International Operations of National Firms：A Study of Direct Foreign Investment ［M］. MIT Press Cambridge，MA，1976.

② Vernon R. International Investment and International Trade in the Product Cycle ［J］. The Quarterly Journal of Economics，1966：190 – 207.

③ Buckley P J，Clegg J，Wang C. Is the Relationship between In ward FDI and Spillover Effects Linear? An Empirical Examination of the Case of China ［J］. Journal of International Business Studies，2007，38（3）：447 – 459.

④ Buckley P J，Clegg J，Wang C. Is the Relationship between In ward FDI and Spillover Effects Linear? An Empirical Examination of the Case of China ［J］. Journal of International Business Studies，2007，38（3）：447 – 459.

国公司为研究对象，从企业微观层面来理解国际直接投资。对于"一带一路"地区所需要的基础设施的投资以及外部性较强的国际直接投资，跨国企业显然难以满足。可见，"一带一路"地区发展需要先行社会资本的投入，而只要是遵循着严格的比较优势假定的提倡新自由主义的贸易理论，都难以支撑"一带一路"地区发展。打破经济地理分割，促进欠发达地区的工业化是实现"一带一路"地区贸易重塑的重要方向。

同样，我们也难以将"一带一路"倡议简单看成一种发展战略。从发展经济理论的角度来看，传统的发展经济学是发展中国家的工业化为研究问题，以政府主导的结构调整为政策手段，其中强调了投资的不可分性与部门之间的互补性，突出政府的大规模投资如基础设施建设在经济发展中发挥的重要作用。这些思路虽然与"一带一路"倡议的实施内容如出一辙，但发展经济学中强调的是国家战略，"一带一路"倡议强调的是中国带动的区域共同发展，因而需要发展经济理论在"一带一路"背景下的开放条件中进行更多的拓展。同时，也有人采用对外援助理论来解释"一带一路"倡议，将"一带一路"倡议当作是中国主导的马歇尔计划，认为大规模基础设施建设的投入能够帮助欠发达地区实现工业化。这显然与"一带一路"倡议的核心理念相违背，同时也与中国在全球经济中的地位不相符合。事实上，"一带一路"倡议提倡的是共同发展。当前中国经济进入新常态，中国通过需要在与其他国家的贸易合作中实现互补性，进而实现经济转型，而且中国当前的经济地位尚未达到美国等发达国家的水平。因此，由中国倡导的以基础建设投资为重要实现形成的"一带一路"倡议不能仅仅看成一种对外援助的发展战略，其目的是通过基础设施的投入以及促进欠发达地区工业化来实现区域的共同发展。

因此，"一带一路"地区发展的理论基础需要从世界经济理论与发展经济理论两者融合的角度来思考，而且一旦从这个视角来看待问题，一些在某一框架下矛盾的问题将在新的框架下得以解释。"一带一路"地区贸易发展离不开具有"不可分性"的基础设施建设与国际直接投资，而在新古典的框架下大规模投资的进入仍然需要以国家之间的贸易互补性即区域内的比较优势与规模经济为前提。这样一个看似矛盾的循环因果关系在发展经济学的框架下就迎刃而解，"一带一路"地区可以通过发挥类似"大推进"理论中政府作为经济体系中的协调者的功能进而打破低水平均衡陷阱。因此，对于比较优势缺失的"一带一路"地区而言，需要存在区域贸易核心国并发挥其提供基础设施投资以及促进贸易分工的国家能力，如此才能打破新古典框架下的增长陷阱，这也正是"一带一路"倡议的核心思想。本文将核心国的这种国家能力称之为区域发展的"国家优势"，而将核心国通过发挥国家能力进行基础设施建设以及国际直接投资的行为，称之为贸易发展中的"大推进"。"一带一路"倡议的经济逻辑则是通过发挥核心国的"国家优势"，实现区域发展所需要的"大推进"投资，进而促进区域贸易的形成与重塑。

事实上，以往对于"国家优势"的研究，都是关注于如何发挥一国在全球经济中竞争力的问题。波特（1990）在其《国家竞争优势》中运用"钻石模型"来讨论了一国在全球经济中经济持续繁荣的源泉即国家竞争优势的形成，他认为需要通过实现钻石模型中4个关键要素来构建国家竞争优势①。邓宁的投资发展周期论认为资本富足国会出于跨国公司的 OLI 优势对资本缺乏国进行对外投资（1980）②。裴长洪和郑文（2011）③ 也从发展中国家的对外投资的现象出发，提出母国的国家特定优势是对外投资优势的重要来源，其包括行业优势、规模优势、区位优势、组织优势等。然而，本文所强调的"国家优势"是从大推进理论中的政府引导功能出发，强调的是贸易核心国在促进其所在区域共同发展方面表现出来的能够引领各国间贸易与投资并形成合理贸易格局的国家能力。这显然在理论的出发点上就与前面的研究截然不同，它更加强调了优势国家在区域内的合作与互利共赢中发挥的作用。"国家优势"构成了较大范围内区域一体化进程受阻地区实现共同发展的重要前提，是"一带一路"地区经济发展的逻辑起点。

那么"国家优势"是如何通过"大推进"来实现贸易促进与重塑？其实现机制与条件如何？本文将构建"一带一路"倡议的理论框架来加以解释。

四、"一带一路"倡议的经济逻辑——一个理论分析框架

从总体上看，"一带一路"地区发展的经济逻辑是一个基于"国家优势"

---

① Porter M E. The Competitive Advantage of Notions [J]. Harvard Business Review, 1990, 68 (2): 73 – 93.

② Dunning J H. Toward an Eclectic Theory of International Production: Some Empirical Tests [J]. Journal of International Business Studies, 1980, 11 (1): 9 – 31.

③ 裴长洪，郑文：《国家特定优势：国际投资理论的补充解释》，《经济研究》2011 年第 11 期，第 21 – 35 页。

的"投资促进贸易"的分析框架，主要是利用"大推进"式的大规模投资来促进与重塑区域内国家间的贸易关联，形成合理的贸易格局。它不同于传统对国际投资与国际贸易关系研究的分析框架，而是关注于通过发挥"国家优势"来实现"大推进"投资以及对区域内贸易的促进与重塑。

1. "一带一路"倡议的"投资—贸易"框架

"一带一路"理论框架中的贸易重塑需要从全球经济发展的经验来理解。东亚的发展经验告诉我们，一国贸易的发展仍然需要从要素禀赋出发，但只有完成工业化的起步阶段才能承接发达国家的产业转移，进而参与国际分工。同时，东亚生产网络的经验也让我们认识到，虽然全球价值链的形成成为发展中国家发展生产能力的重要途径，但形成区域自身的生产价值链是促进区域共同发展，避免生产网络的外部依赖的重要保障。

东亚外向型的生产网络也需要通过"一带一路"倡议的实现来进行贸易重塑。从以上方面可以看出，"一带一路"倡议的贸易重塑需要从比较优势的实现开始，充分利用"一带一路"地区的要素禀赋，并通过实现欠发达地区的工业化来重塑区域贸易分工，最终形成区域内生化的全球价值链。那么本文的"投资—贸易"框架也将基于此展开，"一带一路"地区的大推进将包括了两个方面，一个是贸易促进型的基础设施建设，一个是分工重塑型的国际直接投资。

从贸易促进型大推进来看，其是通过基础设施投资降低了运输成本，进而使得国家之间潜在的比较优势得以发挥，由于"一带一路"地区的异质性特征，此时基于要素禀赋的产业间贸易将是贸易的主要形式。虽然贸易的畅通能够促进国家之间的贸易规模，但基于要素禀赋的欠发达国家难以通过贸易来工业化，其自身也缺乏结构调整的能力。因此，产业转移能够帮助欠发达地区获得工业化所需要的高级生产要素，通过产业转移实现了"一带一路"地区的贸易结构升级。当"一带一路"地区国家具备了国际生产的能力，就需要通过分工重塑型的大推进，引导更多国际直接投资进入，形成合理的贸易分工，最终形成区域全球价值链（见图3）。

从上述分析可以看出，两种"投资"是开放经济下大推进理论的两种扩展，一种体现在贸易促进型的基础设施投资中，另一种体现在分工重塑的国际直接投资中，但两种大推进机制中存在着递进的关系，贸易促进型的大推进在当前"一带一路"的发展初期发挥着重要的作用，它通过运输成本的降低，扩大市场规模，促进了资本积累，为第二阶段的大推进的实现铺垫了基础。而分工重塑型的大推进机制则通过促进国际直接投资与地方工业化的结合，使得规模报酬递增的生产价值链得以实现，这一机制一方面促进了整个区域的工业化与贸易结构升级，同时也共同实现了"一带一路"地区经济的内向化增长，实现了"一带一路"倡议的最终目的。

2. "一带一路"倡议中"大推进"机制的实现：国家优势与贸易分工

传统"大推进"理论强调的是国家层面的发展战略，其实现机制是基于工业部门间的互补性，通过政府主导的不可分的投资来促进工业化的形成。在"一带一路"的分析框架中涉及的贸易促进的大推进与生产分工重塑型的大推进也将基于各自的互补性以及不可分的投资来促进大推进的实现，其中不可分的投入源于"国家优势"，互补性是基于"贸易分工"的形成。

（1）贸易促进型大推进的实现。贸易促进型的大推进是当前"一带一路"地区发展推进的第一步。国际间的基础设施建设对减少贸易成本，进而促进贸易的作用是明显的。研究显示，交通运输的改善将使印度尼西亚、马来西亚、菲律宾、泰国、越南、印度、巴基斯坦、斯里兰卡和中亚等国家或地区的贸易成本分别降低25.3%、11.4%、15.6%、12.1%、13.2%、21.6%、12.9%、10.6%和11.5%（Zhai and Fan, 2010）[①]。在罗森斯坦提出大推进理论中，生产函数的不可分性是其不可分性的重要来源，而基础设施是生产函数的不可分集中体现。基础设施的性质可以从两个方面进行分析，从社会分摊成本的概念上讲，众多基础性产业如电力、运输、通信等，其最重要的功能是为其他的产业提供更多的投资机会，最终构成了整个经济系统中基础设施的整体框架，因而基础设施需要在其他生产性产业发展之前进行投入，具有先行资本的特征。此外，基础设施是一种非线性的生产函数，因为基础设施的建设需要一次性的资本投入才能发挥作用，基础设施的这种特征决定了大推进是一个非线性的发展理论。

对于"一带一路"地区而言，其大部分国家属于发展中国家，工业化程度并不高，资本积累极其有限，要先于其他产业投资进行一次性基础设施建设投入是很困难的。此外，"一带一路"地区国家间异质性较强，在国际公共产品的供给方面存在难以避免搭便车现象。中国作为"一带一路"倡议的推动国能够

---

① Zhai F. The Benefits of Regional Infrastructure Investment in Asia: A Quantitative Exploration [R]. ADBI Working Paper, No. 223, 2010.

通过发挥其"国家优势"来解决这些问题。一方面，中国拥有充裕的国民储蓄与外汇储备，使得中国有能力在保持国内投资需求较快增长同时，帮助沿线国家进行大规模的基础设施投资。另一方面，2008年金融危机后，中国实施了四万亿的投资计划极大地促进了我国制造业的发展，尤其是基建产业的产能以及质量都得到较大提升，对外承包工程额快速增长，从21世纪初不到100亿美元上升到2014年近1400亿美元（卢峰等，2015）[①]。更为重要的是，中国已经将"一带一路"建设纳入"十三五"规划，大国的中长期规划将为"一带一路"建设提供可靠的支撑，从而避免小国主导的一体化中出现的短视行为。此外，大国对于国际公共品供给的实现至关重要。在现实生活中，跨国集体行动存在组织的问题，因此需要某个（些）国家发起倡议，并主动承担沟通与联系，甚至组建与维持国际机构的成本。这是跨国集体行动的初始阶段，也是国际公共品供给得以实现的前提（李娟娟，樊丽明）[②]。

（2）分工重塑型大推进的实现。从发展中国家参与国际贸易的历程中可以看到，利用比较优势是快速嵌入全球生产分工体系的关键。但仅依赖比较优势并不一直有利于发展中国家的发展。尤其对于产业间贸易中的产业垂直分工体系，处于上游端的发展中国家将不可避免地陷入比较优势陷阱，如"一带一路"许多国家或地区都面临着"资源诅咒"的风险。因此，"一带一路"地区需要形成一个规模报酬递增的国际生产分工网络，这不仅仅需要沿线国家与地区实现互联互通，还需要实现工业化与现代化，使得更多国家能够参与到较高附加值的国际生产环节中去，最终在"一带一路"地区实现完整的价值链分工。

与贸易促进型的大推进不同，国际生产的有效分工是建立在"一带一路"国家具有参与国际生产的能力基础上的，以最终品为主要贸易的产业间贸易显然难以实现。而对于处于工业化前期的众多发展中国家而言，实现工业化与现代化并参与国际分工同样是困难的事情。分工重塑型的大推进不仅可以借助核心贸易国的产业优势与资本优势通过国际投资的形式帮助沿线各国实现工业化，还能通过促进区域内的合理分工，促进要素的合理配置，促进国家间的共同发展。与以基础设施为主导的大推进不同，分工重塑型的大推进投资重点在国际

---

① 卢峰、李昕、李双、姜志霄、张杰平、杨业伟：《为什么是中国？——"一带一路"的经济逻辑》，《国际经济评论》2015年第3期。

② 李娟娟、樊丽明：《国际公共品供给何以成为可能——基于亚洲基础设施投资银行的分析》，《经济学家》2005年第3期。

直接投资，其不可分性体现在两个方面：其一，FDI 的进入可以看成是为欠发达地区的工业化填补了资本缺口，在工业化前期大规模投资是生产的前提条件，比如设备以及厂房的投资，必须要一次性投入并保证投资的不可分才能发挥固定资产的作用。因此，工业化前期国家都会面临资本短缺的问题，FDI 引发的资本流入可以与东道国的资本积累一起满足工业化部门生产所需要的不可分投入。其二，从更广义的 FDI 来看，跨国公司的 FDI 具有的一揽子性质即直接投资不单是资本流动，而是包括资本、技术、经营知识的总体转移，而且只有各个要素相互作用才能发挥其真正的作用。因此，FDI 的一揽子性质表明，直接投资的各个要素组成部分是在特定的市场条件和技术条件下产生的，各种要素之间存在着一种"不可分性"，从而不能单独构成一种可转移的资源（杨先明等，2004)①。显然，对于"一带一路"地区而言，国际直接投资流入量较小，主要集中与东亚地区，而且来自欧美发达的国家的国际直接投资仅仅是基于资源获取，市场获取等目的，其并无意帮助欠发达地区实现经济发展，所以并未能将一揽子的高级要素投入都外溢于东道国，最终使得许多发展中国家难以获取自主生产的能力，成为劳动供给国与资源供给国，始终处于全球价值链的低端。而中国推出的"一带一路"倡议则不同，一方面中国能够充分利用中国的资本优势以及产业优势，帮助"一带一路"沿线国家获得工业化所需要的资本的输入以及技术外溢，更为重要的是中国的对外直接投资是基于互利共赢的目的，中国帮助"一带一路"地区实现工业化参与国家分工，也能够使得中国的产业结构得到优化并能从区域内有效的国际生产分工中获利。因此，中国更有动力将大量"不可分"的国际直接投资投入到"一带一路"地区，其中包括了中国先进的制造业技术、高技术人才以及现代化的管理经验，而这些正是"一带一路"地区实现经济发展所需要的高级生产要素。

3. "一带一路"地区的发展与大推进的机制转换

事实上，从以基础设施主导的贸易促进型大推进向以国际直接投资主导的分工重塑型大推进的转换，需要一个合理的转换机制。通过基础设施建设实现了潜在比较优势的发挥促进了区域间的贸易流动，并不表示生产要素的流动。对于国家发展更为重要的资本要素以及知识要素并不会自发地向欠发达地区流

---

① 杨先明、优淘民、赵果庆：《经济发展阶段与国际直接投资的效应》，《世界经济与政治》2004 年第 4 期。

动。分工重塑型的大推进实现也同样需要国际直接投资发生的基础。东亚的经验告诉我们，东亚发达的生产网络并不是一蹴而就的，而是经历了以产业转移和升级为背景的"雁型模式"的发展，其促进了长时期的高速增长，促使了东亚地区的经济收敛。随后，东亚区域内产业内分工不断扩大，产业间垂直分工的分工格局在各经济体相互赶超过程中日趋模糊，"雁行模式"日趋式微。东亚地区的生产和分工形式逐渐形成了以"分散化生产"为基础，遵循产品在价值链上不同生产环节展开的地区性分工，并通过产业内贸易和产品内贸易形成的多层次、网络状的新型区域生产体系（刘中伟，2014）①。因此，"一带一路"的理论框架中需要以产业转移为主要形式的大推进转换机制。随着运输成本的降低，产业转移既能利用当地的比较优势，又能促进产业转入国的产业升级与生产附加值的提高，如印度、蒙古等劳动力要素丰富的国家适宜承接纺织服装行业，海合会国家因富含油气资源而适宜承接石油加工及炼焦业、化学、橡胶及塑料制品行业，中亚国家地域广阔且拥有丰富的矿产资源，适宜承接金属制品和运输设备行业（苏杭，2015）②。事实上，贸易促进型的大推进已经为产业转移提供了条件，基础设施建设减少了贸易成本，它不仅促进了比较优势的实现，扩大了贸易规模，还有利于整合区域市场，促使依赖规模经济的现代产业的催生。此外，基础建设的投入还能有利于中国过剩的钢铁、水泥、电解铝等产业的转移。

从大推进机制转换的制度安排来看，从贸易协定向投资协定的转变是重要的政策转换形式。商品流动到要素流动是大推进机制转换的重要经济特征，实现要素的流动是为国际生产突破比较优势与国家属性，进而形成更加有效的国家生产分工体系的重要前提。正如当前无论是 TPP、TTIP 还是 TISA 或美国《2012 年双边投资协定范本》（BIT2012），都倾向于在服务贸易和投资准入上相互提供更加宽泛的国民待遇（王金波，2014）③，"一带一路"地区的区域一体化安排也将沿着这样的演进规律发展。"一带一路"地区有必要结合相关产业的

---

① 刘中伟：《东亚生产网络、全球价值链整合与东亚区域合作的新走向》，《当代亚太》2014 年第 4 期。

② 苏杭：《"一带一路"战略下我国制造业海外转移问题研究》，《国际贸易》2015 年第 3 期。

③ 王金波：《国际贸易投资规则发展趋势与中国的应对》，《国际问题研究》2014 年第 2 期。

发展，适时推动双边投资协定谈判，促进生产要素的跨国流动，并在全球价值链的背景下进一步深化贸易分工，促进更多的生产环节在不同的国家或地区进行合理分工。

五、中国的政策选择："国家优势"的实现与动态化

"一带一路"倡议中的"国家优势"主要体现在核心贸易国需要依靠储蓄优势以及产业优势通过大推进式的对外投资推动区域贸易重塑。但中国当前仍然面临着增长乏力，产业结构升级等问题，随着贸易促进型的大推进向分工重塑型的大推进转变，中国需要通过"一带一路"地区发展的机遇促进自身国家能力的提高，实现"国家优势"的动态化，进而有利于实现区域国际生产分工体系的建立，其动态化特征体现在如下几个方面。

（1）存量优势向增长优势动态化。当前"一带一路"倡议中中国最大的"存量"优势就是充足的国内储蓄与剩余产能，其能够在贸易促进型的大推进中发挥重要的作用，促进基础设施建设与产能转移。但当前中国经济已经进入新常态，高速的经济增长将不再持续，依赖高储蓄而推进的低回报率的投资行为将不会是新常态下中国经济增长的主要动力。中国应当在推进"一带一路"建设中，将"存量"优势逐步转变为"增量"优势，促进产业升级与经济转型，提高出口产品的附加值，构建以中国为核心的全球价值链。只有中国不断提高其在全球价值链中的位置，才能为"一带一路"沿线国家的发展创造出更多的经济空间；只有中国不断提高其知识积累与技术创新水平，才能为"一带一路"沿线国家提供更多的技术外溢，促进高水平的贸易合作。

（2）供给优势向需求优势动态化。中国已经成为世界的生产工厂，同时在"一带一路"地区发展中发挥着产能供给、技术供给与人才供给的重要作用。但"一带一路"地区价值链的形成必然需要一个较大的终端需求市场支撑。克鲁格曼的本土市场效应假说认为本地市场需求的扩大能够提高地区的专业化分工，进而实现规模经济。本土市场的容量特别是高端市场的容量，是决定企业或产业创新能力能否培育而成的最根本因素（刘志彪，2009）[1]。此外，从区域价值链的内生化角度来看，一个区域内若不存在较大的终端市场需求，将会导致整体价值链的低端锁定与利益关系的不稳定。两头在外的全球价值链参与将导致

---

[1] 刘志彪、张杰：《从融入全球价值链到构建国家价值链中国产业升级的战略思考》，《学术月刊》2009 年第 9 期。

区域内国家长期处于低附加值的生产环节，并难以获得更多的技术升级机会。随着区域内经济的收敛以及产业结构的同质化，竞争性将大于互补性，区域内相互利益关系将会发生冲突。因此，较大的终端市场规模将是"一带一路"地区价值链内生化的重要保障，也是分工重塑型大推进实现的重要条件。未来中国需要努力扩大内需，培育其在"一带一路"地区发展中的需求优势，促进内生化区域价值链的形成。

（3）大国引导优势向全球经济治理优势动态化。随着新兴经济体的不断崛起，其在全球经济体系中的话语权不断加强。以布雷顿森林会议确定的发达国家主导的全球经济治理结构已经难以适应全球经济的实际发展。中国当前推动的"一带一路"倡议是新兴经济体主动参与国际经济治理所迈出的重要一步。在全球化进程中，主动参与全球经济治理，包括平台角色、治理议题设置和公共品提供能力，其中公共品提供能力建设是全球经济治理机制的核心内容（毛艳华，2015）①。中国推进的"一带一路"建设内容包括了互联互通与其融资平台建设，主要发挥了大推进中大国引导的作用，通过先行资本的投入，使得更多的国家参与国际贸易并实现区域的工业化与现代化。国际公共产品的供给可以通过减少物理阻碍来消除由于"一带一路"地区各国在发展阶段、经济模式、利益诉求和对外战略等方面的异质性导致的协调机制缺失。随着各国经济关联的进一步加深，中国与周边各国建立起多元化的贸易合作机制，就需要中国逐步发挥其在全球经济治理中的重要作用，参与或主导"一带一路"地区贸易与投资框架的制定以及金融治理结构的完善。分工重塑型的大推进需要中国进一步从贸易协定的构建向参与全球投资治理体系的构建转变，促使生产要素的跨国流动。此外，中国还需大力推进人民币国际化的发展，进而使得中国具备全球金融治理能力，有利于维护"一带一路"地区的金融稳定。

（原载于《当代经济管理》2017 年第 1 期）

---

① 毛艳华：《"一带一路"对全球经济治理的价值与贡献》，《人民论坛》2015 年第 9 期。

从走廊到区域经济一体化:"一带一路"经济走廊的形成机理与功能演进[*]

一、引言

自 2013 年中国提出"一带一路"倡议以来,"一带一路"已从顶层设计进入务实推进阶段。作为"一带一路"倡议的有机组成部分,"一带一路"六大经济走廊的贸易创造效应、投资促进效应、产业聚集效应和空间溢出效应将对沿线国家间区域生产网络的完善与重构、价值链的延伸、贸易和生产要素的优化配置起到积极的促进作用,也为沿线国家提升经济发展质量带来了新的机遇。

经过三十多年的改革与开放,中国成为全球最具活力的经济体之一。中国的经济总量已由 1980 年的 3065 亿美元增加到 2015 年的 10.86 万亿美元,年均增长 10.7%,高于同期世界经济增速 5.3 个百分点。占全球经济总量的比重也由 1980 年的 2.5% 上升至 2015 年的 14.1%,并于 2010 年超过日本成为世界第二大经济体。对全球经济增长的贡献率更是由 1990 年的 2.4% 上升至 2015 年的 36.7%(同期美国和日本的这一数据则分别由 1990 年的 19.3% 和 30.5% 下降到 2015 年的 12.3% 和 0.7%)。中国经济的迅速崛起在改变全球经贸和投资格局的同时,也为中国与"一带一路"沿线国家进一步扩大互利共赢合作提供了新的契机。目前,中国经济正处在转型升级的关键阶段。未来一段时期,随着中国经济由效率驱动向创新驱动、由外需拉动向内需驱动转型与升级,中国在"一

---

* 本文作者:王金波,中国社会科学院国家全球战略智库,中国社会科学院亚太与全球战略研究院。

基金项目:本文系中宣部 2015 年度马克思主义理论研究和建设工程重大委托课题(2015MZDW001)成果之一。

带一路"沿线将由地区公共产品的消费者转型为地区公共产品，尤其是经济类公共产品的提供者。这一历史性的转变或许才是中国构建"一带一路"（经济走廊）的真正要义所在。

表1　"一带一路"经济走廊空间格局

经济走廊	国家或地区
中巴	巴基斯坦
孟中印缅	孟加拉国、印度、缅甸
中国—中南半岛	新加坡、马来西亚、泰国、越南、老挝、柬埔寨
中蒙俄	蒙古、俄罗斯
中国—中亚—西亚	哈萨克斯坦、吉尔吉斯斯坦、土库曼斯坦、塔吉克斯坦、乌兹别克斯坦、阿曼、阿联酋、卡塔尔、科威特、巴林、沙特阿拉伯、伊朗、伊拉克、阿富汗、叙利亚、约旦、黎巴嫩、以色列、巴勒斯坦、也门、土耳其
新亚欧大陆桥*	欧盟

注：＊新亚欧大陆桥贯穿亚欧大陆最终到达荷兰，本文将其辐射区域欧盟也列入研究范畴。

资料来源：根据商务部和国家发改委官方资料整理制成。

作为全球第一货物贸易大国和第一制造业大国，中国在常规制造方面的规模优势和在全球价值链贸易中的区位优势及其协同效应一起构成了中国与"一带一路"沿线国家构建经济走廊的独特优势。由于"一带一路"沿线多以发展中国家为主（部分国家甚至属于联合国定义的最不发达国家范畴）且资源禀赋各异，"一带一路"经济走廊的贸易创造效应、投资促进效应、产业聚集效应和空间溢出效应或许更契合沿线经济后进国家发展阶段的具体需求。正是"一带一路"沿线国家的多样性和发展阶段的不同决定了基于比较优势的国际贸易与投资和基于规模效应、溢出效应的产业或产业区段的国家动态转移能为"一带一路"由走廊到区域经济一体化、区域基础设施一体化转变发挥巨大的推动作用。

二、"一带一路"经济走廊的形成机理

"走廊"（corridor）是经济要素在一定地理区域内不断聚集和扩散而形成的一种特殊的空间形态。作为"一带一路"倡议的有机组成部分，"一带一路"经济走廊首先要做到要素的自由流动。"一带一路"经济走廊涉及贸易、金融、

投资、能源、产业、交通和基础设施等多个领域，地理上则涵盖欧亚大陆数十个国家或地区（见表1）。在稀缺条件下实现要素在"一带一路"国家间的有序配置和自由流动不仅有利于中国与"一带一路"国家间要素资源禀赋的价值实现与增值，还可以通过空间聚集的自我强化作用推动"一带一路"沿线空间经济结构的产生和变化，进而为"一带一路"沿线要素的集聚和扩散，为"一带一路"由走廊向一体化的超越提供稳定的动力机制。

首先，"一带一路"经济走廊的贸易创造效应不仅有助于沿线各国融入全球价值链，拉动经济增长，还可以充分发挥沿线各国的比较优势，提升福利效应。正如"一带一路"倡议将贸易畅通作为重要内容一样，"一带一路"经济走廊首先是一条贸易通道。受益于经济全球化、生产国际化和全球价值链的不断延伸，过去数十年，中国与"一带一路"经济走廊国家间逐步形成了优势互补的贸易格局。双边贸易额（不含欧盟）已从2000年的588.7亿美元增加至2015年的8089.6亿美元，年均增长19.1%，比同期中国对外贸易增长高4.1个百分点，比同期全球贸易增长高12.7个百分点；占中国对外贸易总额的比重则由2000年的12.4%上升至2015年的20.8%。沿线国家中，中国与吉尔吉斯斯坦、缅甸、塔吉克斯坦、伊朗、蒙古和越南等国的贸易结合度要明显高于走廊其他国家；而蒙古、土库曼斯坦、缅甸、阿曼、老挝等国与中国的贸易结合度则要明显高于走廊其他国家（见表2）。

中国是"一带一路"经济走廊国家能源、资源的重要出口目的地和工业制成品的重要来源地。其中，石油与天然气在土库曼斯坦、伊朗、俄罗斯、乌兹别克斯坦、缅甸和海合会国家对华出口商品中居第一位，分别占该国（地区）2016年对华出口总额的98.5%、65%、59.2%、42.9%、39.3%和77.1%；而以中间品或零部件贸易为主的机电产品则是马来西亚、越南和泰国等东南亚区域生产网络主要成员对中国的主要出口商品，分别占该国对华商品出口总额的71%、52.4%和41%。其他国家中，棉花在巴基斯坦（54.4%）和印度（10.8%），针织服装在孟加拉国（54.8%）和柬埔寨（26.2%），矿砂在塔吉克斯坦（75.3%）、蒙古（56%）、老挝（39.5%）和土耳其（20.1%）等国对华出口中均占据重要位置。

表 2　中国与"一带一路"经济走廊国家贸易联系（2015 年）

国家或地区	中国对走廊国家贸易结合度	走廊国家对中国贸易结合度	国家或地区	中国对走廊国家贸易结合度	走廊国家对中国贸易结合度
巴基斯坦	2.72	1.05	阿曼	0.53	4.42
孟加拉国	2.56	0.23	阿联酋	1.35	0.34
印度	1.08	0.47	卡塔尔	0.51	0.55
缅甸	3.90	4.42	科威特	0.86	1.27
柬埔寨	2.57	0.73	巴林	0.45	0.08
越南	2.89	1.38	沙特阿拉伯	0.95	1.40
老挝	1.77	4.39	伊朗	3.10	2.38
泰国	1.36	1.65	伊拉克	1.11	2.40
新加坡	1.28	0.70	阿富汗	0.34	0.20
马来西亚	1.81	2.49	叙利亚	1.56	0.01
蒙古	3.01	7.53	约旦	1.22	0.34
俄罗斯	1.31	0.90	黎巴嫩	0.90	0.04
哈萨克斯坦	1.88	1.19	以色列	1.01	0.41
吉尔吉斯斯坦	7.67	0.37	巴勒斯坦	0.08	0.004
土库曼斯坦	0.76	5.24	也门	1.59	0.13
塔吉克斯坦	3.37	0.53	土耳其	0.65	0.19
乌兹别克斯坦	1.59	0.96	欧盟	1.07	0.84

资料来源：根据 WTA 和中国商务部相关统计数据计算制成。

　　其次，"一带一路"经济走廊的投资促进效应不仅有利于中国与"一带一路"沿线国家间形成新的生产网络，还会为双边贸易的持续增长注入新的活力。作为全球重要的能源和战略资源供应地，"一带一路"经济走廊及其辐射区域在全球投资格局中占据非常重要的位置。受益于全球投资规模的持续增长和外商直接投资的外溢效应（产业结构效应、技术外溢效应、贸易创造效应和制度变迁效应），过去几十年，"一带一路"沿线国家均不同程度地实现了全要素生产率的提高和经济的可持续增长。同期，中国对"一带一路"经济走廊沿线国家的投资也呈不断增长之势。据商务部统计，2015 年，中国对"一带一路"经济走廊国家合计投资 145.7 亿美元，约占当年中国对外投资流量的 11.7%；累计投资 1018.1 亿美元，约占当年中国对外投资存量的 9.3%。沿线国家中，中国与塔吉克斯坦、吉尔吉斯斯坦、柬埔寨、蒙古和缅甸的 FDI 密集度指数要远远高于其他国家，意味着中国与这些国家的投资联系更为密切（见表 3）。相比而言，中国与马来西亚、泰国、土耳其和海合会成员的 FDI 密集度指数要低于沿线其他国家，意味着中国与这些国家相互间投资还有很大的上升空间。

表 3 中国与"一带一路"经济走廊国家投资联系（2015 年）

国家或地区	投资存量 （亿美元）	中国对走廊国 家投资密集度	国家或地区	投资存量 （亿美元）	中国对走廊国 家投资密集度
巴基斯坦	40.36	2.91	阿曼	2.01	0.23
孟加拉国	1.88	0.33	阿联酋	46.03	0.94
印度	37.70	0.30	卡塔尔	4.50	0.31
缅甸	42.59	4.73	科威特	5.44	0.85
柬埔寨	36.76	5.68	巴林	0.04	0.003
越南	33.74	0.75	沙特阿拉伯	24.34	0.25
老挝	48.42	22.72	伊朗	29.49	1.49
泰国	34.40	0.45	伊拉克	3.88	0.33
新加坡	319.85	0.74	阿富汗	4.20	5.46
马来西亚	22.31	0.43	叙利亚	0.11	0.02
蒙古	37.60	5.11	约旦	0.33	0.02
俄罗斯	140.20	1.23	黎巴嫩	0.04	0.001
哈萨克斯坦	50.95	0.97	以色列	3.17	0.07
吉尔吉斯斯坦	10.71	6.27	巴勒斯坦	0.00	0.00
土库曼斯坦	1.33	0.09	也门	4.53	14.80
塔吉克斯坦	9.09	9.80	土耳其	13.29	0.21
乌兹别克斯坦	8.82	2.03	欧盟	644.60	0.19

资料来源：根据商务部《2015 年度中国对外直接投资统计公报》相关数据计算。

再次，"一带一路"经济走廊的产业聚集效应和空间溢出效应将为中国与沿线国家参与和构建区域或全球价值链带来新的机遇。未来一段时期，随着要素在"一带一路"经济走廊内的不断聚集和扩散、区域产业配套能力的提升和产业链分工布局的不断优化，"一带一路"走廊国家间产业与产业区段的动态转移不仅会对沿线国家间产业集群的形成与发展起到积极的促进作用，还会为中国与沿线国家间价值链的延伸和产业内贸易的持续增加提供新的动力。基于中国的经济规模及其在规模制造和在全球价值链中的优势地位，生产性服务业和先进制造业的融合正在成为中国实现跨越式升级、提高全要素生产率和国际竞争力的重要路径，而"嵌入"全球价值链仍将是"一带一路"沿线尤其是经济后进国家产业升级的重要渠道。对于中国这样一个以规模化制造为基础的全球第一制造业大国而言，先进制造技术和战略性新兴产业的融合才是中国参与全球价值链竞争的独特优势所在，而战略性新兴产业的产业化、规模化和价值链的完善则为中国与"一带一路"经济走廊国家的经济转型、产业升级和向全球价值链高附加值环节的移动带来了新的契机。

三、"一带一路"经济走廊的功能演进

"一带一路"经济走廊是一个从贸易、投资、产业集群到区域价值链、区域生产网络，从区域价值链、区域生产网络到区域经济一体化、区域基础设施一体化的动态演进过程。未来一段时期，随着"一带一路"（经济走廊）建设的不断推进，"一带一路"经济走廊的辐射效应、联动效应和一体化框架下的贸易自由化、投资便利化不仅会对沿线国家间价值链的延伸起到积极的促进作用，为沿线尤其是发展中国家经济的内生发展提供新的动力，还会为沿线国家由利用比较优势向创造比较优势、由走廊向一体化的超越提供一个新的链接范式。正是"一带一路"的开放、多元特征决定了其可以容纳更高层次、更大范围的区域经济一体化和区域基础设施一体化进程。

（一）"一带一路"经济走廊与区域经济一体化

自 2009 年美国重返亚太并将《跨太平洋伙伴关系协定》（TPP）作为亚太经济一体化的最佳标准、最新范式和最优路径以来，以 TPP、《跨大西洋贸易与投资伙伴关系协定》（TTIP）和《服务贸易协定》（TISA）为载体的规则治理正在成为影响中国和"一带一路"沿线国家发展的新的重大外部因素。尽管美国已于 2017 年 1 月 30 日退出 TPP，但由 TPP、TTIP 和 TISA 等欧美新贸易投资协定所引发的新一轮国际贸易投资规则的重构则不会由此停滞不前。着眼于国际贸易投资规则和全球贸易投资治理的最新发展趋势，中国和"一带一路"沿线国家有必要以构建"一带一路"（经济走廊）为契机，在现有区域贸易安排或自由贸易协定的基础上，进一步推动中国与"一带一路"沿线国家的贸易自由

化或经济一体化建设，为中国与沿线国家经贸关系的可持续发展、相互间贸易和投资的可持续增长提供制度性保障。据中国商务部统计，截至 2016 年底，中国已签署 12 个自由贸易协定（覆盖区域约占中国对外贸易总额的 32.9%、中国对外直接投资总额的 67.3%），初步构筑起立足周边、辐射"一带一路"、面向全球的自贸区网络（见表 4）。"一带一路"沿线国家中，中国已与新加坡、马来西亚、泰国、越南、老挝、缅甸、柬埔寨和巴基斯坦等国签有《自由贸易协定》（FTA）；与印度（RCEP）、斯里兰卡、马尔代夫、格鲁吉亚、以色列、海合会的 FTA 谈判和与欧盟的《双边投资协定》（BIT）谈判也在进行中。上述自由贸易或投资协定的签署将为中国与"一带一路"沿线国家经济关系的可持续发展创造更加有利的条件。

表 4　中国的自贸区网络布局（2015 年）

已签协议的自贸区	中国外外贸易占比	对外投资存量占比	正在谈判或研究的自贸区	中国对外贸易占比	对外投资存量占比
CEPA	8.78	59.83	RCEP	31.12	9.36
东盟	11.99	5.71	海合会	3.52	0.75
新西兰	0.30	0.11	中日韩	14.28	0.61
智利	0.82	0.02	斯里兰卡	0.12	0.07
新加坡	2.04	2.91	马尔代夫	0.004	0.0002
巴基斯坦	0.49	0.37	格鲁吉亚	0.02	0.05
秘鲁	0.38	0.06	以色列	0.29	0.03
哥斯达黎加	0.06	0.001	挪威	0.18	0.32
冰岛	0.01	0.0001	印度[*]	1.85	0.34
瑞士	0.31	0.06	哥伦比亚[*]	0.29	0.05
韩国	7.10	0.34	摩尔多瓦[*]	0.003	0.0002
澳大利亚	2.72	2.58	斐济[*]	0.01	0.01
—	—	—	尼泊尔[*]	0.02	0.03
—	—	—	毛里求斯[*]	0.02	0.10
合计[**]	32.94	67.33	合计[**]	13.50	2.02

注：1. [*] 为正在进行联合研究的自贸区。2. [**] 剔除重复计算部分。
资料来源：根据商务部官方资料和 WTA 相关数据计算制成。

　　与 TPP、TTIP 等欧美新贸易投资协定强调标准与规则的统一有所不同，中国与"一带一路"沿线国家的贸易自由化或经济一体化的基础是东亚、亚太有效的国际生产分工体系。如果"一带一路"经济走廊能在现有区域贸易安排或自由贸易协定的基础上对东亚或亚太区域生产网络予以扩展、深化，使沿线国家更为便利地融入全球或区域供应链，将会对中国与"一带一路"国家经济的内生增长和价值链的升级提供新的动力。

　　不过，由于"一带一路"沿线多以发展中国家为主且贸易自由化或一体化水平各异，中国与沿线各国不妨先以提高通关效率作为贸易和投资便利化的突破口，在降低贸易和投资成本的同时，进一步提高沿线各国间供应链的连通性，为沿线各国间价值链的延伸和供应链能力的提升创造条件。联合国亚太经社会（ESCAP）研究显示，贸易便利化和通关电子化（无纸化贸易）措施每年将为亚太地区减少 310 亿美元（20%）的通关费用，而通关效率的提升和通关成本的减少将为该地区带来 250 亿美元的潜在贸易收益。据世界经济论坛估计，如果全球供应链壁垒的削减能够达到最佳实践水平的一半，全球 GDP 预计将增长 4.7%，贸易量将增加 14.5%，远超取消所有关税所带来的福利收益。未来一段时期，随着"一带一路"（经济走廊）建设的不断推进，"一带一路"的多元合作机制和自贸区框架下的贸易自由化、制度一体化将为中国与"一带一路"国家的深度互动提供一个新的平台，为中国与"一带一路"沿线国家合作由自贸区向一体化的超越提供一个新的链接范式。

　　（二）"一带一路"经济走廊与区域基础设施一体化

　　基础设施是经济发展的重要前提和基础保障。良好的基础设施尤其是公路、铁路、桥梁、港口、能源、电力和电信等生产性基础设施对于一国经济增长、全要素生产率的提高和人均收入水平的提升起着非常重要的作用。中国改革开放的实践和发达国家早期的经历均证明，基础设施投资的正溢出效应（如促进经济增长、提高生产效率和资源配置效率、改善公共卫生、增加优质就业、促进产业发展）对经济发展和人均福利水平的提升意义重大。

　　不过，由于区域（间）基础设施作为国际公共产品具有一定的非排他性和非竞争性特征，容易出现"搭便车"（free‐riding）甚至"集体行动困境"，从而导致区域或多边金融机构不愿对区域性或区域间基础设施投入过多资金。以亚洲开发银行为例，1996‐2002 年，该行只有 7% 的资金用于区域性或区域间公共产品，而用于受援或贷款国国内公共产品的资金却达 47%。正是区域基础设施的公共产品属性决定了"一带一路"(经济走廊)沿线国家间区域基础设施建设必然面临资金不足或供应不足的局面。

据亚洲开发银行报告,2010 – 2020 年间,亚洲各国在基础设施投资领域需求将达 8 万亿美元,其中新增基础设施建设需求 5.4 万亿美元,国内基础设施维护和更新需求 2.6 万亿美元(见表5)。另据世界银行估计,全球发展中国家存在大约 1 万亿美元的基础设施融资缺口,但既有的区域或多边开发金融机构仅能提供 40% 的融资,无法满足发展中国家基础设施融资需求。中国与"一带一路"沿线国家有必要在加强跨国合作以满足区域性及区域间基础设施融资需要的同时,进一步探索区域性及区域间国际公共产品(包括基础设施)供给的渠道与方法。正如区域多中心理论将区域性或区域间制度建设作为国际公共产品供应的核心条件一样,"一带一路"沿线国家间的基础设施互联互通也离不开广泛的区域协调、稳定的区域金融市场、良好的基础设施投资环境和有效的融资措施以及公私部门的密切合作。

由于"一带一路"走廊沿线多以发展中国家为主且缺乏完善的金融市场(无法实现对基础设施投资期限错配的有效调整和对市场失灵的有效纠正),中国有必要以亚投行和丝路基金为平台,在优先解决本地区基础设施互联互通瓶颈问题的同时,加快构建全方位、多层次、多渠道的区域基础设施一体化新格局。作为"一带一路"倡议的优先领域,"一带一路"基础设施互联互通不仅对沿线国家间区域生产网络的完善和重构、地区统一市场的构建、贸易和生产要素的优化配置起到积极的促进作用,也为沿线国家经济的可持续增长带来了新的机遇。

表5　2010 – 2020 年亚洲国家基础设施部门投资需求

部门/分部门	新增能力(亿美元)	维护和更新(亿美元)	合计(亿美元)
能源(电力)	31764.37	9122.02	40886.39
电信	3254.53	7303.04	10556.57
移动电话	1818.63	5091.51	6909.14
固定电话	1435.90	2211.53	3647.43
运输	17616.66	7044.57	24661.23
机场	65.33	47.28	112.60
港口	502.75	254.16	756.91

续表

部门/分部门	新增能力（亿美元）	维护和更新（亿美元）	合计（亿美元）
铁路	26.92	359.47	386.39
公路	17021.66	6383.66	23405.32
供水和环卫设施	1554.93	2257.97	3812.90
合计	54189.49	25727.60	79917.90

资料来源：Asian Development Bank and Asian Development Bank Institute, Infrastructure for a Seamless Asia, 2009。

一般而言，基础设施互联互通主要通过两个途径拉动经济增长：一是降低运输成本和生产成本；二是提高市场进入的便利程度。据世界银行测算，对基础设施的投资每增加10%，GDP将增长一个百分点。另据东盟东亚经济研究中心（ERIA）报告，2021－2030年，亚洲基础设施互联互通将使东盟各国GDP累计增加42.08%，东亚各国（"10＋6"）GDP累计增加5.87%；而供应链壁垒和非关税措施的削减将使东盟各国GDP累计增加31.19%，东亚各国GDP累计增加7.76%。

需要强调的是，"一带一路"基础设施互联互通应是一个广义联通概念，既包括基础设施物理性的硬件联通，也包括在政策与软件上的制度联通。在未来的"一带一路"经济走廊和基础设施互联互通建设过程中，中国有必要在积极拓宽融资渠道、加大交通运输关键节点和通道对接方面投资的同时，适度兼顾沿线发达经济体（如欧盟更加强调规制融合）和发展中经济体（更加关注本国交通基础设施建设水平的提升）在区域基础设施互联互通领域的不同利益诉求。在发展中国家亟须的物理性基础设施互联互通领域，中国可以在交通运输、电力和通信设施方面优先选择一批重点或节点项目，以提高市场尤其是发展中国家市场和公共服务的可获得性。在沿线发达经济体所关心的制度联通方面（如标准一致化、相互认证、海关通关程序、规制融合等），中国应积极倡导和推动沿线国家间基础设施技术框架与标准体系的统一；通过简化政策、体系和程序以扩大、深化和提高"一带一路"沿线国家区域生产网络和供应链的效率。

（三）"一带一路"经济走廊与区域价值链的延伸

需要认识到的是，构建"一带一路"并非从零开始，而是现有合作的延续与升级。构建"一带一路"首先要处理好与现有合作机制、合作平台的关系。亚洲区域合作格局的变化与复杂性决定了中国在积极参与贸易自由化和经济一体化建设的同时,还要创造性地推动其他形式的经济合作。中国有必要以"一带一路"经济走廊为载体,在现有区域生产网络和价值链的基础上,在提高自身价值链地位的同时,继续推动中国与"一带一路"沿线主要贸易伙伴关系由产业间分工向产业内或产品内分工的延伸与升级。

当前,标准与规则制定正在成为新一轮国际贸易与投资谈判的核心内容。以 TPP、TTIP 和 TISA 为代表的欧美新贸易投资协定正在引领全球贸易投资新规则、新标准和新范式的制定。同时,由跨国公司主导的全球价值链的深度分解和区域生产网络的深度融合正在成为整合全球市场、推动全球价值链治理结构的核心变量。着眼于国际贸易投资规则和全球价值链的最新发展趋势,服务贸易和投资应成为下一步中国与"一带一路"经济走廊国家合作的重要增长点。

服务贸易与投资领域的合作不仅有利于中国与沿线国家间形成新的生产网络,也会为中国与"一带一路"国家间产业内或产品内垂直分工的深化和价值链的延伸创造新的条件(研究表明,目前中国与"一带一路"国家间以 SITC/Rev. 3 为标准的大部分类别商品仍以产业间而非产业内或价值链贸易为主),为中国与沿线国家参与全球价值链治理、提高自身话语权奠定新的基础。而产业内或产品内垂直分工的深化则意味着中国与"一带一路"沿线国家间以价值链、区域生产网络为基础的中间品贸易的可持续性。同时也意味着区域生产网络的完善和地区统一市场的构建或许更应成为"一带一路"区域基础设施一体化、区域经济一体化的核心目标。换言之,"一带一路"经济走廊的经济收益和福利效应应更多地来自非关税壁垒的削减以及贸易和投资自由化后具有比较优势产业的产出和要素收入的增加。唯有如此,才能确保"一带一路"经济走廊的吸引力,才能使中国与"一带一路"国家间的合作保持持续前进的动力。

四、结语

作为新时期中国对外开放战略性调整或方向性变化的开始,"一带一路"倡议的提出为中国与沿线国家间进一步深化合作带来了新的机遇。作为"一带一路"倡议的有机组成部分,"一带一路"经济走廊的贸易创造效应、投资促进效应、产业聚集效应、空间溢出效应和一体化框架下的联动效应将对沿线各国提升(经济)发展水平起到积极的促进作用。

鉴于"一带一路"经济走廊建设的长期性、沿线国家的差异性和外部环境的复杂性,争取"早期收获"自然成为"一带一路"经济走廊布局和起步阶段的关键。由于"一带一路"经济走廊的福利效应是一个逐步释放的过程，早期收获首先必须具有很强的示范效应。考虑到"一带一路"走廊沿线国家众多且以发展中国家为主，一些"敏感度低、可复制、可升级且能够很快产生经济效益"的项目，或许更容易形成早期收获。而在具体建设过程中，早期收获还需统筹兼顾所选项目的技术可行性、预期营利性和环境可持续性的平衡。既要考虑项目的技术和资金成本，又要考虑项目所面临的风险、不确定性或社会成本。既要遵循市场规律，又要兼顾项目与"一带一路"战略目标的匹配程度（具体到项目的设计，应兼顾市场盈利与社会责任目标，避免短期行为或竭泽而渔；具体到项目的实施，则应贯彻市场化、国际化和专业化的原则，避免自身特色与各方目标的失衡与错位）。既要着眼于六大经济走廊和海陆互联互通等"一带一路"骨架项目的战略收益，更要着力于贸易自由化和投资便利化、自贸产业园等非战略性项目的经济效应和示范性效应。"一带一路"不仅要适应于亚洲发展的多样性，而且其地缘或空间分布应超越区域范围并更具开放性。唯有如此，才能确保"一带一路"的未来发展空间、活力和可持续性。

参考文献：

[1] 蔡昉：《全球化的政治经济学及中国策略》，《世界经济与政治》2016年第11期。

[2] 黄河：《公共产品视角下的"一带一路"》，《世界经济与政治》2015年第6期。

[3] 卢光盛、邓涵：《经济走廊的理论溯源及其对孟中印缅经济走廊建设的启示》，《南亚研究》2015年第2期。

[4] 潘庆中、李稻葵、冯明：《新开发银行新在何处——金砖国家开发银行成立的背景》，《国际经济评论》2015年第2期。

[5] 盛斌、毛其淋：《贸易自由化、企业成长和规模分布》，《世界经济》2015年第1期。

[6] 卢锋、李昕、李双双等：《为什么是中国？——"一带一路"的经济逻辑》，《国际经济评论》2015年第3期。

[7] 魏龙、王磊：《从嵌入全球价值链到主导区域价值链——"一带一路"战略的经济可行性分析》，《国际贸易问题》2016年第5期。

[8] Marian Camarero, Inmaculada Martinez - Zarzoso, Felicitas Nowak - Leh-

mannand Crecilio Tamarit, "Trade Openessand Income: A Tale of Two Regions," The World Economy, Vol. 39, No. 3, 2016, pp. 386 – 408.

[9] Masahisa Fujita and Paul Krugman, "The New Economic Geography: Past, Present and Future", in Papers Regional Science, Vol. 83, No. 1, 2004, pp. 139 – 164.

[10] Paul R. Krugman, "New Theoriesof trade Among Industrial Countries," The American Economic Review, Vol. 73, No. 2, 1983, pp. 343 – 347.

[11] Beth A. Simmons, "Bargainingover BITs, Arbitrating Awards: The Regime for Protection and Promotion of International Investment," World Politics, Vol. 66, No. 1, 2014, pp. 12 – 46.

(原载于《国际经济合作》2017 年第 2 期)

"一带一路"倡议对世界历史
发展的积极意义[*]

2013 年，习近平总书记提出建设"新丝绸之路经济带"和"21 世纪海上丝绸之路"的战略构想。这一跨越时空的宏大战略构想，从世界历史发展的大视野，勾画出当今世界在"和平、发展、合作、共赢"时代潮流推动下，通过"一带一路"建设，沿路参与各国共建"人类命运共同体"的宏伟蓝图。2015年 3 月 28 日，国家发展改革委、外交部、商务部联合发布了《推动共建丝绸之路经济带和 21 世纪海上丝绸之路的愿景与行动》，作为国家顶层设计的"一带一路"战略成为学术界的热点话题。目前，已有不少学者从不同的学科角度对"一带一路"战略进行了研讨，但是以整体世界史观为理论框架进行分析的尚不多见。因此，本文将试图从整体世界史观的视角出发，对"一带一路"战略构想的实施背景、实施内容进行考察，论证"一带一路"战略对于推动世界历史发展的积极意义。

一、整体世界史观与"一带一路"战略

由我国著名史学家吴于廑先生倡导的整体世界史观①认为，按照马克思主义的基本原理，应从全球视野的角度出发去认识人类发展的历史。人类发展的

* 本文作者：胡德坤，武汉大学中国特色社会主义理念体系研究中心，湖北省中国特色社会主义理论体系研究中心，武汉大学中国边界与海洋研究院；邢伟旌，德国柏林自由大学东亚研究院，武汉大学中国边界与海洋研究院。

　基金项目：教育部"习近平总书记系列重要讲话精神研究专项任务项目"（16JFX023）。
① 刘景华：《吴于廑先生对整体世界史观学术渊源的探讨》，《武汉大学学报》人文科学版 2013 年第 6 期，第 32 页。

历史分为纵向发展和横向发展两个方面，纵向发展是指人类的生产方式由低级到高级的发展以及由此引起的社会形态的改变，即社会形态、社会制度的变革；横向发展是指人类社会的发展过程是一个各个地区由闭塞变为开放，由分散变为紧密相连，最终发展成为一个整体的过程；世界的整体发展又加快了世界历史的发展进程。

整体世界史观在阐明人类历史的纵向发展的基础上，注意考察人类历史的横向发展，并阐述了纵向与横向发展的相互促进关系，打破了西方史学思想中长期占据主流地位的"欧洲中心论"，正确评价各种文明在世界历史进程中的地位与贡献，准确预测未来的历史发展趋势，是对马克思主义史学的系统完整诠释。尤其是二战后，时代主题已从战争与革命转变为和平与发展，横向发展就成为世界历史的强大推动力。可以说，整体世界史观是一种具有中国特色的史学理论。

整体世界观与我国提出并开始实施的"一带一路"战略构想极具契合性。"一带一路"战略构想的提出并非偶然，它是在当今世界历史发展过程中应运而生的。根据整体世界史观的视角，我们可以发现当今世界历史的发展出现了以下几个新的趋向，它们构成了"一带一路"战略构想产生与实施的国际背景。

首先，和平、发展、合作、共赢已成为当今世界发展的主旋律，这是世界历史演变的结果。自15、16世纪以来，资本主义在西欧兴起，在向世界扩张的进程中均以侵略与掠夺殖民地的方式来发展本国，于是便形成了一种以侵略与掠夺求发展的模式，简称侵略发展模式。这种侵略发展模式愈演愈烈，终于引发了两次世界大战，给世界各国带来了无穷的灾难。两次世界大战的巨大创伤已让各国认识到要想发展，就必须放弃军事手段求发展的侵略模式，走和平发展的道路。战后，殖民体系分崩离析，社会主义国家和新兴独立国家纷纷涌现，从根本上改变了世界政治格局；战后的革命与改革改变了以侵略与掠夺求发展的旧模式，建立了以平等与依存求发展的新型和平发展模式；二战的胜利打破了殖民帝国主义的一统天下，形成了战后各种不同社会制度、不同宗教信仰、不同文化并存共处的多元国际社会；二战的胜利推动了战后多元共存国际新秩序的建立。由于上述几个方面的原因，战后时期出现了长时段的世界和平，各国都先后将发展作为中心任务，和平与发展成为世界潮流，经济全球化趋势日渐明朗，科学技术日新月异，人类社会经济空前繁荣，世界整体性文明进步达到了空前的高度与广度，催生了和平与发展的时代新主题。进入21世纪后，时代主题从和平与发展又进一步向和平、发展、合作、共赢演进，为中国实施"一带一路"战略奠定了良好的外部环境。

其次，全球化进程的加快。人类历史的纵向发展与横向发展是紧密相连互相促进的，当科技进步推动着人类历史的纵向发展时，互联网与通信技术的进步以及国际组织的增加也使世界各国及各地区之间的横向联系增强，区域经济一体化进程开始加速，全球化的趋势不可逆转。信息革命给政治活动带来了深远的影响："'网络空间'在非地理性的基础之上'进行划分'……即使一个国家的词缀出现在网址上，也无法保证你的联系者确实住在该国的地域范围内。"① 另一方面，全球范围内的国际组织从 1951 年的 955 个激增至 2013 年的66298 个②，在全球化的进程中发挥着重大作用。需要看到的是，全球化并非都是在"牧歌"声中前行的。在国家与国家之间在政治和经贸上的互相依存性逐渐增加，地缘经济的收益被放大的同时，环境污染、恐怖主义等全球性问题也开始凸显，包括区域合作在内的合作成为最有效的全球治理途径③。这就迫使各国必须要融入世界，与其他国家广泛开展合作才能够实现可持续发展。然而在全球化进程加快的大背景之下，由于地缘特征、产业结构、社会文化等方面的差异，部分欠发达国家与其他国家和地区难以连成一个整体，也就无法顺利地参与全球化进程，亟须来自外界的帮助，这就为"一带一路"战略的实施提供了需求。

最后，国际格局的改变引发多方面问题。冷战结束之后，由于苏东的解体，美国成了国际体系中唯一的超级大国，世界出现了"一超多强"的国际格局并一直持续至今。冷战后美国主导的全球秩序有意无意地将美国塑造成为全球历史发展的"中心"。截至 2013 年，美国拥有 800 多个海外军事基地，强大的军事和经济实力、一超独大的局面，让美国的"例外主义"得到了强化④。尽管

---

① 罗伯特·基欧汉，约瑟夫·奈：《权力与相互依赖》，北京大学出版社 2002 年版，第258 页。

② 数据来源：Union of InternationalAssociations. Historical Overview of Number of International Organizations by Type 1909 – 2013. http：//www. uia. org/sites/uia. org/files/misc _ pdfs/stats/Historical_ overview _ of _ number _ of _ international _ organizations _ by _ type _ 1909 – 2013. pdf.

③ 宋秀琚：《国际合作理论：批判与建构》，世界知识出版社 2006 年版，第 159 页。

④ 萧达，王翔，黄培昭等：《"例外主义"或成美国的逆鳞》，环球网，http：//world. huanqiu. com/exclusive/2013 – 09/4364700. html，2013 年 9 月 17 日。

"一超多强"的总格局到今天为止并未出现本质性改变，并显示出一定的稳定性，但作为"一超"的美国已出现实力相对衰落、主导世界力不从心的迹象。美国在一超独大的世界格局之下将自己视为全球的中心，因此试图借全球化的浪潮，将自身所主导的世界秩序予以强化和扩展。但是，在政治层面，美国推广西方价值观的做法在很多地方遭遇水土不服，如在中东一些国家，旧的格局被打破，新的社会架构却迟迟建立不起来，导致严重的动荡，甚至外溢①。这说明作为"一超"的美国难以随心所欲地掌控世界。

尤其是"多强"中的各国实力对比发生急剧变化，如亚太地区，虽然美国依然是世界一超，但中国发展强劲，而日本和俄罗斯则尚未走出衰退的泥沼，这种实力对比的变动导致了地区的权力转移②。即是说中国的强劲发展，开始改变亚太地区的实力对比，于是"中国威胁论"等思潮便顺势而生，美国以此为借口，实施亚太再平衡战略，挑动中国海洋周边国家挑起领土争端，将矛头对准中国，加剧了亚太地区乃至全球的紧张局势，以牵制中国的发展。这显然是与和平、发展、合作、共赢的时代主题背道而驰的，也是违背世界历史整体发展规律的。

和平、发展、合作、共赢已成为当今世界时代主题，但又存在美国亚太再平衡战略的情况下，中国如何突破美国主导的世界秩序的限制另辟蹊径？正在这种大背景下，中国提出了"一带一路"的战略构想。

二、"一带一路"战略体现了世界历史整体发展趋势

从整体世界史观的视角出发，我们可以清晰地看出"一带一路"战略构想的主要内容是符合世界历史整体发展趋向的，是世界历史整体发展到和平、发展、合作、共赢新时期的产物。

其一，"一带一路"战略的目标是构建"人类命运共同体"。2015 年 10 月 12 日，习近平主席在中共中央政治局第二十七次集体学习会议上提出要"构建人类命运共同体"。"构建人类命运共同体"，或曰"构建各国利益共同体"，是引领世界各国共同发展的新理念。在这种理念指引下，中国的发展要带动亚太

---

① 傅莹：《一带一路是中国提供给世界的重要公共产品》，《人民日报》2016 年 02 月 15 日。

② 赵全胜：《大国政治与外交：美国、日本、中国与大国关系管理》，世界知识出版社 2009 年版，第 4、51 页。

地区乃至全世界的发展。习近平主席在 2015 年博鳌亚洲论坛上表示:"'一带一路'建设秉持的是共商、共建、共享原则,不是封闭的,而是开放包容的;不是中国一家的独奏,而是沿线国家的合唱。"① "一带一路"战略构想把恪守联合国宪章的宗旨和原则、遵守和平共处五项原则作为其战略基础,坚持开放合作、和谐包容、市场运作和互利共赢②,不以意识形态、经济发展程度等作为限制条件,对所有的沿线国家一视同仁,体现出了开放性和公平性。这一原则显然有利于打破各种壁垒阻隔,促进世界各国的合作和协作。整体世界史观认为,随着历史的发展,世界上各个地区将会从彼此分散状态逐渐变为紧密相连、相互依存的整体。世界历史从分散发展到整体发展是人类社会从低级向高级演进的标志。在原始社会,原始人群分散在世界各地,在一个氏族的小天地里生活繁衍,相互联系极少。在奴隶社会,人类走出原始状态,形成了城邦小国,相互联系增加。在封建社会,城邦小国扩大为封建帝国,联系进一步加强。资本主义兴起后,由于商品经济的发展,资产阶级便把目光转向了世界,大肆向海外扩张,抢占殖民地,以世界市场为纽带,将各国各地区紧密联系在一起,到 19 世纪末 20 世纪初,进入帝国主义时期后,整体世界便正式形成。在当今世界,所谓"全球化""地球村"都是世界历史整体发展的结果。战后,全世界每十年的生产总量,相当于过去 1 个世纪甚至几个世纪生产总量之和,是人类社会发展最快的时期。可见,人类社会联系越紧密、依存度越高,发展就越快。从这个角度来讲,"一带一路"战略构想是在促进世界历史的整体发展。

其二,"一带一路"战略是实现"和平、发展、合作、共赢"的最佳路径。"一带一路"以中国为出发点,通过丝绸之路经济带联通中国—中亚—俄罗斯—欧洲(波罗的海)、中国—中亚—西亚—波斯湾—地中海、中国—东南亚—印度洋三条合作线路,通过 21 世纪海上丝绸之路开辟中国—南海—印度洋—欧洲、中国—南海—南太平洋两条合作线路,通过海路与陆路的同时推进贯穿亚欧非大陆。"一头是活跃的东亚经济圈,一头是发达的欧洲经济圈,中间的广大腹地

---

① 习近平:《迈向命运共同体开创亚洲新未来——在博鳌亚洲论坛 2015 年年会上的主旨演讲》,新华网,http://news.xinhuanet.com/politics/2015 – 03/29/c_127632707.htm,2015 年 3 月 28 日。

② 《推动共建丝绸之路经济带和 21 世纪海上丝绸之路的愿景与行动》,新华网,http://news.xinhuanet.com/finance/2015 – 03/28/c_1114793986.htm,2015 年 3 月 28 日。

国家经济发展潜力巨大。"① 因此,习近平主席将"一带一路"的两条线路形象地比喻为"亚洲腾飞的两只翅膀"②。这种海陆并举的战略布局具有巨大的地缘包容性,必将打破南北差距不断扩大的旧地缘政治格局,构建全新的各国合作共赢、缩小南北差距的新地缘政治格局,这将是促进世界历史整体发展的强劲动力。20 世纪上半期,西方列强普遍采用了侵略发展模式,为争夺殖民地而引发了两次世界大战,表明侵略发展模式已成为世界历史发展的障碍。战后,西方列强被迫放弃了侵略发展模式而采用和平发展模式,迅速发展成为发达国家。但发达国家的繁荣并没有带动发展中国家的发展,南北差距仍然存在。在这种形势下如何推动各种类型的国家共同发展?习近平提出的"和平、发展、合作、共赢"理念,成为 21 世纪世界整体发展的新型发展模式,而"一带一路"战略则是实现各国合作共赢的有效途径。

其三,"一带一路"战略的一个重要特点是在互联互动中推进合作。"一带一路"战略构想的合作重点包括政策沟通、设施联通、贸易畅通、资金融通和民心相通③。政策沟通需要政府间加强相互交流与合作,设施联通需要沿线国家加强基础设施建设规划和技术标准体系的对接;贸易畅通要求贸易各方进行优势互补以创造良好的贸易环境,资金融通涉及双边本币互换、共同推进亚洲基础设施投资银行筹建等;民心相通则包括互办文化艺术交流活动、扩大相互间留学生规模等举措④。上述所涉及的合作重点体现了政府与民心、经济基建硬实力与文化艺术软实力的互动关系。同时,上述任何一项行动都需要与"一带一路"沿线国家相互配合才能推进,体现了中国与"一带一路"沿线各国的互动关系,将有力地促进各国各地区的联系,体现世界历史整体发展规律。"一带一路"战略构想采用的是双边合作与多边合作同时推进的多元化合作机制。在双边层面上,通过加强与"一带一路"沿线各国现有的双边合作关系,推动

---

① 《推动共建丝绸之路经济带和 21 世纪海上丝绸之路的愿景与行动》,新华网,http://news. xinhuanet. com/finance/2015－03/28/c_ 1114793986. htm,2015 年 3 月 28 日。

② 习近平:《联通引领发展伙伴聚焦合作——在"加强互联互通伙伴关系"东道主伙伴对话会上的讲话》,新华网,http://news. xinhuanet. com/ttgg/2014－11/08/c_ 127192119. htm,2014 年 11 月 8 日。

③ 《推动共建丝绸之路经济带和 21 世纪海上丝绸之路的愿景与行动》,新华网,http://news. xinhuanet. com/finance/2015－03/28/c_ 1114793986. htm,2015 年 3 月 28 日。

④ 《推动共建丝绸之路经济带和 21 世纪海上丝绸之路的愿景与行动》,新华网,http://news. xinhuanet. com/finance/2015－03/28/c_ 1114793986. htm,2015 年 3 月 28 日。

双边贸易往来，建设合作示范项目；在多边层面上，主要是利用上海合作组织（SCO）、亚欧会议（ASEM）等多边合作机制以及博鳌亚洲论坛、欧亚经济论坛等合作论坛与有关国家进行沟通并筹办贸易、文化、学术交流活动①。由此可见，在"一带一路"战略构想的合作机制中，中国只是众多合作框架中的一员，合作中不存在所谓的"中心国家"和"边缘国家"，或者固定不变的"援助方"与"被援助方"，取而代之的是一种多对多的平等合作模式。正如习近平主席所说，"一带一路"追求的是百花齐放的大利，不是一枝独秀的小利②。此外，"一带一路"合作的话题涉及经济、文化、艺术等多个领域，打破了传统安全观。这些都体现出了"一带一路"战略构想的合作机制的多元化，而这也正是世界历史整体发展的必然趋势。

三、"一带一路"战略的实施对世界历史发展的促进作用

"一带一路"战略的实施必将对世界历史的发展起到积极的促进作用。这主要表现在以下三个方面。

首先，"一带一路"战略的实施有利于以和平发展模式促进世界经济和科学向更高层次发展。

世界历史的纵向发展经验告诉我们，战争和对抗并不是促进人类社会生产方式提高以及社会形态演进的最佳途径，和平发展道路才是世界发展的主旋律。当一国的战略附带有严苛的政治条件和浓厚的对抗色彩时，是不利于世界和平发展的。例如美国曾经实施的"马歇尔计划"向欧洲各国"附加了严苛政治条件，欧洲的所有亲苏联国家都被排斥在外"，"最终导致了欧洲的分裂"③。而"一带一路"则不同。中国推动共建"一带一路"、设立丝路基金、倡议成立亚洲基础设施投资银行、推进金砖国家新开发银行建设等，目的是支持各国共同发展，而不是要谋求政治势力范围④。从"一带一路"战略构想开放公平的共

---

① 《推动共建丝绸之路经济带和 21 世纪海上丝绸之路的愿景与行动》，新华网，http：//news. xinhuanet. com/finance/2015－03/28/c_1114793986. htm，2015 年 3 月 28 日。

② 中共中央宣传部：《习近平总书记系列重要讲话读本》，学习出版社，人民出版社 2016年版，第 268 页。

③ 王义桅：《论"一带一路"的历史超越与传承》，《人民论坛》学术前沿 2015 年第 9 期，第 25 页。

④ 中共中央宣传部：《习近平总书记系列重要讲话读本》，学习出版社，人民出版社 2016年版，第 268 页。

建原则和其多元化的合作机制可以看出,"一带一路"不仅符合当今社会和平与发展的历史潮流,而且也是有助于世界经济和科技发展的。它主张"和谐包容"和"互利共赢",不将任何国家设置为假想的竞争对手而排除在合作框架之外,也不将中国自身的利益建立在牺牲别国利益的基础之上。

也正是因为如此,尽管"一带一路"战略构想的实施范围与沿线部分其他国家战略也有不协调之处,甚至中国和"一带一路"沿线的部分国家还存在领土争端,却并没有引起其他国家对"一带一路"战略构想的反感或反对。相反,不论是沿线的发展中国家还是发达国家,都对其表示了欢迎。印度学者阿贾伊·奇伯(Ajay Chhibber)在其论文中说道:"('一带一路'的实施)还会遇到一些潜在问题,包括俄罗斯对中国在中亚的影响力上升的担忧……以及印度对中国在印度洋和非洲的影响力的担忧。新丝绸之路还要穿过一些充满了种族纷争等问题的地区。但是毫无疑问中国的'一带一路'也将为世界上的许多地区提供新的贸易、投资和就业机会。"① 德国科学与政治基金委会亚洲研究局高级研究员华玉洁(Gudrun Wacker)也表示:"丝绸之路提出来意味着把各个国家的文化、贸易等都联系起来。目前来看,它是要让中亚与欧洲之间的国家趋向稳定、和平的。"②

更重要的是,已经有外国学者认为,"一带一路"将成为一座更好的沟通桥梁,缓和欧盟与俄罗斯的关系③。在"一带一路"战略构想的和平发展模式之下,"一带一路"对沿线各国科技与经济发展的促进作用已经开始显现:中国科学院为响应"一带一路"战略的实施,在尼泊尔建立了第三极环境和青藏高原环境研究中心,在斯里兰卡建立了海洋和清洁水中心,在泰国建立了技术转移中心,同时提出了面向发展中国家的博士生奖学金计划,每年提供200个名额支持发展中国家学生前往中科院攻读博士学位④。这些举措将有利于为发展中国家培养更多高层次科研人员并促进国家间科技合作。2015年中国与"一带一路"沿线国家进出口贸易总额达到9 950亿美元,同比增长25%;中国在"一

---

① CHHIBBER A. China's One Belt One Road Strategy:The New Financial Institutions and India's Options. Working Papers. 2015,55:36.

② 《求同存异,共建共荣》,《湖南日报》2014年10月27日。

③ Nataraj G,Sekhani R. China's one belt one road:An Indian perspective. Economic and Political Weekly. 2015,49:69.

④ 赵竹青、马丽:《"一带一路"教科文先行》,人民网,http://scitech.people.com.cn/n/2015/0522/c1007-27040289.html,2015年5月22日。

带一路"沿线的 65 个国家中的 49 个投资达到了 150 亿美元，同比增长 18%；此外，中国在 23 个国家设立了 77 个境外合作区，共有中国企业 946 家，目前已经提供了接近 20 万人的就业和 9 亿美元的财政收入①。这些事实说明，"一带一路"战略构想的实施有利于世界经济和科技在和平环境下向更高层次发展，而经济与科技的发展又必将带动人类生产方式的进步，从而推动人类社会的整体发展。

其次，"一带一路"战略的实施将有利于帮助各国融入世界，参与全球化进程。

世界历史的横向发展使得区域经济一体化进程加速，全球化趋势不可逆转。在这种世界整体发展趋势明朗化的形势下，中国审时度势，与时俱进，以积极的姿态主动应对全球化，广泛开展与各国的合作，争取达到共进双赢、共同繁荣。"一带一路"战略"作为中国主动融入全球化的战略，合乎逻辑的理解应是过去 30 多年改革开放政策在新的历史条件下的合理延续。"② 由于中国国内面临着低端制造业严重过剩、经济增速下降、经济可持续发展动力不足的潜在风险增大等问题，"一带一路"战略构想贯通亚、欧、非三大洲，为中国开辟了走向更加广阔的国际市场的新路径。"一带一路"战略构想的沿线区域主要是新兴经济体和发展中国家，这些地区总人口约 44 亿，经济总量约 21 万亿美元，分别约占全球的 63% 和 29%，是目前全球贸易和跨境投资增长最快的地区之一，它们的基础设施建设欠缺，中国可以通过资本输出带动消化产能③。截至 2015年 11 月，中国发布了愿景与行动的纲领性文件，60 多个国家和国际组织表达积极参与的态度，中国同很多国家达成了合作协议，亚洲基础设施投资银行协定已经签署，丝路基金已经着手实施具体项目，一批多边或双边大项目合作正稳步推进④。因此，"一带一路"战略构想的实施既能使中国够向世界提供重要公共产品，同时又能与世界共享和平发展红利，有利于加强中国与世界的联系。

---

① 嵇石：《去年中国与"一带一路"沿线国家贸易总额增长 25%》，《南方都市报》2016年 02 月 23 日。

② 徐洪才：《"一带一路"倡议：中国融入全球化的战略选择》，《经济研究参考》2015 年第 30 期。

③ 邵宇：《"一带一路"开启全球化 4.0 时代》，《上海证券报》2015 年 04 月 01 日。

④ 习近平：《深化合作伙伴关系 共建亚洲美好家园——在新加坡国立大学的演讲（2015年 11 月 7 日）》，新华网，http：//news.xinhuanet.com/politics/2015 - 11/07/c＿1117071978.htm，2015 年 11 月 7 日。

对"一带一路"沿线参与国家而言，"一带一路"战略构想的实施为参与国加入全球化进程架起了桥梁。以中亚诸国为例，这些国家对全球化的参与程度不够，经济欠发达。美国试图向这些国家输入其"普世价值"以将其纳入全球化进程之中，但收效甚微。"一带一路"战略构想的合作重点是是政策沟通、设施联通、贸易畅通、资金融通和民心相通，体现了中国主打经济牌，重视双向民心交流而不是单向价值输出的立场，获得了中亚国家的赞同。同时，我国的新疆地区与中亚五国地理位置毗邻，对中亚的出口对其 GDP 贡献达到了8.61%①，完全可以起到连接中亚、走向全球的桥梁作用。

最后，"一带一路"战略的实施将有利于改进完善世界秩序，促进多元国际社会和谐相处。

当前，美国依然是世界秩序的领导者，这是不争的事实。傅莹曾在接受《人民日报》采访时说过，所谓"美国领导下的世界秩序"有三个支柱：一是美式价值观，也被视作"西方价值观"；二是美国的军事同盟体系，构成美国在世界上发挥"领导"作用的安全基石；三是包括联合国在内的国际机构。而美国长期在这个秩序中居于领导地位，并因此获得利益②。这反映出美国实际上希望以自我为中心来推动当代世界历史进程的发展。当国际结构开始发生变化时，美国通常会利用各种战略来阻止权力转向力量增长的一方，以维持自身的中心地位："马歇尔计划"是为了阻止苏联和共产主义国家的向西扩展；《广场协议》被日本学者称为在 20 世纪 80 年代后期造成了日本泡沫经济的"政治性手段"③；而《跨太平洋战略经济伙伴关系协定》（TPP）则被认为是"禁止中国入内的俱乐部"④。这种含有明显排他性的世界秩序极易引起新兴大国与守成大国之间的冲突。同时，以美式价值观为中心的世界秩序在今天已被证明无法满足地球上的所有地区。如布什政府曾号称要用"美式民主"彻底改造中东各国，然而，十年过去了，中东并没有看到美国"民主"给当地社会经济带来实

---

① 邹嘉龄，刘春腊，尹国庆，唐志鹏：《中国与"一带一路"沿线国家贸易格局及其经济贡献》，《地理科学进展》2015 年第 5 期。

② 傅莹：《一带一路是中国提供给世界的重要公共产品》，《人民日报》2016 年 02 月 15日。

③ HigashinoHiroto. Reconsideration of the 1985 Plaza Accord – An economic or political defeat for Japan？. OIU journal of international studies. 2015，29（1）：19.

④ 戴维·皮林：《禁止中国入内的俱乐部？》，FT 中文网，http：//www.ftchinese.com/story/001050577，2013 年 5 月 24 日。

质性变化。相反，作为"改造样板"的伊拉克却陷入长期内乱、民不聊生的泥潭①。

　　与美式价值观不同，中国的"一带一路"战略是发展的倡议、合作的倡议、开放的倡议，强调的是共商、共建、共享的平等互利方式②。它所强调的是合作而非对抗，是发展而非遏制。它是一件中国提供给世界——尤其是世界上的广大发展中国家的重要公共产品，而不是一件用来与现有世界秩序领导者对抗的武器，自然也就谈不上是对美国领导权挑战。对此有学者曾评论道："得道多助，失道寡助……'一带一路'战略向世界展现出中国和平发展、开放包容、互利共赢的价值理念和负责任的国家形象，必将赢得国际社会对中国崛起的认同和尊重。"③ 如果中国可以通过"一带一路"战略使自身的价值理念获得国际社会的普遍认同，那么美国采取的任何可能激化与中国间矛盾的战略，都将因为其失去足够数量国家的支持而失效。

　　2016 年 1 月，习主席在访问埃及时发表文章指出，"我们欢迎埃及和其他阿拉伯国家搭乘中国发展的便车、快车，实现双方协同发展和联动增长。"④ 表达了中国欢迎世界上所有国家"搭乘中国发展的便车、快车"的愿望。这种价值理念与美式价值观居高临下、轻视其他文明的"美国中心论"相比，不仅向沿途各国输出中国价值观，也欢迎各国向中国展示他们独特的传统和价值观，从而达到各种文明、各种文化相互交融、相互借鉴、共同发展，将使美国主导的世界秩序升级为平等多元的国际秩序，共建各国各地区休戚相关的"人类命运共同体"。

　　综上所述，在"和平、发展、合作、共赢"已成为当今时代潮流、全球化进程加快的背景下，"一带一路"战略构想以开放公平的共建原则、海陆并举的框架思路、强调互动的合作重点以及多元化的合作机制作为支撑，促进着世界向一个日益紧密的整体的发展。"一带一路"战略构想的提出并非偶然，它是当

----

① 马岩：《中东动荡：为什么美国必须反思》，新华网，http：//news. xinhuanet. com/world/2014–08/20/c_ 1112160694. htm，2014 年 8 月 20 日。

② 习近平：《深化合作伙伴关系 共建亚洲美好家园——在新加坡国立大学的演讲（2015 年 11 月 7 日）》，新华网，http：//news. xinhuanet. com/politics/2015 – 11/07/c _ 1117071978. htm，2015 年 11 月 7 日。

③ 张鑫：《"一带一路"彰显中国国家新形象》，《中国社会科学报》2016 年 2 月 16 日，http：//www. scio. gov. cn/ztk/wh/slxy/31215/Document/1468584/1468584. htm.

④ 习近平：《让中阿友谊如尼罗河水奔涌向前》，《人民日报》2016 年 11 月 20 日。

今世界历史朝着整体世界史发展的必然结果，这一深刻的历史背景决定了"一带一路"战略构想必将对世界历史的整体发展具有积极的促进作用。当然，由于国家间的互动和外部条件的约束，任何一个国家的战略的最终结果都不会完全按照它最初的设想展开①。"一带一路"战略构想在实施过程中，可能还会遇到各种挑战，但世界历史整体发展趋势是不可逆转的，"一带一路"战略顺应了这种大趋势，必将能达成各种文明的多元平等发展，最终建成各国休戚与共的"人类命运共同体"。

（原载于《武汉大学学报》人文科学版 2017 年第 1 期）

---

① 施展：《世界历史视野下的"一带一路"战略》，《俄罗斯研究》2015 年第 3 期。

"一带一路"与"中美经济博弈"[*]

一、"一带一路"倡议

2016 年 2 月 4 日，美国主导的跨太平洋伙伴关系协议（Trans – Pacific Partnership Agreement，以下简称 TPP）正式在新西兰签署，奥巴马在 TPP 签约后向全世界喊话："当超过 95% 的潜在客户生活在我们的国境之外，我们不能让像中国这样的国家书写全球经济的规则。"这句话露骨地表达了美国利用 TPP 遏制中国的战略企图。

2013 年，习近平主席提出"一带一路"倡议，2015 年，三部委联合发布《推动共建丝绸之路经济带和 21 世纪海上丝绸之路的愿景与行动》，"一带一路"进入全面推进阶段。同时，中国倡导建立的亚洲基础设施投资银行（Asian Infrastructure Investment Bank，简称 AIIB）、丝路基金等金融组织配合"一带一路"的具体实施。

二、中国为什么搞"一带一路"建设

李克强总理 2014 年指出，争取在 2020 年建成东亚经济共同体，通过"双轮"理论（政治安全和经济发展"两个轮子一起转"）引导东亚全面合作关系。

第二次世界大战后，美国通过《对外援助法》（1948 年）和北大西洋公约组织向西欧各国提供了包括金融、技术、设备等各种形式的大量援助，一方面消化了美国的过剩产能并帮助欧洲实现了复兴，另一面又促使美元成为国际货

---

[*] 本文作者：肖炼（1949—），男，湖北武汉人，中国社会科学院世界经济与政治研究所研究员，博士生导师，主要研究方向为美国经济、中美经济关系。

币。美国当年的"马歇尔计划"无论从规模上还是从影响力上讲，都无法与中国的"一带一路"和亚投行相提并论。"一带一路"计划涵盖65个国家、44亿人口和40%的全球经济，其规模是马歇尔计划的12倍；中国对"一带一路"的资金投入占其GDP的9%，为马歇尔计划的2倍。

当然，"一带一路"既不可与"马歇尔计划"相提并论，也不会与TPP针锋相对。中美两国提出了不同的区域经济合作方案：美国主导的TPP、TTIP是"排他性的"，是为了巩固其在全球的经济霸权；而中国提出的"一带一路"倡议，是共商、共建、共享，是包容、开放的方案，欢迎世界各国（包括美国）和国际组织搭乘中国发展的快车、便车，参与到"一带一路"的合作中来。

第一，中国经济实力上升，具有支撑"一带一路"建设的经济基础。2015年，中国GDP达67.7万亿元（约合10.4万亿美元），超过法德意三国GDP总和（日本GDP为4.8万亿美元，不及中国的一半）。世界上保持国防和工业体系完整、独立和齐全这三要素的国家只有美国、中国和俄罗斯。拥有全部371个工业门类的国家只有中国（见表1）。

表1 2014年中国主要工业品生产规模及占世界总量的比重

业品种类	年总产量	占世界总产量比重
生铁	7.1亿吨	59%
粗钢	8.2亿吨	50%
煤炭	38.7亿吨	接近50%
造船	3629万载重吨	40%
水泥	24.8亿吨	60%以上
电解铝	2438万吨	65%以上
化肥	6933.7万吨	35%
化纤	7939吨	70%
平板玻璃	7.9亿重量箱	50%以上
工程机械	590亿美元（销售额）	43%
汽车	2372万辆	25%
手机	16.3亿部	71%
集成电路	9166.3亿元（销售额）	90.6%
制鞋	155亿双	60%以上

资料来源：国家统计局、工信部和各行业协会。

中国 GDP 增速高于世界平均水平 3.67 倍。2000 年—2014 年，全球 GDP 从 31.8 万亿美元增至 75 万亿美元（增长 2.36 倍），而中国 GDP 从 1.28 万亿美元增至 10.4 万亿美元（增长了 8.67 倍）。

中国成为全球最大的贸易国。外贸总额达 4.16 万亿美元（美国为 3.9 万亿美元）。中国成为全球 120 多个国家和地区的第一大贸易伙伴（美国不到 80 个）。中国成为英帝国之后首个"大贸易国"。全球每生产一美元产品中有 30 美分来自中国。中国在改革开放前没有上述经济实力，是不可能搞"一带一路"建设的。

第二，继续深化改革开放国策的需要。过去是以"沿海、沿江、沿边"1.8 万公里的海岸线对外开放，现在发展到以 2.2 万公里陆地边境线全面对外开放，使中国全方位融入世界。

第三，为京津冀一体化协同发展、长江经济带发展以及"四大板块"区域协调发展总体战略（西部大开发、东北地区等老工业基地振兴、中部地区崛起、东部地区率先发展）寻求新的对外窗口。同时可依托中国五大港口群①全面对接"一带一路"建设。

第四，拉长国内产业链，促进世界经济复苏。例如，非洲国家对中国产能存在巨大需求，将中国的产业链延伸到非洲，将使非洲和中国共同受益。

第五，向全世界输出中国先进技术和现代装备。中国的出口已经由过去纺织、家电等低附加值劳动密集型产业向高附加值型产业转移。高铁、核电、北斗导航系统等先进装备业成为"一带一路"建设的开路先锋。

中国高铁运营里程达 1.9 万公里，占全球 60% 以上（2015 年）。中国高铁项目已经与美国、英国、俄罗斯、印尼等世界几十个国家签约。中国在核电关键技术上已取得重大突破，在建核电装机量全球第一（设备国产化率不低于 85%）。

"北斗"全球卫星导航系统将由 5 颗地球静止轨道卫星和 30 颗地球非静止轨道卫星组成，国内精度达到 2.5 米，精度将超过 GPS（2015 年—2020 年）。北斗卫星系统同时获得国际海事组织认可（2014 年），将进入国际民航、国际海事、移动通信等使用领域。南海 4 万多艘中国渔船搭载"北斗"系统设备，

---

①　我国港口运输行业已初步形成环渤海、长江三角洲、海峡西岸、珠江三角洲和北部湾等西南沿海 5 个规模化、集约化、现代化的港口群。

以捍卫国家主权。

第六，合理运用过剩外汇储备。过去，中国外汇储备最高时达到 4 万亿美元，80% 左右购买美国国债和政府债券，收益率十分低下。美国十年国债收益率仅为 1.36%（2016 年 6 月），美国通货膨胀率为 1.8%。如果能把这笔外汇储备用于"一带一路"和"亚投行"建设，那么其经济利益和战略利益将大大超过简单地购买美国国债和政府债券。

第七，争取国际经济规则制定的话语权，国际贸易定价权和资源配置权（推动各种类型自贸协定谈判）。国际经济最高层次的竞争是制定规则的竞争。第二次世界大战后，美国把持世界银行、美日把持亚洲开发银行、欧洲把持国际货币基金组织，现行的国际经济体系完全由以美国为首的西方国家建立和把持，它们已经不适应战后国际经济发展及国际经济结构的新变化，以中国为代表的发展中国家要求对过时的国际经济体系进行改革，充分反映和维护世界绝大多数国家的利益，也就成为历史的必然。

三、中美经济博弈

守成大国和崛起大国之间在海权和陆权方面产生的竞争似乎不可避免。中美两国之间的经济博弈似乎也进入了争夺海权和陆权的领域：从"两洋铁路"到尼加拉瓜大运河，从克拉运河到瓜达尔港，巴拿马运河和马六甲海峡的作用将大大降低，中国通过铁路加航道双管齐下冲破美国在海上的垄断和围堵，与世界人民一起建设一条连接太平洋、印度洋、大西洋的"一带一路"。①

2014 年 11 月，在北京召开的 APEC 会议上，美国在美国驻华大使馆召开 TPP 会议（但不邀请中国参加）。② 习近平主席提出进行亚太自由贸易区（Free Trade Area of the Asia – Pacific，以下简称FTAAP）协议谈判，它既包括美国所主导的跨太平洋伙伴关系协议（TPP），也包括中国主导的区域全面经济伙伴关系

---

① 由"一带一路"倡议把整个欧亚大陆用高铁串联起来，将欧亚大陆变成名副其实的世界岛，快速的陆路通道意在打破美国的海上垄断。由尼加拉瓜大运河和克拉运河打造的中国控制的海上航道也意在打破美国的海上围堵。中国在海权和陆权上对美国的冲击和威胁程度要远远大于经济上的威胁。

② TPP 国家一共有 12 个，文莱、智利、新西兰和新加坡是最初参与国，此后，美国、加拿大、墨西哥、日本、越南、澳大利亚、秘鲁、马来西亚也加入进来。美国后来居上，成为主导国。TPP 谈判由两大部分构成：一是知识产权保护规则等所有 12 个谈判参与国一起决定的领域；二是诸如某种物品关税减免等双边磋商领域。

协议（Regional Comprehensive Economic Partnership，简称 RCEP）。美国认为 FTAAP 的风头盖过 TPP，中美两国各自力推的这两个区域性自由贸易协议僵持不下，中国建议中美合作进行 FTAAP 的可行性研究，美国则认为 FTAAP 可行性研究具有误导性。最后，中美妥协，双方同意进行联合战略研究（2 年）以取代可行性研究（此事不了了之）。在美国主导的 TPP 战略框架下，中国采取的任何建设新平台（经济、金融、外交）的举动，都会被美国视为对其战略的潜在威胁。

跨太平洋伙伴关系协议签约后，TPP 将占全球 GDP 的 40%（超过欧盟），涵盖全球人口 13%，相互取消关税 1.8 万种。而亚太地区占世界经济总量的 60%，全球贸易总量的 50%，全球人口的 40% 左右。

TPP 与 WTO 最大的区别在于，跨国公司应该接受怎样的法律监管。在 TPP 框架下，主权国家与在本国经营的跨国公司纠纷将由国际仲裁机构裁定，而全球最高级仲裁机构设在纽约，主权国家法律须服从 TPP 协定（超越国家主权）。TPP 谈判并非由各国政府主导，而是由各跨国公司与各大财团在主导，TPP 顾问委员会成员（85% 以上）是财团高管及大律师合伙人，TPP 所有具体条款都是这些人全程参与敲定。由此可见，TPP 的实质在于资本权力凌驾于国家权力之上，为推行美式自由主义大开方便之门，将美国的双边条款——"投资者——政府争端解决（investor - state dispute settlement，简称 ISDS）机制"，扩展到多边机制，以扩张跨国公司的利益。① 奥巴马（民主党）跟代表大财团利益的共和党联手启动《贸易授权法案》——快速通道——国会无权过问讨论修改审定 TPP 细节条款，只能通过或者否决。

TPP 禁止要求软件企业披露其源代码，禁止成员国设定任何加密产品的禁令，要求成员国立法禁止网络黑客窃取商业机密，对一些数据隐私监管设置具

---

① ISDS 机制确保外国投资者与地主国产生争端时交由第三方国际仲裁机构（而非地主国司法体系）进行仲裁。有人担心仲裁机构采用黑箱机制，向投资者和财团利益靠拢，而否决地主国的法律乃至立法与施行。一旦签订协定，就意味着跨国企业会成为与国家并驾齐驱的第三方势力。美国西方石油公司曾凭 ISDS 针对厄瓜多尔油气政策变化获得了 22 亿美元的赔偿（2012 年）。

体要求。①

TPP 限定国企经营范围,规定国企全球经营的详则(第 17 章),规定国企同私企竞争的详则,但对新加坡淡马锡控股公司(Temasek Holdings)、新加坡政府投资公司(GIC)、马来西亚基金管理公司(Permodalan Nasional Berhad)、马来西亚主权财富基金(Khazanah)等国企给予两年的争端豁免权。

TPP 实施后将使 12 个成员国 GDP 平均增加 1.1%,尽管美国获取的经济利益不如其他国家,② 但是,美国可获取制定国际经济规则的最大战略利益(最大的阻力来自美国,最大的受益者也在美国)。获取最大短期经济利益的是越南,TPP 将在 2030 年前使越南经济增速提高 10%。TPP 零关税与原产地规则设定,将最大程度地排挤中国与韩国、东南亚的贸易与资本合作,这就是为什么越南积极加入其中的原因。

TPP 是一个排他性的国际经济协议,不仅使参与国受损,而且使未参与其中的国家都受到损失。12 个 TPP 参与国总共丧失 771000 个工作岗位,其中,美国损失工作岗位多达 448000 个。参与 TPP 的发展中国家面临同样的就业损失,竞争迫使其削减劳工收入和增加出口。未加入 TPP 的国家的 GDP 和就业损失就更大了。

欧洲发达国家因此减少 3.77% 的 GDP,损失 87.9 万个就业机会;发展中国家减少 5.24% 的 GDP,损失 4.45 亿个就业机会。③

TPP 将使全球所有国家从劳动力收入到资本进行重新分配,其结果是:富国变得越富;穷国变得越穷;富人变得越富,穷人变得越穷。劳动者的地位越来越低下,劳动力占国民收入比重越来越小,导致世界巨大的不平等。

TPP 将对中国经济发展造成潜在负面影响,将使 GDP 损失 2.2%,加快外国资本转向 TTP 国家的步伐,导致出口下降,加大中国经济结构调整的压力,加大人民币国际化的压力,加大地缘政治摩擦,以达到阻碍中国崛起的目的。

---

① 保证企业跨境自由传送数据,禁止成员国政府要求企业将服务器等计算设备设在一个国家境内,即不得要求云计算公司等科技企业采取任何被视为贸易壁垒的"本地化"措施。金融服务业不受这类跨境数据规定管制。政府有权出于"达成合法的公共政策目的"实行服务器本地化举措。

② 美国、加拿大和墨西哥加入 TPP 得到的经济利益相对较少,3 个国家早在 20 年前就达成了《北美自由贸易协定》,已经极大程度上开放了贸易市场。

③ Jeronim Capaldo, Alex Izurieta and Jomo Kwame Sundaram, GDAE Working Paper, January 2016.

美国在与亚太国家谈判 TPP 的同时又与欧洲国家谈判"跨大西洋贸易与投资伙伴协议（Transatlantic Trade and Investment Partnership，简称 TTIP）。TPP 谈判不让中国和欧盟进来，而 TTIP 谈判又不让中国和日本进来，由此看出美国争夺全球经济霸权（损人利己）的野心。欧盟与美国占全球 60% 的经济总量，占全球商品贸易比重 33%，占全球服务贸易比重 42%，一旦美欧日被分别纳入 TTIP 和 TPP 框架，中国将会被"逼上梁山"。

中国当然不能束手就擒，中国主导了包容开放、合作共赢的区域全面经济伙伴关系协定（RCEP）谈判，即"10 + 6"谈判。东盟 10 国 + 中国、日本、韩国、印度、澳大利亚和新西兰等 16 个国家。人口为 35 亿，占世界总人口（72亿）的 48.6%（TPP 占 13%）；GDP 为 23 万亿美元，占世界 GDP（77.87 万亿美元）的 29.5%（TPP 占 40%）；贸易占世界的 40%。

RCEP 的优势在于，中国的进出口贸易总共是 4.16 万亿美元，超过 TPP 内部 12 个 TPP 成员国相互贸易总额的 3.5 万亿美元，中国在进出口贸易上有牌可打。

TPP 与 RCEP 在某种程度上是竞争关系，RCEP 受到美国牵制，许多国家立场受美国影响，亚太国家不愿在美中之间"选边站"。比如，新西兰、澳大利亚等国即是 TPP 的成员国又是 RCEP 的成员国，它们既不愿意得罪中国，又不愿意得罪美国。

正是由于 TPP 和 RCEP 成员国的双重身份，这又为建立 RCEP 和 TPP 互联互通打下了基础。客观上讲，TPP 贸易自由化程度高于 RCEP，TPP 的自由贸易水平达 95%，RCEP 只有 80%，由于印度等国态度消极，RCEP 谈判滞后于 TPP。TPP 在议题范围、准入门槛、自由化要求等方面均高于 RCEP，但 RCEP（16 个国家参与）比 TPP 更大、有着更实际的基础。

日本加入 RCEP 比 TPP 对日本更有利，加入 RCEP 对日本经济的提振作用将同比增长 1.1%，而加入 TPP 的提振作用同比增长仅为 0.5%。加入 RCEP 使自由贸易对日本的覆盖率将从加入 TPP 的 26.4% 提升到 63.6%。韩国央行行长对我说，"与其加入美国主导的 TPP 不如加入到中韩双边自贸区的收益更大"。

除了中韩 FTA（双方货物贸易自由化比例超过税目的 90%、贸易额的 85%）外，中国还与东盟、新西兰、瑞士、澳大利亚等国家签署了 14 个自由贸易协定（包括 3 个 TPP 成员国，11 个"一带一路"成员国），同时还与 56 个沿线国家签署了双边投资协定。除双边 FTA 外，中国还将东盟自贸区扩容至中韩澳新多边自贸区。因此，随着双边 FTA 的扩展，不排除最终可能形成 FTAAP = TPP + RCEP 的局面。与 TPP 不同，"一带一路"倡议超越了意识形态、宗教信仰、语言文化、政治制度和民族界限，中国以比美国大 4 倍的国内市场和经济潜力寻求全球发展与合作。

"一带一路"比 FTAAP 好操作，"一带一路"为实、FTAAP 为虚，"一带一路"是 FTAAP 的抓手。比如，国内外港口可以成为其海上和陆上的支点。

正因为如此，"一带一路"建设拉动了中国的海外投资，中国对"一带一路"沿线国家和地区的投资增速超过其他地区。"一带一路"重大项目储备已达 1400 多个，有 100 多个国家地区和机构参与"一带一路"的建设，中国同 30 多个国家签订了"一带一路"建设的合作备忘录，与 20 多个国家开展了国际产能合作。对"一带一路"相关国家的累计投资已达 511 亿美元，占同期对外直接投资总额的 12%，与沿线国家新签承包工程合同 1.25 万份，累计合同额 2790 亿元。从 2013 到 2015 年的合同额达到了 900 亿元，增加合同额接近 400 亿元。未来十年，中国对"一带一路"建设的投资将达 1.6 万亿美元，占中国对外投资的比重将从 13% 提高至 30%。

中国对"一带一路"沿线国家和地区的外贸增速也超过其他地区。2005—2014 年期间，中国与"一带一路"沿线国家进出口总额的年均增速达 18.2%，高于中国对外贸易增速的 14.0%。与"一带一路"沿线国家的贸易份额由 19.4% 升至 24.7%。中国与"一带一路"沿线国家的贸易额占到中国对外贸易总额的四分之一。未来 10 年，中国与"一带一路"沿线国家进出口贸易额将达 16 万亿美元，超过 2013 年中国进出口总额（2.5 万亿美元）的 5.4 倍。

"一带一路"倡议得到国内外广泛支持，65 个沿线国家和国际组织对参与"一带一路"建设表达了积极态度，其业务遍及 190 多个国家，总人口约 44 亿（占全球的 63%），经济总量约为 21 万亿美元（占全球的 29%）。

四、风险

1. 地缘政治风险

"一带一路"建设的地缘政治风险主要表现在四个方面：一是美国"重返亚洲"的战略围堵。二是俄罗斯的战略猜疑（怕绕过俄罗斯、怕与欧亚联盟相对立、怕取代上合组织）。三是印度的战略不合作。印度未表态支持"一带一路"倡议的理由：成本巨大（要 8 万亿美元大规模投入），印度不愿投入，担心无法获益；所经争议地区动荡，比如经过克什米尔地区、孟中印缅经济走廊经过缅甸不稳定地区、中巴经济走廊经过不稳定弧等；担心被中国包围，尤其是从海上、陆上恶化印度的安全环境，担心美国的介入影响其独立自主性。四是日本的战略搅局：在中南半岛、孟加拉湾搞互联互通与中国唱反调；利用其对外直接投资优势搅局；通过非政府组织破坏中国项目；利用亚行基建项目与中国竞争。

美日对"一带一路"倡议和"亚投行"采取拆台和反对的做法失败后改变策略——入局捣乱。除继续采用各种方式向亚投行施加影响、监督中国主导的亚投行规则制定和运营方式外，美日还通过其在"一带一路"地区的代理人制造麻烦，日本甚至从美国身后跳到台前来。

俄罗斯担心中国与其亚欧联盟竞争"偷走中亚"，中亚国家担心中国的"战略性"扩张，少数沿线国家对能否获取实际利益存有质疑，自己只是扮演单一过境国、跳板国的角色。哈萨克斯坦示威游行抗议政府把廉价土地卖给中国。俄罗斯以破坏生态为由叫停中国"一带一路"援蒙项目。俄欧争斗使丝路列车去途满载回程半空，俄罗斯反制裁欧洲又使西班牙等国货物无法抵达义乌。

印度担心中国在印度洋打破其主导优势。印度对东南亚国家有传统影响，尼泊尔的国教是印度教，不丹的外交与国防交给了印度，锡金已被印度吞并，东南亚国家天然对印度有着亲近感，当印度的国内经济发展走入快车道时，"一带一路"建设将遇上强劲的竞争对手。

巴基斯坦塔利班问题牵扯印度、阿富汗等各方，背后是巴基斯坦与阿富汗关系问题及印巴关系问题。例如，中巴瓜达尔港合作项目导致周边国家的地缘竞争，印度与伊朗合作建设恰巴哈尔港——对抗瓜达尔港，但是，伊朗却支持中巴经济走廊建设，希望将瓜达尔港与伊朗港口连接起来。阿联酋因瓜达尔港建设分流迪拜港的吞吐量而持负面看法。

2. 传统安全风险

"一带一路"沿线安全问题较为严重，背后还有外国势力的介入和支持。"一带一路"的顺利推进有赖于沿线国家政局稳定、对华关系稳定。中国在斯里兰卡建的一座电站就占其全国发电总量的40%，电站建成当天就使电价下降25%，当地老百姓欢腾雀跃，结果招致美印恐惧，支持反对派推翻现政府，导致中国企业在斯里兰卡科伦坡建造14亿美元港口城的计划被叫停。

3. 非传统安全风险

气候变化、水资源冲突、国际恐怖主义、宗教极端主义、民族分离主义等非传统安全风险都可能将中国卷入进去。

一些"一带一路"沿线国家投资环境差，边境管理机关效率低，签约容易获益难，签证办理困难常导致工期延误。由于一些国家外汇管制政策，导致中国企业赚取的外汇难以汇回国内，投资容易撤资难。一些国家官员的贪腐行为增加中国企业的投资成本。

一些国家实施贸易保护主义，对跨境贸易征收高额关税，部分东盟国家对中国出口钢材产品进行反倾销、反补贴调查。印尼频繁在原产地证上对中国电梯、电子产品、家具等实行退证查询。秘鲁对中国出口的瓷砖、牛仔布等进行反倾销调查。各种"隐形壁垒"使"互联互通"的成果大打折扣。

4. 法律与道德风险

"一带一路"沿线 65 个国家含有 65 种不同的法律体系，宗教信仰、道德伦理也不尽相同，劳工保障制度差异巨大。如果中国企业在投资国发生商业纠纷，诉讼极难。

伊斯兰教对中东、西亚影响巨大。伊斯兰教占主导地区的穆斯林内部教派冲突巨大，一战中欧洲帝国没能解决的问题持续到现在，美国和苏联都曾陷入当地宗教冲突而不能自拔。中国对世界宗教的研究远不如美国和欧洲，也无法像日、印那样在亚洲拥有传统的宗教影响力，让"一带一路"建设充满坎坷。

5. 债务风险

"一带一路"国家多数属于发展中国家，偿还外国投资债务的能力比较低。比如，中国持有塔吉克斯坦 49% 的政府债务、持有吉尔吉斯斯坦 36% 的政府债务。如果这些债务不能按期偿还，将对今后的继续投资产生负面影响。

2015 年，54 家海外交易的中国企业债务平均杠杆率为 5.4 倍，其中，中远控股（China Cosco Holdings）以 3.685 亿欧元收购希腊比雷埃夫斯港务局（Piraeus Port Authority），中远的负债程度是港务局的 7 倍。

6. 中国公司自身的管理风险

中国在"一带一路"沿线国家的投资既受到美日的联合夹击，同时面临中资公司内部自相残杀式的竞争。例如，目前中国有 40 多家企业（央企、地方企业、私企）参与坦桑尼亚建筑业市场的竞争，在坦桑尼亚建筑业市场的招标项目中，前 5 标基本都是中资企业。中资企业为拿到项目相互压价，甚至签订令人不可思议的亏损合同。

中资企业为什么要"赔本挣吆喝"？原因有六：一是中资企业资质相差不大（出国前都经过严格审核），质量竞争空间不大，均采取残酷的价格竞争。二是央企或实力较强的中资企业为争夺市场而排挤走地方企业或较弱的中资企业。三是在非投资资历长信誉好的中资企业为保住市场份额和知名度，用其他行业投资的收益弥补中标后的亏损。四是部分中资企业面临国内就业压力，只求在非投资给员工发工资而不顾企业整体效益。五是中资在非投资商会没有起到协调作用，做到"枪口一致对外"。六是驻非大使馆为中国企业"走出去"服务，办实事。因此，这种自相残杀的竞争挤压了中国公司盈利的可能性，封杀了中国公司在非洲市场继续生存的空间，压干了中国公司承担"企业社会责任"的成本，极大地损害了中国在非洲的形象，一定程度上扰乱了非洲建筑市场的正常秩序，影响了中国公司与当地老百姓的关系，美日等国利用中资企业"窝里斗"的弊端挑拨离间中资企业，各个击破，同时也为其攻击中国对非投资提供口实。

有中资企业代表认为，非洲人提出的环境保护问题、修路与当地居民争水问题、修路与征地矛盾、融入当地社区问题、帮助当地就业问题等，都不是主要矛盾，主要矛盾是中资企业"内耗"封杀了我们解决上述问题的手段。如果按照正常市场竞争，中国企业完全可以合理的价格挤走所有美日欧企业，拿出正常中标价格的一部分冲销"企业社会责任成本"，搞好与非洲当地居民的关系，堵住西方国家攻击我们的嘴，提升企业的盈利空间，使"走出去"战略越走越宽，越走越远。①

四、战略思考

从战略层面应该思考如下问题：如何处理"一带一路"与中美"新型大国关系"；如何处理"一带一路"与 TPP 的关系；如何处理"一带一路"与"经济新常态"的关系；如何通过"一带一路"促进人民币国际化；如何突破美国对"一带一路"的战略围堵；如何通过"一带一路"同时实现中国梦和美

---

① 肖炼：《中国在非洲建筑领域竞争主要来自中资公司内部自残式竞争而非与欧美公司竞争——关于非洲发展的"欧洲、美国、中国、非洲四边会谈"综述》，2013 年 2 月 27 日。

国梦？

　　未来的中美在"一带一路"的关系："合作为表、竞争为里"，以斗争求合作则合作存，以退让求合作则合作亡；通过不断博弈，来争取利益，实现合作。

　　是否考虑"三两"（"两容、两分、两轨"）思路？

　　"两容"——强调"包容性"：与域内国家自身经济发展计划接轨，而不是另起炉灶；欢迎美日等域外国家参与"一带一路"建设，共同推进世界经济发展。

　　"两分"——强调"共享性"：共同分享利益；共同承担风险。"一带一路"倡议，不单单是中国单方面的事情，也是所有域内国家分工合作的事情。中国在"一带一路"建设中的收益就是域内国家的收益，中国在"一带一路"建设中的风险就是域内国家的风险，最终形成"利益共同体和风险共同体"。

　　"两轨"——强调"共存性"：安全与经济两轨；双边与多边两轨；南海与印度洋两轨；欧洲与美国两轨。

　　首先，安全与经济两轨方面。与有关国家的领海主权争端可通过双边谈判的方式予以解决，但不影响海上丝绸之路的推进。

　　其次，双边与多边两轨方面。双边与多边合作相互促进，各得益彰。例如，中巴经济走廊不仅是双边经济合作项目，更是实现整个地区互联互通和多赢的国际和地区合作项目。中巴双边合作可与其他地区发展计划或项目对接，如美国的"新丝绸之路计划"、土库曼斯坦—阿富汗—巴基斯坦—印度天然气管线（TAPI）、伊朗—巴基斯坦—印度（IPI）天然气管线等。中巴经济走廊与周边的伊朗、印度、阿富汗及俄罗斯和中亚等国的国内发展计划对接，并鼓励周边国家投资中巴经济走廊项目。伊朗希望将瓜达尔港与伊朗港口连接起来，俄罗斯也在巴基斯坦投资建设能源项目。中巴双边合作还可探索与西方公司在一些项目上开展合作的可能，共同投标，实现共赢。

　　再次，南海与印度洋两轨方面。南海是海上丝绸之路的重要出发站，印度洋是古代海上丝绸之路的终点站，两者都是通达"一带一路"欧洲终点站的必经之道，因此，在南海与印度洋的合作将具有十分重要的意义。瓜达尔港和克拉运河建设也将成为沟通南海与印度洋的战略要地。

　　最后，欧洲与美国两轨方面。"一带一路"并非中国单向推进，其终点站是欧洲，需要西头来主动对接，为此，需要运筹两个大三角关系：中美欧大三角关系，中欧合作既可以制衡美国，也可以逼美国顺应"一带一路"发展大趋势；

中美俄大三角关系，同样，中俄合作既可以制衡美国，也可以逼美国顺应"一带一路"发展大趋势。

从战术层面讲，中国企业通过"一带一路"走出去可采取"抱团出海"方式，以冲抵风险。龙头企业整合资源模式，优势互补，分工协作，打造共同成长的供应链。充分发挥中国商会在"一带一路"沿线国家的作用，做好情报搜集与传递，搞好与当地政府的沟通，搞好宣传，为中资企业在"一带一路"国家和地区大展拳脚服务。

"一带一路"与中国的三步走战略同步，它将拓展中国雄厚的资本实力，推广中国的自主创新技术，与世界人民一起共同参与国际经济、金融、贸易规则的话语权，加快人民币国际化步伐，不断完善和改进现行全球经济格局。

"一带一路"借助亚投行平台，将来自欧盟、中东国家的融资能力，来自澳大利亚、巴西、俄罗斯等国的上游原材料供给，来自中、德、韩的制造业进行整合，打造一个完整的"亚洲投融资链条"。2050 年前将把"一带一路"地区30 亿人带入中产阶级的行列（圆 30 亿人"中产梦"）。"一带一路"将重组世界地缘政治格局，将欧亚大陆市场通过高铁网络连接成一个整体。届时，海洋与陆地的地缘格局就会发生改变，由海洋抑制大陆的格局转换为大陆优先于海洋，美国若不参与其中将成为一个"孤岛"，人类文明将回归到世界文明中心的起点位置。

（原载于《太平洋学报》2017 年第 2 期）

从地缘政治视角看"一带一路"倡议*

改革开放、特别是加入 WTO 以来，中国经济发展势头迅猛，GDP 占全球的份额从 2001 年的 4.16% 增加到 2011 年的 10.43%，而同期美国的份额则从 32.40% 下降到 21.72%。这一此消彼长的局面，对既有的全球政治经济秩序带来了现实的冲击，急剧变化的世界格局需要全新的框架进行界定。习近平主席代表中国提出了"一带一路"倡议，就是希望运用一种全新的框架来解释现实世界，并为未来世界发展描绘一幅美好的愿景。正如他在 2015 年 11 月 18 日参加亚太经合组织工商领导人峰会时指出的那样，中国是亚太大家庭的一员，中国发展起步于亚太，得益于亚太，也将继续立足亚太、造福亚太。通过"一带一路"建设，我们将开展更大范围、更高水平、更深层次的区域合作，共同打造开放、包容、均衡、普惠的区域合作架构。

以地缘政治为视角，剖析"一带一路"倡议的核心内涵，有助于诠释"一带一路"倡议的中心要旨。

一、中西两种民族国家模式

地缘政治观来源于民族的历史、文化、传统和发展模式，不同环境下成长起来的民族国家拥有迥异的地缘政治观。由于人文环境、地理环境的不同，中国和西方国家基于各自的成长轨迹与特质，形成了两种截然不同的民族国家模式。

---

* 本文作者：李曦辉，中央民族大学管理学院教授，中国区域经济学会少数民族地区经济专业委员会主任委员，中国企业管理研究会常务副理事长，北京产业经济学会会长。
基金项目：本文得到中央民族大学中央高校基本科研业务费专项基金"'一带一路'与周边经济走廊研究"的资助。

1. 尚武的西方模式

列宁在论述资本主义国家性质时曾经指出:"为了使商品生产获得完全胜利,资产阶级必须夺得国内市场,必须使操着同一语言的人所居住的地域用国家的形式统一起来。"① 但是这种国家的形成过程并不是一种自然的形式,它有许多强制性的内容,更多地体现为政治性,而非经济性使然。马克思和恩格斯在《论德意志意识形态》中指出:"罗马始终只不过是一座城市,它与占领地之间的联系几乎仅仅是政治上的联系,因而这种联系自然也就可能为政治事件所破坏。"② 恩格斯指出:在欧洲"没有一条国家分界线是与民族(Nationalities)的自然分界线,即语言的分界线相吻合的。……欧洲最近一千年来所经历的复杂而缓慢的历史发展的自然结果是,差不多每一个大的民族都同自己的机体的某些末梢部分分离。"③ 英国地理学家哈尔福德·约翰·麦金德(Halford John Mackinder)1919 年在其名著《陆权论》中分析欧洲史时就曾说过:在西欧,英法"两国在 18 世纪发生的几次大战,主要都是为了防止法兰西的专制政权独霸欧洲大陆。……至于其他战争,都是争夺殖民地和进行贸易竞争的战争"。"东欧整体形势的关键,在于日耳曼人要求统治斯拉夫人;……正好位于西欧外界的维也纳和柏林,都处在中世纪早期属于斯拉夫人的地盘之内;这两个地方,代表着日耳曼人走出本土、向东征服的第一步。"④ 后来的实践也证明,西方的工业化进程就是一部战争和侵略史。塞缪尔·亨廷顿(Samuel P. Huntington)认为:"(1500 年以来的)400 多年里,西方民族国家——英国、法国、西班牙、奥地利、普鲁士、德国和美国以及其他国家在西方文明内构成了一个多极的国际体系,并彼此相互影响、竞争和开战。同时,西方民族也扩张、征服、殖民,或者决定性地影响所有其他文明。"⑤ 纵观欧美经济社会发展史,"'西方的兴起'在很大程度上依赖于使用武力,依赖于下述事实:欧洲人及其海外对手之间的军事力量对比稳定地倾向于有利于前者;……西方人在 1500—1750 年期间

---

① 列宁:《论民族自决权》(1914 年),《列宁全集》第 25 卷,人民出版社 1988 年版,第 224 页。
② 《马克思恩格斯选集》第 1 卷,人民出版社 1995 年版,第 27 页。
③ 恩格斯:《工人阶级同波兰有什么关系》(1866 年),《马克思恩格斯全集》第 16 卷,人民出版社 1964 年版,第 382 页。
④ 麦金德:《陆权论》中译本,石油工业出版社 2014 年版,第 90 页。
⑤ 塞缪尔·亨廷顿:《文明的冲突与世界秩序的重建》中译本,新湖出版社 1997 年版,第 5 页。

成功地创造出第一个全球帝国的要诀,恰恰在于改善了发动战争的能力,它一直被称为'军事革命'。"①

从历史的经验可以看出,西方的民族国家进程无疑带有明显暴力特征,其工业化进程也是对殖民地征服以及欠发达民族被迫屈服的过程。即便在今天的现代化进程中,还能隐约见到这一历史踪影。这可能也是以美国为代表的经济全球化模式频频遭遇挑战的一个主要原因。

2. 经济居先、文化一体的中国模式

中国的民族国家形成过程恰恰与西方相反,我们并不崇尚使用武力,而是注重对中华文化的认同。正因为如此,当蒙古族、满族入主中原建立了统一的元朝和清朝后,国家没有分裂,中华民族凝聚力也没有被削弱,中华民族的族群范围也大大地扩充。

中国的民族国家模式与西方最大的不同,在于中华民族是文化民族而非血统民族,它具有强大的包容性而非排他性,这一过程推崇融合,摒弃战争。曾经有美国学者这样说:中国"是一个装扮成国家的文明。"② 中国台湾地区也有学者认为:"按区别民族,不外种类与文化两大标准,中国古籍中涉及民族之处,多着眼于文化之殊别……孔子论夷夏,则已废弃种类之标准而就文化以为区别……孔子以文化判夷夏,其意在用夏变夷。夷夏既因文化之升降而不定界,则均已失其种族之意义而成为文化名词。"③ 钱穆先生也曾指出:"在古代观念上,四夷与诸夏实在另有一个分别的标准,这个标准,不是血统而是文化。所为诸侯用夷礼则夷之,夷狄进于中国则中国之,此即是以文化为华夷分别之明证。"④这种以文化分华夷的传统由来已久,在《诗经·北山》中就有"溥天之下,莫非王土,率土之滨,莫非王臣"的说法。如果没有超越血统的文化作为族类认同的标准,相信没有一个帝王敢于这样说。到了近代,这种文化认同就更发挥到了极致,作为并非炎黄子孙的清代皇帝康熙居然说:"卜世周垂历,开基汉启疆。"对此,历史学家傅斯年进行过精辟的总结:"现代以考察古地理为

---

① Jeoffrey Parker, The Military Revolution: Military Innovation and the Rise of the West (Cambridge: Cambridge University Press, 1988), p. 4.

② Lucian W. Pye, "China: Erratic State , Frustrated Society," Foreign Affairs, 69 (Fall 1990), p58.

③ 萧公权:《中国政治思想史》,台湾炼精出版事业公司1986年版,第76—77页。

④ 钱穆:《中国文化史导论》,上海三联书店1985年版,第35页。

研究古史的这一道路，似足以证明三代及近于三代之前期，大体上有东西不同的两个体系。这两个体系，因对峙而生争斗，因争斗而起混合，因混合而文化进展。"①

由此我们可以看出，中国的民族国家模式与西方截然不同，我们的行为方式在许多地方甚至是与西方人反其道而行之的，我们的民族进程和国家进程是同步的，甚至是文化引领民族国家形成与发展的，这一过程的主要特征是非暴力，是一种中华文化的浸染，待到成熟的时候就已经是一体的了，并不需要武力解决。这种非暴力的民族国家观体现在地缘政治方面，就是经济居先文化一体的发展方式。这在西方主导的地缘政治领域，中国的地缘政治观就难免被误读。

二、东西不同的地缘政治观

基于民族国家发展历史与路径的差异，中国和西方有着迥异的文化传统，由此表现为不同的地缘政治观。

1. 西方地缘政治观

源于特殊的历史人文环境，西方人普遍持有强权与平衡的地缘政治观，认为世界上只能有一超多强的格局，否则人类将不会太平。

陆权论提出者麦金德认为："谁统治了东欧，谁就控制了'中心地带'；谁统治了'中心地带'，谁就控制了'世界岛'；谁统治了'世界岛'，谁就控制了整个世界。"② 为了人类的稳定，应该对世界进行国际共管。"国际共管最有效的办法，似乎是委任某一强国，让它作为整个人类的托管国；……可以让美利坚合众国和大英帝国作为全世界的托管国，来维护海上和平，维护连接海洋盆地的各个海峡的和平。"③ 海权论者马汉和边缘地带论者尼古拉斯·斯皮克曼（Nicholas John Spykman）认为，美国是一个典型的海权国家，为了避免被欧亚大陆从大西洋和太平洋两面予以包围，美国应极力保持自身的霸权地位，否则将引发灾难性的后果。马汉危言耸听地提醒西方、特别是美国政府："谁控制了海洋，谁就控制了世界。"边缘地带理论则认为："谁控制了欧洲和亚洲的'边

---

① 中央研究院：《庆祝蔡元培先生六十五岁论文集》（1935年），第1093页。
② 麦金德：《陆权论》中译本，石油工业出版社2014年版，第107—108页。
③ 麦金德：《陆权论》中译本，石油工业出版社2014年版，第122页。

缘地带'？这是一个对美国至关重要的问题。如果这些地区落入对美国怀有敌意的单个强国或数个强国的联合体手中，所导致的对美国的战略包围将使我们处于极为危险的境地。"斯皮克曼认为：在争夺边缘地带控制权的过程中，"各国的价值观不同，而这种价值观都是各国自认为不可退让的，在各国试图实践自己的价值观时难免会产生冲突。……每个国家都会觉得，它们一定要保护自己视若珍宝的价值观，必要时可以为此动用武力。"①

无论是陆权论、海权论还是边缘地带论都认为，我们所处的世界是一个零和博弈的场所，每个国家为了自身的利益，可以不惜动武，可以损害他国的权益。

2. 中国地缘政治观

中国自古就具有天下一统的思想基础，认为整个世界都处在一个统一的治理体系之中，中国就是这一体系的核心。虽然体系之中也分内圈和外圈，但所有的民族国家都是向心的。由于中国首创了用文化统一国家的方式，因此中国的国家进程克服了血统和宗教的束缚，规模比任何国家都大，在公元前 1 世纪到公元 15 世纪长达 1600 年的时间里为世界起到了带头与示范作用。

费孝通先生在总结中华民族多元一体模式时指出："纵观中国几千年的历史，分分合合，纷争不断，但是从'多元'走向'一体'的大趋势是整个历史发展的主线。"② 这种理论的渊源就是中国的大一统思想，认为天下的民族都会统一于中国的文化之下。天下大同的局面是由文化黏结的，"中国人的基本认同感是针对中国文化的"③，"民族的认同本质上就是文化的认同。"④ 由中华民族构成的"统一的政治体系、统一的文化体系、以国家为统治的统一的集体行为，这就是'中华民族'的整体概念。"⑤ "各民族从'多元'走向'一体'的过程中，犹如一个不断向外扩大的同心圆，首先是中华各民族内部的民族认同，然后才逐渐扩展为中华各民族的相互认同，最后达到中华民族的整体认同。"⑥

可以看出，中国的地缘政治观强调的是非暴力、和平和共享。中国是以和

---

① 斯皮克曼：《边缘地带论》，石油工业出版社 2014 年版，第 4 页。

② 费孝通：《"美美与共"和人类文明》，《民族社会学研究通讯》2004 年版，第 35 页。

③ 郑永年：《中国民族主义的复兴》，香港三联书店 1988 年版，第 132 页。

④ 牟钟鉴：《关于民族主义的反思》，《中央民族大学学报》2003 年第 4 期。

⑤ 徐迅：《民族主义》，中国社会科学出版社 2005 年版，269 页。

⑥ 李克建：《儒家民族观对我国古代民族关系的影响及现代启示》，《中南民族大学学报》2009 年第 1 期。

平的、非暴力的文化来联系周边国家以获得认同，最终实现和平的共同发展。面对全新的全球化复杂局面时，习近平主席继承性地诠释了中国的地缘政治观，他在2015年10月21日中英工商峰会致辞中曾经说到，"一带一路"建设将为中国和沿线各国共同发展带来巨大机遇。"一带一路"是开放的，是穿越非洲、环连亚欧的广阔的"朋友圈"，所有感兴趣的国家都可以添加进入"朋友圈"。"一带一路"是多元的，涵盖各个合作领域，合作形式也可以多种多样。"一带一路"是共赢的，各国共同参与，遵循共商共建共享原则，实现共同发展原则。

三、落实"一带一路"倡议的制约因素

面对中西不同的民族国家发展模式和迥异的地缘政治观，中国提出的"一带一路"倡议，注定会被西方国家所误读，这需要给以重视，并锲而不舍地付出努力。

1. 地缘政治误读

西方秉持一超多强的地缘政治理念，中国则是坚持文化认同经济一体的天下体制地缘政治观。前者为了维持既有的地区与全球平衡不惜动用武力，后者坚持运用经济的推动力实现自身地缘政治规模与范围效益最大化。持有迥异地缘政治观的两个全球大国，如果不站在对方的角度换位思考，就很容易诱发对对方地缘政治动机的误读，严重者甚至能够引发地缘政治灾难。

中国学者认为："中国'一带一路'实施将促进中国的西进战略，起到战略腾挪的作用，扩大战略空间，减少与美国的直接地缘竞争。"[1] 这种理解是从中国式地缘政治观得出的再平常不过的结论，但却很容易被国外学者误读。外国学者的理解是："中国通过建设公路、铁路、港口和能源通道，能够加深与周边国家的贸易经济联系，以此抵消美国的影响力，并且将印度洋沿岸国家纳入中国的影响力范围之内。"[2] 这类误读比比皆是，比如中国为充分利用现有工业产能与俄罗斯、蒙古合作建设中蒙俄经济走廊，但以美国为首的西方国家则认为中国在挑衅他们的核心利益。这些国家一直将麦金德的陆权理论奉为金科玉律，认为谁控制了苏联疆界范围的"世界岛"中心，谁就等于控制了世界，而中俄蒙结盟无疑是在挑战他们占主导的既有世界格局，因此必须对此不遗余力地加

---

[1]　凌胜利：《"一带一路"战略与周边地缘重塑》，《国际关系研究》2016年第1期。

[2]　Zorawar Daulet Singh, "India Perceptions of Chinas Maritime Silk Road Idea," p. 136.

以打压。这种基于不同地缘政治观产生的误读,无疑在很大程度上阻滞着"一带一路"倡议的落地实施。

2. 安全模式转轨

自第一次鸦片战争开始,中国的实力与国际地位就开始大幅滑落,一度沦落为"东亚病夫",其独立国家的地位都岌岌可危,还何谈国家安全。而今中华民族处于伟大复兴时期,但衰落时期留给我们的国家安全环境却成了我们进一步发展的桎梏,不摆脱则无从谈发展。作为全球第二经济大国、世界制造业第一大国,我们非常依赖远洋运输,但却面临着没有任何安全保障的"马六甲困局"。据美国国防部统计,在中国2011年石油进口份额中,有85%途经马六甲海峡,而中俄和中国—中亚石油管道的输入量只分别占6%和4%。① 为此,"中国通过实施'一带一路'战略,可以形成沿海、内陆、沿边全方位开放新格局,提升开放水平,提高西部内陆地区的经济总量和经济份额,保证海上运输安全,加强政治互信。"② 这样一种基于自身安全考量提出的"一带一路"倡议,却遇到了诸多误解和阻力,一些国家出于自身既得利益,对中国的倡议大加反对,甚至设置重重障碍。

3. 宗教观对立

无论是基督教还是伊斯兰教,它们都有过政教合一的历史,其宗教教义不仅仅是一种形而上的意识形态,还曾经是一种国家政治的理论基础。今天除中国以外的许多国家,还有很强的宗教干预政治的传统。但在中国,宗教从来没有进入政治舞台,它一直是一种意识形态,可以影响人的思想,但不会左右政治行为,这是与国外宗教不一样的地方。到目前为止,西方人的思维还有很明显的宗教烙印。比如亨廷顿就说过:从1944年二战胜利到1989年柏林墙倒塌,"45年里,'铁幕'是欧洲的主要分裂线。……现在,它是一条一方面把西方基督教民族分离于穆斯林,另一方面把它分离于东正教的界线。"③ 曾经作为政教合一理论基础的宗教都具有一定程度的排他性,在市场经济的今天,它会在一

---

① Office of the Secretary of Defense "Annual Report to Congress: Military and Security Developments Involving the People's Republic of China 2013", The Department of Defense , May 6, 2013, p. 80.

② 刘海泉:《"一带一路"战略的安全挑战与中国的选择》,《太平洋学报》2015年第2期。

③ 塞缪尔·亨廷顿:《文明的冲突与世界秩序的重建》中译本,新湖出版社1997年版,第7—8页。

定程度上制约经济的发展。

"'一带一路'沿线国家大多具有悠久的宗教文化传统和浓厚的宗教氛围。"① 面对众多宗教观与我们截然不同的国家，共同实施"一带一路"倡议和建设周边经济走廊，我们确实面临不小的挑战，应该引起足够重视来完成好这项工作。

4. 民族文化差异

中西方文化存在着巨大的差异，中国是一个文化立国的国家，国内各民族是以文化为纽带的，并没有任何带有强制的性质，这与西方依靠武力形成民族国家的历史是完全不同的。当我们试图通过"一带一路"倡议使中国经济更好地与世界经济融为一体，让周边各国搭上中国经济快速发展的便车时，基于西方地缘政治观的解读则是："一带一路"倡议终极的目标是要与欧亚大陆中心地带的国家结盟，形成对美国的包围，最终统治整个世界。殊不知，自人类有文明史记载以来，中国就从未因领土问题而发起战争，中国的战争大多是为了维护文化的统一性而进行的。

而今，"一带一路"倡议必将涉及我们与相关国家在民族文化方面的差异，这也将会成为推进"一带一路"建设的重要制约因素，应引起我们的足够重视。

四、"一带一路"倡议的中国诠释

既然"一带一路"倡议由中国提出，那么就应该由我们基于自身的民族国家发展史，运用我们秉持的独特地缘政治观，对其进行权威诠释向世界说明，以推动"一带一路"建设的实践。

1. 推广互利共赢的地缘政治观

2013 年，习近平主席在提出"一带一路"倡议时就曾指出，为了使欧亚各国经济联系更加紧密、相互合作更加深入、发展空间更加广阔，我们可以用创新的合作方式，共同建设"丝绸之路经济带"，以点带面，从线到片，逐步形成区域大合作。中国致力于加强同东盟国家互联互通建设，倡议筹建亚洲基础设施投资银行，愿同东盟国家发展好海洋合作伙伴关系，共同建设 21 世纪"海上丝绸之路"。

---

① 余潇枫、张泰琦：《"和合主义"构建"国家间认同"的价值范式——以"一带一路"沿线国家为例》，《西北师范大学学报》2015 年第 6 期。

2016 年 8 月 17 日，习近平主席在推进"一带一路"建设工作座谈会上又进一步指出，要总结经验、坚定信心、扎实推进，聚焦政策沟通、设施联通、贸易畅通、资金融通、民心相通，聚焦构建互利合作网络、新型合作模式、多元合作平台，聚焦携手打造绿色丝绸之路、健康丝绸之路、致力丝绸之路、和平丝绸之路，以钉钉子精神抓下去，一步一步把"一带一路"建设推向前进，让"一带一路"建设造福沿线各国人民。

这就是中国秉持的与旧有的西方地缘政治观完全不同、而与"一带一路"建设相适应的新型地缘政治观。我们强调包容、互惠、共赢，不与任何国家结盟打压另外一些国家，强调双赢，不奉行零和博弈式的单赢地缘政治理念，推行双赢乃至多赢的地缘政治观，推动世界走向大同。

2. 传播以发展为前提的全球安全观

习近平主席在亚洲基础设施银行开业仪式和亚洲相互协作与信任措施会议第四次峰会上分别指出，中国将始终做全球发展的贡献者，坚持奉行互利共赢的开放战略。中国开放的大门永远不会关上，欢迎各国搭乘中国发展的"顺风车"。中国坚持与邻为善、以邻为伴，坚持睦邻、安邻、富邻，践行亲、诚、惠、容理念，努力使自身发展更好惠及亚洲国家。中国将同各国一道，加快推进丝绸之路经济带和 21 世纪海上丝绸之路建设，及早启动亚洲基础设施投资银行，更加深入参与区域合作进程，推动亚洲发展和安全相互促进、相得益彰。

上述阐述准确反映了中国一直奉行的安全观的核心内涵：我们强调用世界各国的共同发展实现人类的共同和平；反对任何国家以何种形式组成小的利益集团，而将另外一些国家排斥在外；不主张以本国安全为借口，实质损害别国的安全；人类社会只有实现了共同发展，才会实现真正安全。

3. 提倡包容互谅的宗教观

"一带一路"建设不仅有助于促进沿线各国经济繁荣和区域经济合作，也有助于加强不同文明的交流互鉴。体现在宗教信仰方面，不同宗教信仰应当相互尊重，相互包容，避免用自身的宗教价值观衡量其他文明。我们要充分尊重其他国家、其他民族的宗教信仰。

在"一带一路"建设过程中，也要防范境外宗教思想对我国的潜在消极影响。必须坚持政教分离，坚持宗教不得干预行政、司法、教育等国家职能的实施，坚持政府依法对涉及国家利益和社会公共利益的宗教事务进行管理。要坚决抵御境外势力利用宗教进行渗透，防范宗教极端思想侵害。

4. 从民族文化求同存异到世界大同

"一带一路"倡议顺应了时代要求和各国加快发展的愿望,提供了一个包容性巨大的发展平台,具有深厚历史渊源和人文基础。我们要秉持亲、诚、惠、容的周边外交理念,近睦远交,使沿线国家对我们更认同、更亲近、更支持。2015年10月15日,习近平主席在会见出席亚洲政党丝绸之路专题会议外方主要代表时指出,加快"一带一路"建设,不仅有助于促进沿线各国经济繁荣和区域经济合作,也有助于加强不同文明交流互鉴,促进世界和平发展,是一项造福沿线国家人民的伟大事业。

这要求,"一带一路"建设尊重不同的文化,坚信所有的文化都有其存在的合理性,不要用自身的文化特征来要求别人,这样才能推动"一带一路"倡议的落地实施。在各国为建设"一带一路"进行密切交往以后,不同文化就会相互交融,最后形成世界大同的文化体系,从而进一步推动国家间的经济、政治、文化交往,人类才有可能走向美好的未来。

(原载于《经济导刊》2017年第2期)

"新比较优势"下的"一带一路"倡议研究[*]

　　十八届三中全会通过的《中共中央关于全面深化改革若干重大问题的决定》中关于"构建开放型经济新体制"明确了"建设全方位开放新格局"的战略目标，这是我国对外开放新阶段发展的现实需要，也是形成发展新动力的关键路径之一，是原有全面对外开放战略的升级版。经过30多年的改革开放，我国已形成对外贸易、投资合作等的开放"新格局"，并面临来自国际战略新格局的挑战；比较优势来源的转变，是引导产业结构、贸易结构演变的根本力量，也是下一阶段实施全方位开放的基础和关键所在。在这一背景下提出的"一带一路"战略，是在我国当前改革开放阶段性特征判断基础上，结合当前国际政治经济形势做出的战略选择，对外开放是战略的核心[①]。"一带一路"战略，从本质上来说是由中国主导的区域经济一体化进程，是大国战略，是中国凝练前一阶段全球化经验、结合当前国内外政治、经济形势的顶层设计，是在我国与全球体系融合程度日益增强背景下提出的战略谋划，培育参与和引领国际竞争与合作的新比较优势是战略实施的关键。只有明确现阶段我国"新比较优势"的内涵，才能引领对外开放战略升级，进而形成"全方位开放新格局"。

　　因此，"一带一路"战略的设计与实施，应建立在对中国"新比较优势"认识基础之上。对于"新比较优势"的解读，必须集合时间、产业、空间等多维角度进行考察，这样才能深度认识新阶段比较优势之所在。

---

　　* 本文作者：高丽娜，南京中医药大学卫生经济管理学院；蒋伏心，南京师范大学商学院。
　　基金项目：本文系国家自然科学基金青年项目"城市群协同创新系统绩效评价研究"（71603133）的阶段性成果。
　　① 金立群、林毅夫等：《"一带一路"引领中国：国家顶层战略设计与行动布局》，中国文史出版社2015年版，第16页。

一、我国对外经贸发展新格局

（一）新贸易格局：对外贸易重心出现转移

首先，中国原有参与国际竞争与合作的比较优势依赖于劳动力要素成本、规模化生产、技术模仿等获得的竞争优势，再加上对外开放顺序上遵循"先"扩大对西方发达国家的开放，"后"扩大对发展中国家开放的不平衡开放战略①，因此我国对外贸易格局更偏重与发达国家的产业间贸易。但随着要素条件改变、外部市场萎缩、贸易争端加剧等问题凸显，这种外向型主导的发展战略难以为继，这进一步加剧了"路径依赖"对我国产业结构、贸易结构转变产生的巨大压力。

另一方面，发展中国家尤其是"一带一路"沿线国家经济快速发展为我国的战略转型创造了可能性。"一带一路"沿线包括丝绸之路经济带上的 13 个国家，及"21 世纪海上丝绸之路"上 52 个国家，覆盖全球 64% 人口，30% 的GDP。据世界银行数据计算，1990—2013 年，全球贸易、跨境直接投资年均增速分别为 7.8% 和 9.7%，而这 65 个国家同期年均增速达到 13.1% 和 16.5%；尤其是 2010—2013 年，"一带一路"沿线国家的对外贸易、外资净流入年均增速分别达到 13.9% 和 6.2%，比全球平均水平高出 4.6 和 3.4 个百分点，是全球贸易投资最为活跃的地区②。如图 1 所示，1998—2015 年，"一带一路"沿线国家与我国间的贸易占我国进出口总额的比重由 14% 提高至 25% 左右，在我国对外贸易格局中的地位不断提升。2015 年我国货物进出口总额 24.57 万亿元，比2014 年下降 7.0%③。在此大背景下，我国与"一带一路"沿线国家进出口总额实现 6.2 万亿元，多个省市与"一带一路"沿线国家间的贸易在整体进出口增速放缓的大背景下呈现出"逆势"增长态势。

---

① 张燕生：《"十三五"全面深化新一轮改革开放》，《中国外汇》2015 年第 2 期，第 14 – 16 页。

② 厉以宁、林毅夫、郑永年等：《读懂一带一路》，中信出版社 2015 年版，第 169 页。

③ 《2015 年国民经济和社会发展统计公报》，国家统计局，http://www.stats.gov.cn/tjsj/zxfb/201602/t20160229_ 1323991. html，2016 年 2 月 29 日。

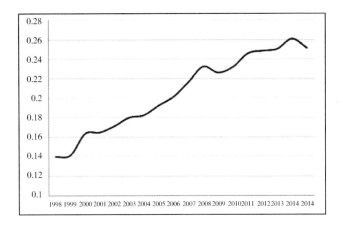

**图1 中国与"一带一路"沿线国家进出口额占进出口
总额比重变化（1998—2015年）**

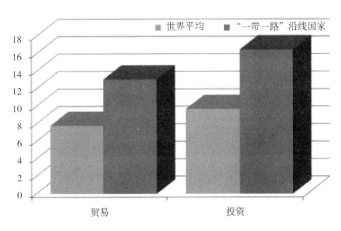

**图2 1990—2013年世界与"一带一路"沿线国家贸易
与投资年均增速比较**

（二）新国际投资格局：形成对外资本输出新格局

2014年，中国已经由FDI净输入国转变为净输出国。2005—2015年，中国全球对外投资额存量达到1万亿美元，增速位居世界前列，正在重塑全球资本投资流向格局。中国对外投资已经基本上形成对发达国家优势行业为主的投资及"一带一路"沿线发展中国家为典型代表的、以我国优势行业输出为主的各具特色的框架体系，日渐形成全球性资本输出比较优势。2015年中国对外直接投资（不含银行、证券、保险）1180亿美元，比2014年增长14.7%，全年实际使用"一带一路"沿线国家外商直接投资（不含银行、证券、保险）526亿元（折85亿美元），增长25.3%；投向"一带一路"沿线国家对外直接投资（不含银行、证券、保险）148亿美元，增长18.2%①。由此可以看出，中国与"一带一路"沿线国家间的双向投资增幅都超过了平均水平。在我国对外投资的初期，投资项目集中于石油、天然气、矿产等自然资源领域。中国在过去十年向国外能源、电力、重金属和原材料领域投入的资金约为5800亿美元，占全部对外投资总额的半数以上②。如今中国对外投资日益多元化，尤其是对欧美的投资，以海外品牌和技术为主，投资领域拓展至医疗、电信、物流、文化等诸多领域，并日益重视利基市场，提高中国企业在海外市场上的非价格竞争力③。

中国在东南亚的投资一直以两位数增长，2011年和2012年，中国六大对外投资目的地包括印度尼西亚、越南、菲律宾、马来西亚、泰国、新加坡。2013年，中国流向发展中经济体的直接投资917.3亿美元，占当年流量的85.1%，且增幅远高于对发达经济体的投资④。

（三）新国际战略格局：新型大国竞合关系

前一阶段的改革开放是在国际关注度相对不高情况下"低调"进行的；当前阶段的改革开放，则处于密切的国际社会关注之下，这主要源于中国国家综合实力的提升。从经济实力看，中国已经是无可争议的"大国"，但在国际事务中的影响力与话语权尚未与之相称。历史上，守成大国与崛起的新兴大国间"修昔底德陷阱"在不同阶段反复出现，新型大国关系建设十分重要。美国在"重返亚太""亚太再平衡"等战略实施中，提出的"印太经济走廊""新丝绸之路倡议"及其主导推进的"跨太平洋国际伙伴关系"（TPP）与"跨大西洋贸易与投资伙伴协议"（TTIP）等，都是地缘政治利益主导下、与中国的大国竞合博弈过程中的经济外交战略谋划，经济"逆全球化"特征渐显。再加上周边环境出现的新变化，都为新形势下中国对外开放战略提出新任务、新课题。在此背景下，中国处理相关国际事务的态度也应由"韬光养晦"向"奋发有为"转

---

① 许宪春：《〈2015年统计公报〉评读》，国家统计局，http：//www. stats. gov. cn/tjsj/ sjjd/201602/t20160229_ 1323939. html，2016年2月29日。
② 《中国跃升为全球第二对外投资大国》，国家统计局，http：//news. xinhuanet. com/ world/2015 –01/19/c_ 1114051918. htm，2015年1月19日。
③ 《中国私营企业将引领海外投资》，新浪财经，http：//finance. sina. com. cn/china/ 20141008/151220482620. shtml，2014年10月8日。
④ 《中国面向"一带一路"产业转移的合适国家与产业》，凤凰国际智库，http：// pit. ifeng. com/a/20150928/44753294_ 0. shtml，2015年9月28日。

变。2010 年 10 月，世界银行特别报告《南方国家的全面崛起及其对南南合作的影响》（Rise of the Global South and Its Impact on South – South Cooperation）提到："全球经济重心向发展中的南方国家移动的趋势是不可阻挡的，必须要把以南南合作为主要特点的发展中国家之间合作的强势增长放在更广阔背景之下来考察"①。

因此，"一带一路"战略推进与前一阶段的对外开放战略相比较，不仅关注本国经济发展，更为重要的是推动沿线相关国家和地区的经济发展，承担大国责任，同时也能通过协同效应形成破局造势效果②，对冲美国东向战略，为化解美国战略对中国在政治经济上的压力提供新的国际战略架构③。但经济战略是"一带一路"战略实施的核心与基础，直接决定战略实施效果及其可持续性，那么首要问题是要弄清中国在"一带一路"战略实施过程中，参与和引领区域分工与合作的前提基础是什么？中国凭借什么来主导区域合作？

二、"新比较优势"："比较优势 1.0"到"比较优势 2.0"

在把脉对外贸易、投资、国际关系新格局基础上，重新审视我国发展新阶段的比较优势内涵，是合理设计对外开放战略的前提，也直接决定着战略实施的效果。

对于中国发展优势的认识，目前较为有影响力的观点主要有以下几种：一是以北京大学林毅夫教授、中国社会科学院蔡昉教授为代表的"比较优势"说，非常准确地概括了建立在原有的劳动力成本因素基础上的绝对优势内涵；二是以北京大学海闻教授、清华大学李稻葵教授等为代表的"大国优势"说，在此基础上湖南商学院欧阳峣教授课题组进一步提出的"大国综合优势"说，强调高新技术＋质高价廉劳动力＋广阔国内市场形成的综合优势；三是以武汉大学郭熙保教授、上海财经大学史东辉教授为代表的"后发优势"说，强调技术领域中国作为后发国家在追赶发达经济体过程中具备的优势。

我们认为，当前阶段中国实现发展新突破的关键在于重新定位我国经济发

---

① 约翰·奈斯比特、多丽丝·奈斯比特：《大变革——南环经济带将如何重塑我们的世界》，张岩等译，吉林出版社 2015 年版，第 128 页。

② 卢峰：《"一带一路"为什么是中国》，《中华儿女》2016 年第 19 期。

③ 申现杰、肖金成：《国际区域经济合作新形势与我国"一带一路"合作战略》，《宏观经济研究》2014 年第 11 期，第 30 – 38 页。

展的比较优势,"新比较优势"能很好诠释这一变化,包括两方面的含义:一是"新比较优势"仍属于"比较优势"范畴。中国目前的经济发展取得了重大进展,但仍未形成"绝对优势",进一步的发展仍需不断探寻比较优势所在,强化在国际分工、市场竞争中的地位。二是对于比较优势要有新界定,不是比较优势的丧失,而是比较优势从 1.0 版向 2.0 版的升级问题,这源于多因素集成作用,如果仍然固守原有的比较优势观,将会直接束缚经济发展空间与可能性,难以推动经济增长方式转变,从而有可能步入经济发展的"死胡同"。综合来看,中国"新比较优势"集中表现为源于五个方面转化过程形成的比较优势升级:

(一)地缘优势:从地理空间联系到经济空间网络

从中国的战略区位来看,背靠亚欧大陆,与"一带一路"沿线国家和地区空间紧邻,海洋、陆上交通联系源远流长,极大地促进了经济、文化交融。现代交通、通信技术发展使地理上紧邻的地缘优势重新焕发出新活力。沿线国家间在地理邻近这一第一自然优势基础上形成的贸易、投资等经济联系,随着联系紧密程度的提升逐渐转换为经济联系空间网络优势,进一步放大地缘优势内涵。

2014 年,中国与"一带一路"沿线国家间货物贸易额达到 1.12 万亿美元,占中国货物贸易总额的 26%;2015 年,与沿线国家双边贸易总额 9955 亿美元,占我国贸易总额的 25.1%①。2015 年,中国企业在"一带一路"沿线国家对外直接投资达到 148 亿美元,占全国对外投资总额的 12.6%,承包工程完成营业额达到 692.4 亿美元,投资领域主要集中于基础设施建设、劳动密集型产业转移等。如中国—巴基斯坦经济走廊建设方面,已在巴投入约 520 亿美元进行重大项目建设。2016 年 1 月,在中巴经济走廊框架下启动了卡罗特水电站项目,耗资 16.5 亿美元,是"一带一路"首个大型水电投资建设项目②。根据亚行估算,2010 年到 2020 年亚洲基础设施建设资本需求为 8 万亿美元,存在巨大资金缺口。因此,亚投行的建立是应运而生,具有重要的现实意义,也是获得多方响应的根本原因所在,将助力中国的优势产业如高铁建设等开拓国际市场及比

---

① 商务部:《我国对"一带一路"沿线国家贸易顺差扩大》,人民网,http://world.people. com.cn/n/2015/0804/c157278 - 27409295.html,2015 年 8 月 4 日。

② 《中巴经济走廊将为巴"强力充电"》,日本外交学者网站,http://column.cankaoxi- aoxi.com/g/2016/0114/1053010.shtml,2016 年 1 月 13 日。

较优势丧失的产业实现转移，从而推动国内产业升级。

（二）资源优势：从资源禀赋优势到资源整合能力优势

原有的资源比较优势侧重于我国自身具备的各种资源禀赋条件形成的成本优势，从而形成劳动力密集型产品的市场竞争优势。随着经济规模提升、资源需求膨胀，国内资源成本比较优势逐渐丧失，中国成为重要的能源、资源进口国；但随着中国对外投资过程的规模快速扩张，拓展了资源比较优势的外延，日渐形成与强化了资源整合能力新优势，能充分利用国内、国际两种资源，为国内各产业发展突破能源、原材料资源约束奠定基础。中国领衔发起的金砖国家银行、稳定基金及国际性投资银行——亚洲基础设施投资银行，以亚洲、非洲等发展中国家普遍存在的基础设施建设需求为导向，顺应了相关国家的现实需要。发达国家主导的世界银行、亚开行在这一领域作为有限，积极性不高。中国主导亚投行的建设，针对发展中国家的现实需求，凭借自身基础设施建设上的国际优势，有助于形成良好的合作关系。这主要依赖的是我国日益增强的资本输出能力。前期的对外开放使我国积累了比较丰富的外汇储备，2014 年底约为 3.8 万亿美元，"一带一路"战略可视为外汇多元化利用的重要战略举措。再加上丝路基金中从投资目的地国到投资方的角色转换，引领中国向全球产业链两端扩张，形成制造业向研发和市场两端延伸的"微笑曲线"，这也是经济走向成熟的重要标志。

综合国力的提升是我国资源整合能力提高的重要保障。无论是从纵向还是从横向比较的角度来说，中国崛起是毋庸置疑的事实，这是中国主导区域化进程的决定性力量。"世界工厂"战略振兴了中国的国内经济；对中华民族伟大复兴的追求使中国成为有全球影响力的大国。从宏观角度来说，改革开放战略实施三十多年以来，中国综合经济实力逐步上升至世界第二位，2015 年人均 GDP 达到 8016 美元的中等偏上收入国家行列，为深化改革开放奠定了坚实的经济基础。当前，中国经济与世界经济经由国际贸易、国际资本流动等不同途径高度关联，中国在常规制造方面具有很强的比较优势，形成国际竞争力。中国工业制造增加值占全球比例，由 20 世纪 90 年代初期的 5% 左右，提高到 2013 年的 23%，连续几年保持世界第一大国地位，与"一带一路"沿线国家和地区间贸易量持续攀升。依托产品优势延伸出产业供应链优势，为新阶段产业升级奠定坚实基础。

（三）人口优势：劳动力成本优势转化为人力资本优势

我国的人口规模优势仍将在较长时期内存在，再加上教育产业的发展（见

图3），使得我国仍具有人力资源优势，只是内涵需要升级。前期对外开放过程中，我国劳动力资源主体是由农民转化而来，形成劳动力成本优势，但素质相对较低，支撑了劳动密集型产业的发展。而现如今从低技术产业发展角度来说，我国劳动力成本与"一带一路"沿线国家相比较，已不具备比较优势。但同时也应看到，我国已经形成相当规模的产业工人队伍，再加上教育和科技事业的大发展，人口优势的内涵发生转变。从产业差异视角来看，对于那些对劳动者技能有一定要求的产业部门来说，无论是相对于发达国家还是相对于发展中国家，中国人力资本具备数量与成本上的比较优势。这主要源于我国国内教育普及与发展、三十多年改革开放实践经验的累积，极大提高了我国产业工人的素质。国民素质提升、国民收入提高，中产阶级队伍不断壮大，而且年轻人创业、创新热情空前高涨，逐渐成为自下而上推动社会创新能力与应变能力增强的力量，使我国经济对新形势、新环境的应对弹性增大。我国研发人员在成本上明显低于发达国家的比较优势，可能引领经济附加值链条的倒转。我国服务外包产业的迅速发展，尤其是高端研发环节类服务外包规模的增长说明了这种变化，一些欧洲中小企业采取中国研发、德国生产的模式十分具有代表性。

我国承接的产业转移构成的变化可以集中反映这一特征。以全球集成电路向中国大陆转移为例，继联电、力晶之后，台湾积体电路制造公司将投资30多亿美元于江苏南京设立芯片生产厂及设计服务中心①。三星、英特尔等一批国际知名企业均已在大陆投资设厂，而区位选择的主要影响因素除地理区位因素外，充足的人才要素、完善的半导体供应链成为吸引外资企业投资的重要因素。

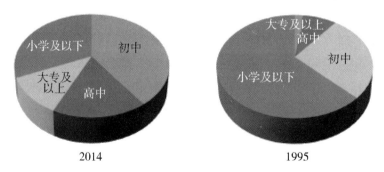

2014   1995

图3　2014 年与 1995 年我国人口受教育程度构成比较

① 《台积电花落南京集成电路产业大转移》，新浪财经，http：//finance. sina. com. cn/chan-jing/gsnews/20151208/032723956821. shtml。

（四）主体优势：由被动接受市场向开拓市场转化

经过三十多年的改革开放，我国已形成一批有国际竞争力企业、开拓型企业家及优势产业，逐渐转变过去相对被动、接受市场的状况，向相对主动、开拓市场转化，这是推动我国新一轮对外开放进程的主体力量。

从微观角度来看，非公有制经济日益成为新发展动力，尤其在对外投资领域。几年之前，中国对外投资的主体是国有企业，而现在私营企业已经成为中国对美国投资的主体。"私营企业投资占总交易数量的80%，总成交金额的70%，而中国对美投资已经超出了美国对中国的投资"。根据波士顿咨询编制的"全球挑战者"百强榜单，2014年中国阿里巴巴集团、腾讯控股有限公司等29家企业入榜。其中，腾讯控股有限公司是首家完全植根于互联网行业的全球挑战者；全球共有五家企业从行业挑战者跻身全球领先企业，其中两家为中国企业——华为、联想。2015年中国民营企业出口1.03万亿美元，占出口总额的比重为45.2%，占比超过外资企业，成为出口主力军。企业成长过程中，随着市场经验积累培养了一批企业家，而且企业家主体年轻化的趋势日益明显，尤其是在新兴行业中表现尤为突出，形成大批富有创新精神、有远见的企业家群体，对市场掌控力不断提升。在移动通信和数据行业领域，以马云、马化腾等领导的阿里、腾讯等企业，国际影响力日见提升，中国商业模式在互联网、新创科技公司中的影响显著提高。同时，"大众创业，万众创新"环境提供了激励更多企业家成长起来的大环境。

从中观角度来看，中国的技术产业已集聚了较充分的技术实力、人才和动力，其创新实力也跻身世界领先行列，载人航天、探月工程、载人深潜、新支线飞机、大型液化天然气船（LNG）、高速轨道交通等领域技术取得突破性进展；特高压输变电设备、百万吨乙烯成套装备、风力发电设备、千万亿次超级计算机等装备产品技术水平已跃居世界前列①；中国制药、半导体等已经成为全球第二大产业（知识密集型产业）。

（五）开放政策优势："后发优势"向"先发优势"转化

相对于发达国家和地区，中国先期对外开放充分利用了要素成本及技术引进形成的"后发优势"，再加上先于大部分发展中国家实行对外开放，经过多年

---

① 《〈中国制造2025〉解读之二：我国制造业发展进入新的阶段》，工信部规划司，http://www.miit.gov.cn/n11293472/n11293832/n11294042/n11481465/16595200.html。

对中国特色开放模式的探索，积累了较为丰富的对外开放经验，随着制度、市场、产业等各领域开放成果累积，形成当前中国相对于其他发展中国家对外开放的"先发优势"。因此，"一带一路"战略是中国基于自身全球影响力网络的顶层设计，是构建开放型经济新体制和经济外交的战略布局，是推动世界经济治理秩序变革的主动作为①。

从经济角度来说，中国构成了发达经济体与其他发展中经济体间的"过渡"层级。2013 年规模以上工业企业研发支出 8318 亿元，比 2008 年增长 2.7 倍，企业研发投入强度从 2008 年的 0.61% 增加到 2013 年的 0.80%；规模以上企业共申请专利 53 万件，是 2008 年的 3.4 倍。在 500 余种主要工业产品中，我国有 220 多种产量位居世界第一。2014 年，我国共有 100 家企业入选"财富世界 500 强"，比 2008 年增加 65 家，其中制造业企业 56 家（不含港澳台），连续 2 年成为世界 500 强企业数仅次于美国（130 多家）的第二大国。

此外，中国在对外开放过程中，参与区域竞争与合作的过程强调"和而不同"的基本原则，注重世界多元化、协作化发展趋势，这源于中国文化的包容性特征。中国推进"一带一路"战略，致力于"命运共同体"理念下的共赢发展，是一种"合作观"主导下的新型伙伴关系，而非控制理念主导下的等级体系，探寻平等的伙伴关系、平等的互动模式，不干预别国内政的政治原则与主张拓展了合作空间。中国提出"利益—命运—责任"共同体的新型伙伴关系，在尊重民族、文化、历史差别的基础上，强调区域协同、融合发展。另外，"以柔克刚"的韧性也促使中国企业日渐形成独特的商业模式，使得全球化、国际化过程中，中国应对国际形势变化更富有弹性。

三、基于"新比较优势"下的"一带一路"战略升级

"一带一路"战略的提出，具有十分复杂的国内、国际背景，是经济、政治战略复合体。适应我国对外经贸发展新格局需要的比较优势升级，以"一带一路"战略引导我国对外开放战略升级，从而开拓中国对外开放新局面，形成我国在国际经济、政治体系格局中的新定位，这一过程不可能一蹴而就，而是系统化、长期化工程。

---

① 欧晓理：《"一带一路"是构建开放型经济新体制和经济外交的顶层设计》，财经网，http：//economy. Caijing. com. cn/20151118/4013225. shtml。

（一）东西双向开放战略融合升级

"一带一路"战略实施中，必须实现由承接产业转移主导的东向战略向承接与向外转移并重的东西双向战略融合升级，这是由相对被动到相对主动的战略升级。产业转移与产业升级过程，可以是产业间，也可能同时发生于同一产业内、产业链上的不同环节之间，是"走出去"与"引进来"战略同步实施过程。但追求目标是一致的，即促进我国企业和产业向国际产业链两端移动。正处于工业化中后期阶段的中国，可以为发展程度更低的发展中国家提供及时的发展经验，并转移一部分优质产能。中国有经济能力、组织能力和雄厚的人力资本为发展中国家解决工业化进程中面临的一些挑战，如下两个特点是一般的工业化大国所不具备的：首先，中国与沿线国家在人均收入上存在一定的落差。中国的人均收入已经处于中高等收入国家水平，而"一带一路"沿线大多数国家的人均收入水平低于中国，引致劳动力成本落差，对于劳动密集型制造业而言，将会形成产业转移的内在推动力。未来几年中国经济增速仍位于全球前列，与"一带一路"沿线国家的发展差距还有可能进一步拉大；其次，中国已形成相对齐全的产业部门及相对清晰的产业划分。林毅夫、蔡昉等学者基于中国的发展经验，提出向发展中国家转移产业的"飞龙模式"①，强调中国产业转移的巨大规模和就业创造效应，而这是其他国家所不具备的。引导国内产业结构优化、增长方式转变，需要多种因素、多种力量共同配合，推进供给侧结构性改革。

另外，"走出去"与"引进来"都存在"西向开放"与"东向开放"的双向战略融合问题。如新加坡目前是大中华地区之外最大的人民币境外离岸中心，两国金融领域的合作日益深化，正在探索第三个政府间合作项目"现代互联互通和现代服务"，希望成为"新丝绸之路经济带"与"21世纪海上丝绸之路"的交点②。

（二）内外联动模式升级

依托优势产业对外投资、生产全球化构建国际化生产网络，重新定位我国在全球生产价值链中的节点位置。逐步改变过去生产本地化而创新外部化的状

---

① 《飞雁模式在中国可以转化成飞龙模式》，新华网，http：//news. xinhuanet. com/zgjx/ 2015－05/20/c_ 134253857. htm。

② ［美］希拉里等口述，胡舒立等编：《新常态改变中国2.0：全球走势与中国机遇》，中国文史出版社2015年版，第244页。

况，实现创新本地化与生产全球化进程协同，这也是建设创新型国家的内在要求，并将有力推进供给侧结构性改革进程的深化。中国以往经济增长较多受益于发达经济体的外商直接投资（FDI）及已有技术的扩散，随着新型城镇化进程的推进、人口红利的消失，这一发展模式的可持续性日益面临严峻挑战。在产业升级过程中，知识、创新本地化的重要性不言而喻。对于中国来说，要适应国内需求与国际市场的变化，加快创新驱动战略实施，实现创新本地化与生产全球化的协同，舒缓新常态下产业升级与比较优势转变的双重压力，形成开放创新国际合作的新优势。

国内、国际经济形势的变化推动着对外开放模式升级。从国内来看，经济的发展，促进人们收入水平提高，而购买力提升激发了多样化需求，为市场优势提供了新注解：一是快速发展带来的收入提升形成的容量优势，为多样化需求提供了更多市场可能；二是大国经济形成的市场规模优势，多样化需求形成的市场细分动力，加上人口规模、经济规模叠加成不容忽视的市场力量，形成小国经济所无法比拟的、巨大的吸引力，也是不同产业发展的根本动力源。由于区域发展差异的客观存在，目前中国国内形成多层次的市场需求，无论是对于发达经济体还是新兴经济体都提供了巨大市场商机，也为各类企业发展提供了广阔的市场空间。

对于快速发展的大国经济来说，外部市场容量相对变化不可能同步于经济增速，按照著名经济学家库兹涅茨的"经济规模与贸易依存度呈逆向关系"的理论，外向型经济发展战略对于大国经济体来说，不可能长期持续。而与此同时，伴随本国经济规模的扩张，国内市场空间快速膨胀。因此，从某种意义上来说，我国现存的"内需不足"问题，不是国内需求量不足，而是对本国产品需求的增长没有实现与收入增长同步。由于需求收入弹性差异的存在，国内对于高质量商品和服务的需求增长迅速，而国内产业供给特征存在非对称现象，从而形成国人在国外疯狂购物的现象。根据管理咨询公司麦肯锡的研究，在今后十年，随着社会消费商品和服务需求的增长，将有7000家公司挤进营业收入超过10亿美元集团，其中70%将来自新兴市场。在这一趋势中，以供给侧结构性改革助推产业升级背景下，企业既面临巨大压力，也面临前所未有的发展机遇。因此，在"一带一路"战略实施背景下来看供给侧结构性改革，包含两大方面内容：一是部分低技能要求、劳动密集型产业向沿线国家"产业转移"过程，这是成本上升条件下形成的"过剩"问题；二是以国内需求特征变动驱动、内向型导向的产业结构升级，与前一阶段对外开放战略的外向型导向下的产业结构调整存在显著差异。

（三）开放战略空间升级

前一阶段的对外开放以沿海地区主导，形成东、中、西梯度式开放格局；本轮对外开放的"全方位性"特征，使中、西部战略地位得到显著提升，同时对外开放的战略空间不再是一市一县各自作战，更加强调系统性，注重产业链、创新系统的协同能力竞争。因此，城市群成为新一轮对外开放战略实施中的主导战略空间，成为国家间竞争与合作的主体。各级、各类型城市集群化发展，日益呈现出协同组合优势，成为重塑世界格局的重要力量。随着新型城镇化进程推进，城市群的人口、经济集聚度日益提高，集聚经济效应与溢出效应同时发挥作用，使城市群成为经济与创新中心的空间载体。以长三角、珠三角、京津冀等为代表的一批东部城市群的快速发展，强化合力，提高国际竞争力，成为吸引外资、技术等的空间平台与载体，成为驾驭协同优势的主要空间力量。

在前一阶段"东向"开放过程中，主导空间是东部沿海地区，尤其是具有区位优势的长三角、珠三角、京津冀三大城市集群区域，这也是新形势下全方位对外开放的重要战略空间。"西向"开放过程中，中西部地区成为对外开放的战略前沿空间，而海岸线沿线、新亚欧大陆桥沿线、长江流域沿线集聚了我国主要城市及城市群，沿线城市群的良性互动发展，可以有效协同我国东西部区域发展，同时也能促成"东向"开放与"西向"开放战略的空间对接，形成具有全球影响的发展动力轴。因此，应强调空间战略布局，以城市群作为新形势下中国参与国际竞争的空间载体，而非行政区经济主导。这要求对外开放深化要以对内融合为前提，即破除行政区划刚性束缚，完善各类要素全国统一大市场。

（四）多维协同升级

"一带一路"战略应强调经济、环境、社会等多维协同。前一阶段对外开放，在某种程度上以环境为代价，以社会失衡、区域失衡为代价。在新一轮对外开放过程中，面临来自国内、国外的多重约束。因此，"一带一路"战略实施过程中，国内要注重群际、区际平衡及经济与生态、社会协调的多维协同；对外，输出资本、技术、管理的同时，重视当地环境、社会等多系统协同，才能促进战略的有效实施。习总书记提出"一带一路"倡议后，多部委联合发布的《推进"一带一路"愿景与行动》是纲领性文件，是实现顶层设计的具体化，核心理念是和平合作、开放包容、互学互鉴、互利共赢。因此，实现该战略与沿线国家发展战略的对接，可以有效减少相关国家的参与顾虑，促成国际共识的达成。从地方政府层面来说，各地区围绕中央"一带一路"战略设计积极展开行动，有效协同各类区域战略与国家开放战略，从基础设施、对外投资等各领域着手推动，实现区域利益与国家利益的协调。"一带一路"战略与京津冀协同发展、长江经济带发展等实现战略协同，将有效拓展经济发展空间。

参考文献：

［1］陈耀，汪彬，陈梓：《"一带一路"战略实现机制》，《中国国情国力》2015 年第 3 期，第 11 - 13 页。

［2］郭熙保，胡汉昌：《后发优势新论——兼论中国经济发展的动力》，《武汉大学学报》2004 年第 3 期，第 351 - 357 页。

［3］李稻葵：《大国发展战略：探寻中国经济崛起之路》，北京大学出版社2007 年版。

［4］厉以宁，林毅夫，郑永年等：《读懂一带一路》，中信出版社 2015 年版，第 169 页。

［5］林毅夫，蔡昉，李周：《比较优势与发展战略：对东亚奇迹的再解释》，《中国社会科学》1999 年第 5 期，第 4 - 20 页。

［6］金立群，林毅夫等：《"一带一路"引领中国：国家顶层战略设计与行动布局》，中国文史出版社 2015 年版。

［7］欧阳峣：《"大国综合优势"的提出及研究思路》，《经济学动态》2009年第 6 期，第 20 - 22 页。

［8］申现杰，肖金成：《国际区域经济合作新形势与我国"一带一路"合作战略》，《宏观经济研究》2014 年第 11 期，第 30 - 38 页。

［9］［美］希拉里等口述，胡舒立等编：《新常态改变中国 2.0：全球走势与中国机遇》，中国文史出版社 2015 年版，第 244 页。

［10］约翰·奈斯比特，多丽丝·奈斯比特：《大变革——南环经济带将如何重塑我们的世界》，张岩等译，吉林出版社 2015 年版，第 128 页。

［11］张燕生：《"十三五"全面深化新一轮改革开放》，《中国外汇》2015年第 2 期，第 14 - 16 页。

（原载于《世界经济与政治论坛》2017 年第 2 期）

"一带一路"倡议与全球治理的新实践*

2017年1月18日，习近平主席在联合国日内瓦总部发表重要演讲，指出人类正处在大发展大变革大调整时期，也正处在一个挑战层出不穷、风险日益增多的时代；为让和平的薪火代代相传，让发展的动力源源不断，让文明的光芒熠熠生辉，习近平给出了"构建人类命运共同体，实现共赢共享"的中国方案。① 习近平主席在演讲中也特别指出，"一带一路"倡议及其落实是中国方案的典型体现。的确，自2013年"一带一路"倡议首次提出以来，迄今已有100多个国家和国际组织积极响应支持，一大批早期收获项目落地开花，联合国于2017年2月和3月先后首次将人类命运共同体写入联大决议和安理会决议之中。可以认为，在全球化进程遭遇逆风，保护主义、孤立主义和民粹主义思潮不断抬头，全球治理体系处于调整变革的历史关头，②"一带一路"建设使全球治理实践不断推陈出新和系统化，为全球治理体系的调整变革奠定了坚实基础，也为中国特色外交理论和实践的发展提供了鲜活素材。笔者认为，"一带一路"建议正从四个方面推动全球治理的新实践系统化发展：一是培育人类命运共同体的意识；二是提升国际公共产品供应的道德标准；三是提高全球治理的行动自觉；四是改善全球治理的要素平衡。

---

* 本文作者：张春，上海国际问题研究院研究员。

① 习近平：《共同构建人类命运共同体——在联合国日内瓦总部的演讲》，人民网，http：//www.fmprc.gov.cn/web/ziliao_674904/zt_674979/dnzt_674981/xzxzt/xjpdrsjxgsfw_688636/zxxx_688638/t1431760.shtml，2017年1月19日。

② 王毅：《共建伙伴关系，共谋和平发展——在中国发展高层论坛年会上的午餐演讲》，http：//www.fmprc.gov.cn/web/wjbz_673089/zyjh_673099/t1447084.shtml。

一、培育人类命运共同体的意识

人类从来都是一个命运共同体，当代文明和技术发展前所未有地凸显了这一事实，而全球治理的兴起则以另一种方式间接承认了这一事实。但是，由于对延续几千年的次级共同体——族群共同体、国家共同体等——分裂治理的路径依赖，既有全球治理努力中严重缺乏对人类命运共同体的主动意识。"一带一路"倡议的落实强化了国际社会对人类命运共同体意识培育的主动性和积极性，从而推动全球治理从被动转向主动，从自发转向自觉。

（一）既有全球治理努力的被动性和自发性

包括全球治理在内的既有人类治理努力仍是地方主义且相互割裂的：无论是村落、城邦，抑或是领地、国家甚至昙花一现的帝国，还是当今的全球治理，均来自对人类命运共同体的被动和自发理解，尽管从历史的视角来看也呈现向主动和自觉方向演进的趋势。

第一，首次引发对人类命运共同体的全面思考的，是 20 世纪初的两场世界大战。两次世界大战激发了人类命运共同体意识，为全球治理的兴起奠定了安全基础：一方面，主要发生在欧洲的大规模战争被视为对全人类的毁灭性破坏；另一方面，国际社会在战后形成了尽可能避免第三次世界大战的集体共识，并做出了相应的治理努力，冷战时期的"长和平"便是其典型。① 但很显然的是，两次世界大战对人类命运共同体意识的激发不仅十分消极，也主要局限于人类生存这一低标准的安全视角。

第二，相比于世界大战，系统性经济危机则更多地从较高标准的人类生存质量和经济安全角度，激发了人类命运共同体意识。潜在的命运共同体意识和真实的核恐怖，在很大程度上指向人类生存本身，从而易于触发人类命运共同体意识。相比之下，全球性经济危机对人类命运共同体意识的刺激要晚得多，相对重要的事件是 1997 年东南亚金融危机和 2008 年全球金融危机。如果说前者更多地触发地区性经济治理努力，后者则推动了全球经济治理的重大进展，尤为明显地体现在二十国集团的演进上。

第三，尽管被承认的时间相对较近，生态危机、气候变化等所触发的人类

---

① John Lewis Gaddis, "The Long Peace: Elements of Stability in the Postwar International System," International Security, Vol. 10, No. 4, Spring 1986, pp. 99～142.

命运共同体意识更多地从地球生存或人类可持续发展的角度推动全球治理。早在 20 世纪 70 年代，科学家就大声疾呼保护生态环境，但直到 21 世纪第一个 10 年的中后期，国际社会才真正重视生态危机的重要性，人类命运共同体意识才逐渐得到强化。① 2015 年联合国气候变化《巴黎协议》的达成在某种程度上表明，国际社会对地球生态系统保护、人类命运共同体等的意识正朝更加主动和积极的方向发展。

第四，在上述对人类安全、经济和地球存续的整体性威胁之外，相对具体和个体性的威胁也推动了人类命运共同体意识的被动和自发性培育，从个体层次强化了全球治理努力。其中特别重要的是恐怖主义袭击和流行性疾病：尽管是一种古老现象，但意识到恐怖主义的人类命运共同体影响，在很大程度上仍是 2001 年"9·11"事件之后的事情；大致相似地，对自古有之的流行性疾病的人类命运共同体影响的重视，在很大程度上也是进入 21 世纪之后的事情。

（二）"一带一路"推动全球治理走向主动和自觉

尽管不乏主动和自觉的要素，如全球气候变化治理中的"国家自主贡献承诺"（Intended Nationally Determined Contribution，INDC）、对恐怖主义和流行病的早期预警努力等，但迄今为止的全球治理仍是对人类命运共同体的被动和自发反应，是一种自上而下的努力。相比之下，"一带一路"倡议是由中国自下而上地提出的，其所蕴含的人类命运共同体—利益共同体—责任共同体的"三位一体"思想，② 可大大地推动全球治理朝着主动和自觉方向发展。

第一，人类命运共同体是全人类实现和平共处和共同繁荣的共同理想目标。2012 年 11 月，党的十八大报告提出："这个世界，各国相互联系、相互依存的程度空前加深，人类生活在同一个地球村里，生活在历史和现实交汇的同一个时空里，越来越成为你中有我、我中有你的命运共同体。"习近平在一系列涉及中国外交的讲话中频频使用命运共同体概念，从国与国的命运共同体，到区域内命运共同体，再到人类命运共同体。"这一超越民族国家和意识形态的'全球观'，表达了中国追求和平发展的愿望，体现了中国与各国合作共赢的理念，提

---

① 潘亚玲：《论全球环境治理的合法性——一项结合政治学、法学和社会学的尝试》，《教学与研究》2008 年第 10 期，第 45~53 页。

② 张春：《中国在非洲的负责任行为研究》，《西亚非洲》2014 年第 5 期，第 46~61 页。

交出一份思考人类未来的'中国方略'"。①

第二，推动"你中有我、我中有你的利益共同体"的形成是构建人类命运共同体的物质基础。自党的十八大以来，中国政府在很多国际国内场合，用利益共同体来形容中国与其他国家、地区之间的关系。例如，在 2015 年 10 月 12 日中共中央政治局第二十七次集体学习中，习近平强调："经济全球化深入发展，把世界各国利益和命运更加紧密地联系在一起，形成了你中有我、我中有你的利益共同体。"② 事实上，中国在打造与各方利益共同体方面也是高度开放的，习近平在哈萨克斯坦、吉尔吉斯斯坦、土库曼斯坦、乌兹别克斯坦、孟加拉国、韩国、缅甸、德国、法国、英国和新西兰等国谈及双边关系时都使用利益共同体来加以描述，在与非洲、上海合作组织、阿拉伯国家、二十国集团、金砖国家等地区或国际组织交往时也都使用利益共同体来描述相互间的整体合作关系。

第三，责任共同体则是联系利益共同体与命运共同体的桥梁，是从利益共同体迈向命运共同体的保障。在 2014 年 4 月 8～11 日举行的博鳌亚洲论坛上，李克强总理发表主旨演讲，第一次将 3 个共同体放在一起加以论述，倡议：坚持共同发展的大方向，结成亚洲利益共同体；构建融合发展的大格局，形成亚洲命运共同体；维护和平发展的大环境，打造亚洲责任共同体。③ 在 2015 年 3 月的博鳌亚洲论坛 2015 年年会上，习近平主席强调，责任共同体是迈向命运共同体的基本要求。他强调迈向命运共同体，必须坚持各国相互尊重、平等相待，必须坚持合作共赢、共同发展，必须坚持共同、综合、合作、可持续的安全；必须坚持不同文明兼容并蓄、交流互鉴。④

"一带一路"倡议非常清晰地展示了命运共同体—利益共同体—责任共同体的"三位一体"思维，对于培育人类命运共同体意识有着重要意义。首先，通过切实、稳步推进"一带一路"倡议，进一步夯实中国与沿线国家、沿线国家相互之间以及作为一个整体的"一带一路"倡议沿线国家的利益共同体。"一带

---

① 国纪平：《为世界许诺一个更好的未来——论迈向人类命运共同体》，《人民日报》2015年 5 月 18 日。

② 《推动全球治理体制更加公正更加合理为我国发展和世界和平创造有利条件》，《人民日报》2015 年 10 月 14 日。

③ 《李克强出席博鳌亚洲论坛 2014 年年会开幕式并发表主旨演讲》，《人民日报》2014 年4 月 11 日。

④ 《迈向命运共同体开创亚洲新未来》，《人民日报》2015 年 3 月 29 日。

一路"倡议以基础设施建设为抓手，通过联动发展促进沿线国家发展，从而实现沿线国家的利益交融和利益共同体形成。其次，在推进"一带一路"倡议落实的过程中，必须充分认识到不同国家的利益差异，因此"一带一路"倡议在推进过程中必须坚持正确义利观，坚持共商、共建、共享原则，实现沿线各国的共生共存并共谋发展。最后，在推进"一带一路"倡议落实的过程中，沿线国家应当作为一个整体，为倡议的正确落实和国际社会的正确理解发挥建设性作用，为"一带一路"倡议的落实营造有利的内外环境。

二、提升国际公共产品供应的道德标准

全球治理的进展需要国际社会合作提供国际公共产品，这与"一带一路"倡议版权归属中国但收益为各国共享所体现的共同发展、共享成果的精神相一致，超越了传统的国际公共产品供应对供应方自私利益的强调，大大地提升了国际公共产品供应的道德标准，对推动全球治理的调整变革有着重要意义。

（一）自私获益主导传统的国际公共产品供应

随着人类命运日益相连，对国际公共产品的供应要求也持续增加。发达国家充分利用其历史性的发展优势，抢占了国际公共产品的供应权，并以此拓展自身利益，追求和强化国际公共产品供应的地理性垄断，建构自身的势力范围。这不仅不利于全球治理的调整变革，反而加剧了国际社会的权势竞争。

既有公共产品理论有效地掩盖了西方发达国家的自私利益，但对免费搭车的强调事实上暴露了其真面目。根据经典界定，公共产品是指"任何人对该产品的消费都不影响其他人对该产品进行同等消费的产品"，[1] 它具有两个基本特征，即非排他性和非竞争性。非排他性是指消费的开放性和平等性，即任一个体在消费此产品时无法排除其他个体对此产品的同时消费。非竞争性有两层含义：一是指边际生产成本为零，即增加一个公共消费者，该产品的供应方并不增加成本；二是指边际拥挤成本为零，即在公共产品的消费中每个消费者的消费都不影响其他消费者的消费质量。[2]

根据上述理论，消费者增加并不会导致公共产品本身的消耗，也不会导致

---

[1] Paul A. Samuelson, "The Pure Theory of Public Expenditure," Review of Economics and Statistic, Vol. 36, No. 4, 1954, p. 387.

[2] P. A. Samuelson, "Aspects of Public Expenditure Theories," The Review of Economics and Statistics, Vol. 40, No. 4, 1958, p. 334.

供应成本的增加。因此，免费搭车理论上不应成为问题。但为什么既有理论不遗余力地强调免费搭车问题呢？关键在公共产品供应方能够从这一供应中获得特殊的自私利益。必须指出的是，供应方的动机与消费方并不相同：一方面，供应方本身也是消费方，甚至可能是公共产品的最大消费方；① 另一方面，供应方拥有在消费公共产品之外的垄断性获益，这是其他消费者不可能获得的，其中最为重要的是国际规则和国际制度的主导权。例如，有学者评论指出："认为美国独立提供了一系列惠及全体国际社会成员的国际公共产品的想法纯粹是幼稚的幻想。美国的本质是自私的而不是大公无私的。持这种天真幻想的人没有注意到美国从其推动建立的开放市场中获得了最大比例的收益。"②

为了确保自身垄断性获益，国际公共产品的传统供应方往往自相矛盾：一方面，以免费搭车为由，呼吁更多行为体参与国际公共产品的供应；另一方面，差别对待国际公共产品的潜在供应方，对后者参与国际公共产品供应设定不同标准。其真正目的是：一方面，降低自身供应公共产品的成本，实现成本分摊；另一方面，维持自身对公共产品供应的主导权，使其他成本承担者成为低人一等的供应方，甚或拒绝其成为供应方。由此延伸的现实结构是，为了确保从公共产品供应中获得最大利益，国际公共产品的传统供应方往往追求公共产品供应的地理性垄断，③ 即以自身为特定地区供应特定公共产品为基础或理由，试图垄断特定地区所有公共产品的供应权，尽管它（们）可能在有的领域并不具备优势，无论是传统"势力范围"的划分，还是美国奥巴马总统强调"不能让中国制定亚太地区经贸规则"，均是这一逻辑的典型体现。

（二）"一带一路"倡导更高的道德标准

与国际公共产品供应的既有逻辑相比，"一带一路"强调公共产品供应中利己与利他合理平衡的新型义利观，倡导基于公共产品供应比较优势的分工合作，并试图开发新型的可持续性公共产品，大大地促进了全球治理的新实践。

第一，新型义利观是"一带一路"倡议供应国际公共产品的指导思想。一

---

① Joanne Gowa, "Rational Hegemons, Excludable Goods and Small Groups: An Epitaph for Hegemonic Stability Theory," World Politics, Vol. 41, No. 3, 1989, pp. 307 ~ 324.

② Carla Norrlof, America's Global Advantage: US Hegemony and International Cooperation, New York: Cambridge University Press, 2010, "Introduction," p. 3.

③ 张春：《国际公共产品的供应竞争及其出路——亚太地区二元格局与中美新型大国关系建构》，《当代亚太》2014 年第 6 期，第 52 ~ 72 页。

方面，"一带一路"倡议提供的公共产品的重要特征是，为他国"垫付"发展原动力。在当前全球政治经济态势下，发展动力不足正成为一个制约各国发展的重要瓶颈。"一带一路"倡议不要求"现货交易"、不对回报预设时间表，而是以沿线国家的长期可持续发展为目标，采取多种灵活方式为其"垫付"发展所需的启动资源。这就是习近平主席所说的以义为先、义利并举，不急功近利，不搞短期行为。另一方面，"一带一路"倡议强调共同得益，实现利己与利他的有机结合。中国是"一带一路"的倡导者和推动者，但中国始终强调建设"一带一路"不是中国一家的事。"一带一路"建设不应仅仅着眼于自身发展，而是要以中国发展为契机，让更多国家搭上中国发展快车，帮助它们实现发展目标。中国一贯强调，在"一带一路"建设过程中，要统筹与沿线国家的共同利益和具有差异性的利益关切，寻找更多利益交汇点，调动沿线国家的积极性。

第二，以联动发展为核心，"一带一路"倡议强调，国际公共产品供应应当以各国比较优势为基础，建立合理、高效的分工合作体系。一方面，"一带一路"倡议的核心是通过发展基础设施和国际产能合作，促进沿线各国的联动发展。这是以中国改革开放近40年的成功经验和累积优势为基础的。另一方面，中国并不试图以提供上述公共产品为基础扩大自身在国际公共产品供应中的供应权，而是倡导共商、共建、共享，通过加强伙伴关系，包括双边的多层次、多渠道合作，强化多边合作机制作用并继续发挥沿线各国区域、次区域相关机制的建设性作用。中国始终强调，"一带一路"沿线国家基于但不限于古代丝绸之路的范围，各国和国际、地区组织均可参与，让共建成果惠及更广泛的区域。这充分证明，"一带一路"倡议所提供的公共产品并非区域性或封闭性的，而是开放、共享的。

第三，"一带一路"倡议提供的公共产品具有更强的可持续性。免费搭车论点背后，的确存在对公共产品可持续性的担忧。笔者认为，特定公共产品的可持续性强弱主要取决于四方面要素：一是公共产品的内涵可持续性，即是否需要长期的外部投入，如风力发电与火力发电的路灯的差异；二是公共产品的载体可持续性，如路灯的灯杆、灯泡的材质差异；三是公共产品的财务可持续性，即公共产品本身与其他经济、社会系统的融合程度，如收费高速公路的财务可持续性明显强于免费路灯系统；四是公共产品的社会可持续性，即其社会经济溢出效应，如核电站与高速公路所提供的公共产品的潜在风险差异。"一带一路"倡议所提供的公共产品主要包括三类：一是基础设施建设及相关的联动发展；二是沿线国家发展所需要的原始资金；三是中国发展经验特别是"先富带动后富、最终实现共同富裕"的发展思路。根据上述标准，这三类公共产品的可持续性都相当强，对于推动国际公共产品的整体提升具有重要的积极意义。

三、提高全球治理的行动自觉

"一带一路"倡议是中国在全球治理面临困境之际提出的，其核心是进一步激发国际发展动力，同时也通过自身的榜样作用推动国际共同努力。可以认为，"一带一路"倡议正推动全球治理从自上而下的单一方法朝着自上而下与自下而上相结合的复合方法发展，大大地提高了全球治理的行动自觉。

（一）自上而下是全球治理的传统方法

需要指出的是，迄今为止的全球治理努力主要遵循自上而下的逻辑：一方面，全球性挑战更多是对人类的整体性威胁，仅凭单个国家的行动往往难以有效应对；另一方面，为实现整体和统一行动，必须有共同的规范和标准，以避免地区、国别行动的相互矛盾。由此而来的全球治理努力往往采取自上而下的规则制定方法或规范化治理方法，因为规则可以界定可为或不可为的行动。

自上而下的规范化治理首先描述了一套行为规范，并设定服从和制裁机制，目标是诱导行为体相应地调整行为。也就是说，规范化治理方法基于如下信念，即对治理体系、代表性和执行机制等的恰当设计，可有效推动全球治理目标的实现。这样，国际社会治理各类全球性问题的方法往往是先塑造共识，然后签署国际协议，并以此为基础建立相应的国际机制，最后才具体到国家或地方性落实。[①] 自上而下的规范化治理方法为大多数全球治理努力所采纳，尤其明显的是全球气候变化谈判。

尽管规范化治理方法为各行为体预设了具体的行为规范，但现实中却很难奏效。无论是全球气候变化谈判的困难，抑或是国际恐怖主义的应对，还是全球性传染病的控制，都面临着明显的治理困境或治理失灵：一是在国际无政府状态下，自上而下方法往往难以贯彻，哪怕是在设定相应的服从和惩罚机制之后；二是规则制定的滞后性，使得规则总是难以跟上国际权力结构的变化、安

---

① 张春：《G20 与 2030 年可持续发展议程的落实》，《国际展望》2016 年第 4 期，第 34 ~ 36 页。

全挑战的变化以及相互依赖的深化;① 三是规则制定与全球性挑战的错配,规则制定指向具体的行为规范而非特定的政策目标,但其政策目标即特定的全球性挑战在规则制定过程中被忽视或淡化;四是规则制定的合法性日益遭到全球性权势扩散的挑战。②

规范化治理的失灵呼吁替代性的全球治理思维和方式:一方面,考虑到规范化治理的自上而下逻辑,替代性的全球治理思维和方式可以从相反方向即通过自下而上的方式展开,这也符合全球性权势扩散对全球治理的内在要求;另一方面,考虑到规范化治理方法使最终治理目标陷于模糊化,因此需要重新强调全球治理的目标,这催生了结果导向的全球治理探索。在很大程度上,结果管理方法使全球治理发展为一项技术性工程,拥有理性、技术规划知识的技术专家和官僚现在占据着很有权势的位置。③ 可以认为,正是对自下而上方法的呼吁和结果管理方法的成长,使得"一带一路"倡议的重要性得以进一步凸显。

(二)"一带一路"强调双向推动的全球治理

"一带一路"是中国提出的国别性发展倡议,根本上是一种自下而上的全球治理努力,但它对共商、共建、共享的全球治理模式,伙伴关系和新型发展融资机制等的倡导,反映的却是对自上而下与自下而上两种范式的更好平衡。

第一,"一带一路"倡导沿线国家自下而上地推动共商、共建、共享的全球治理模式。作为一种自下而上的治理努力,"一带一路"倡议并不具备自上而下地塑造沿线国家的行动共识、建立统一的落实机制等功能,更没有如此意图。中国强调的共商、共建、共享的全球治理模式具有明显的自下而上特征:共商强调彼此尊重各国的利益,求同存异,相互信任;共建强调在"一带一路"广阔的范围内优化资源配置,调动多方主体积极参与,精诚合作,各取所长;共享强调互利共赢,让"一带一路"建设惠及各国人民,给各国人民带来更多更公平的福祉。在"一带一路"建设中,只有以共商为基础才能真正实现共建,只有共商、共建才能真正达到共享,三者是有机统一的关系。共商、共建、共

---

① 秦亚青:《全球治理失灵与秩序理念的重建》,《世界经济与政治》2013 年第 4 期,第 8 ~ 9 页。

② [美]艾伦·布坎南、罗伯特·基欧汉:《全球治理机制的合法性》,《南京大学学报(哲学·人文科学·社会科学)》2011 年第 2 期,第 39 ~ 42 页。

③ James C. Scott, Like a State: How Certain Schemes to Improve the Human Condition Failed, Yale University Press, 1998, pp. 90 ~ 93.

享原则的核心在于"共"，只有共商、共建、共享，才能建立真正平等的包容的伙伴关系，形成一个命运共同体。

第二，"一带一路"倡议强调自下而上的高度自觉的伙伴关系建设，它包括双边、多边、地区乃至全球性的伙伴关系建设。到2016年6月底，中国已经同56个国家和区域合作组织发表了对接"一带一路"倡议的联合声明，并且签订了相关谅解备忘录或协议；已与11个国家签署了自贸区协定。中国已经与大多数中亚和外高加索国家签署了"一带一路"相关政策的协议，并与欧盟、中东欧16国、大湄公河次区域组织、非洲联盟等区域或次区域组织发布联合声明，对接各方支持"一带一路"建设的相关政策规划。在高层互访的引领下，通过各层次的双多边合作机制，中国提出的"一带一路"倡议已经与沿线多国的国家发展战略实现对接，包括哈萨克斯坦"光明之路"、俄罗斯"欧亚经济联盟"、蒙古"草原之路"、欧盟"容克计划"、英国"英格兰北方经济中心"、韩国"欧亚倡议"、越南"两廊一圈"、澳大利亚北部大开发、东盟互联互通总体规划、波兰"琥珀之路"等。

第三，"一带一路"推动了新型发展融资机构建设，强化了自下而上的行动自觉性。在当前国际发展动力不足的情况下，自上而下的全球性融资努力难度明显增加，而对自下而上的国别、地区性发展融资安排的需要则更加迫切。中国在提出"一带一路"倡议时便明确承诺，将"统筹国内各种资源，强化政策支持。推动亚洲基础设施投资银行筹建，发起设立丝路基金，强化中国—欧亚经济合作基金投资功能。推动银行卡清算机构开展跨境清算业务和支付机构开展跨境支付业务。积极推进投资贸易便利化，推进区域通关一体化改革"。的确，亚洲基础设施投资银行、金砖国家开发银行、丝路基金等的建设和发展，充分表明了中国以实实在在的行动自下而上地落实"一带一路"倡议的自觉性，对于提高全球治理的行动自觉具有重要意义。

第四，"一带一路"强调对以联合国为核心的全球发展伙伴关系的支持。中国充分认识到人类命运共同体建构对集体行动的要求，进而认为"一带一路"倡议的落实将为全球发展努力做出重要贡献，特别是自2016年开始实施的联合国2030年议程。正因如此，"一带一路"倡议建设的指导原则中，第一条便是"恪守联合国宪章的宗旨和原则"，遵守和平共处五项原则，即尊重各国主权和领土完整、互不侵犯、互不干涉内政、和平共处、平等互利。就中国做出切实努力使"一带一路"倡议能够为联合国2030年议程的落实贡献最大力量而言，

"一带一路"倡议的确在维护和巩固联合国在全球发展合作中的核心地位；同时，它也表明中国崛起并不试图挑战现存国际秩序，而是力争实现在体系内的和平发展。

四、改善全球治理的要素平衡

全球治理包罗万象，其中特别重要的是发展与安全、可持续发展各要素以及伙伴关系等内部平衡。迄今为止的相关实践更多地强调特定方面而缺乏整体性思维，而"一带一路"倡议以中国自身发展经验为基础，强调发展、改革和稳定的相互平衡，强调经济、社会和环境等的科学发展，也倡议建立发展中国家与发达国家的新型伙伴关系，对全球治理的新实践具有重要意义。

（一）片面强调特定方面导致治理效果不佳

既有的全球治理努力存在重大偏颇：一方面，在发展与和平这两个时代主题中，西方发达国家强调和平高于发展；另一方面，基于其发展优势，西方自20世纪50年代起便开始主导国际发展合作，南南合作与南北合作的关系极不平衡。上述偏颇不仅是广大发展中国家长期难以实现真正可持续发展的原因，也是近年来西方内部发展困难的原因。

正如邓小平所指出的，发展与和平是时代主题，进而也是人类命运共同体建构的核心问题。但根据西方发达国家的逻辑，发展需要和平、稳定的环境，否则难以实现真正的发展。因此，要实现发展，就应实现和平、稳定与安全，进而也需要有问责的、有效的政府。例如，西方一项研究认为，由于内战往往持续时间较长，一国在内战结束后的人均收入水平一般会下降15%，绝对贫困率可能会上升30%；儿童和总体的人口死亡率在战争期间会急剧上升，战后仍会保持较高水平。[1] 这样，"安全—发展关联对于发展合作而言极为重要"。[2]西方发达国家也长期据此为发展中国家开出安全优先的处方，并推动自身"发展政策的安全化"，即从安全的、治理的角度思考发展政策的制定和执行。例如，经合组织发展援助委员会（OECD/DAC）一直高度关注冲突与发展的相互关系。较早时期，经合组织发展援助委员会主要从结构调整逻辑和保证外资安

---

① P. Collier et al., Breaking the Conflict Trap: Civil War and Development Policy, Oxford: World Bank and Oxford University Press, 2003, pp. 74 ~ 86.

② German Federal Ministry for Economic Cooperation and Development, "Development Policy as Security Policy, 2005," http: //www. bmz. de /en /issues /MDG/FriedenSicherheit.

全和经济自由化进程安全的必要性视角来思考。进入 21 世纪后,经合组织发展援助委员会更多地聚焦于控制不稳定因素,特别赋予安全部门改革的援助优先。在后"9·11"时期,经合组织发展援助委员会把恐怖主义纳入发展话语,日益迈向以发展名义进行合法化军事干涉,将越来越多的军事和安全开支纳入发展预算。

但过去几十年的经验表明,安全优先的处方根本行不通。一方面,在西方指导下的诸多发展中国家并没有实现真正的发展,同时其和平、安全和稳定也未见根本性改善。众所周知,非洲是自冷战结束以来最为动荡、最不安全的地区,但"仅仅 50 年前,亚洲(日本除外)曾处在与我们类似的不发达和令人绝望的境地。'饥荒的名字叫中国,苦难的名字叫印度'……韩国当时的发展水平甚至不及肯尼亚、科特迪瓦或者加纳"。① 另一方面,过度强调安全、治理优先于发展,事实上也导致西方内部的发展困境。无论是英国脱欧,还是特朗普当选美国总统,背后的深层次原因都在于其发展不均衡和不充分,而其根源又在于过度强调发展的安全、治理条件。

(二)"一带一路"倡议强调均衡发展

"一带一路"倡议既是一种外向型的国际发展努力,更是一种内向型的国内发展努力。因此,"一带一路"倡议首先以中国自身处理发展、改革和稳定三者关系的国内经验为基础,进而为国际发展和人类命运共同体建构提供参照,从而推动全球治理的新实践。

第一,以中国处理发展、改革和稳定关系的有效经验为基础,"一带一路"倡议强调对发展—安全—治理的更好平衡。自改革开放以来,中国始终强调发展优先,以发展的成果逐渐解决各类新老发展、安全和治理挑战,形成一种积极循环。这也是当前中国进一步全面深化改革开放的基础。总结中国的成功经验,习近平主席指出:"发展就是最大安全,也是解决地区安全问题的'总钥匙'。"② 众所周知,"一带一路"沿线国家面临各种安全和稳定的挑战,在西方发达国家安全优先处方被证明无效的情况下,"一带一路"倡议可为其提供平衡发展—安全—治理的替代模式,推动人类命运共同体的新实践。

---

① [加蓬]让·平:《非洲之光》,侯贵信、朱克玮等译,世界知识出版社 2010 年版,前言,第 13 页。

② 习近平:《积极树立亚洲安全观,共创安全合作新局面》,人民网,http://cpc.people. com.cn/xuexi/n/2015/0721/c397563-27338292.html,2015 年 7 月 21 日。

第二，"一带一路"倡议旨在通过联动发展实现对经济、社会、环境和安全等要素的更好平衡。"一带一路"倡议"致力于亚欧非大陆及附近海洋的互联互通，建立和加强沿线各国互联互通伙伴关系，构建全方位、多层次、复合型的互联互通网络"，同时借助一系列互联互通项目，"推动沿线各国发展战略的对接与耦合，发掘区域内市场的潜力，促进投资和消费，创造需求和就业，增进沿线各国人民的人文交流与文明互鉴，让各国人民相逢相知、互信互敬，共享和谐、安宁、富裕的生活"。[①] 用官方话语说就是，通过推动基础设施互联互通，可以促进贸易和投资，打破资金、技术和人才流动的藩篱，完善全球统一市场平台，建立开放型世界经济新体制，进而实现一种联动式发展。

第三，"一带一路"倡议注重对南南合作与南北合作的合理平衡。随着以中国、印度等为代表的新兴大国的崛起，南南合作得到快速发展，但也面临着来自发达国家的承担更大国际责任的重大压力。中国始终强调，既要大力发挥南南合作的重要作用，同时又应坚持南北合作的主渠道作用。"一带一路"倡议的落实事实上为构建更为合理和平衡的南南合作—南北合作的互动关系模式提供了参考，即通过"一带一路"倡议，中国主动设立推动国际发展和全球发展伙伴关系的自主贡献目标。

通过主动设定中国的自主贡献目标，"一带一路"倡议可推动"共同但有区别的责任"原则的具体化和机制化。尽管"共同但有区别的责任"原则早已成为一项国际共识，但如何具体化和机制化仍充满争议。联合国气候变化谈判《巴黎协议》通过的"国家自主贡献承诺"为实现上述目标提供了有效参考，而"一带一路"倡议则推动其进一步升级，使之成为一个三位一体结构：一是对传统援助方或发达国家的强制性官方发展援助目标，即将其国民总收入的0.7%用作对发展中国家的官方发展援助，将其国民总收入的0.15% ~0.20%用作对最不发达国家的官方发展援助；二是新兴发展伙伴的自愿性"国家自主贡献承诺"；三是支助接受方（其他发展中国家）的自主性国内资源动员目标。[②]如果这一"三位一体"结构得以建立，全球发展伙伴关系中的南南合作、南北

① 国家发改委、外交部、商务部：《推动共建丝绸之路经济带和21世纪海上丝绸之路的愿景与行动》，新华网，http：//news.xinhuanet.com/finance/2015 – 03/28/c_1114793986.htm，2015 年3 月28 日。

② Zhang Chun，"The G20's Role in Fulfilling the UN 2030 Agenda，"China Quarterly of International Strategic Studies，Vol.2，No.3，Fall 2016，p.324.

合作互动模式必然会变得更加合理、均衡和高效。

五、结束语

"一带一路"倡议是中国在全球化面临重大冲击背景下为国际社会提供的重要公共产品，但其国际政治、经济意义远超出国际经济或全球发展，它构成了全球治理的崭新实践。这些崭新实践不仅推动了全球治理的调整变革，更促进了中国特色外交的发展，如合作共赢的国际秩序观与人类命运共同体意识建构的强化，义利相兼、以义为先的正确义利观与国际公共产品供应的道义追求，共商、共建、共享的全球治理观与全球治理的行动自觉，以及发展观、安全观和合作观与全球治理的内部要素平衡，都有着密切联系。需要指出的是，在当前逆全球化力量泛滥的背景下，全球治理的调整变革仍面临严峻挑战，"一带一路"倡议及其落实面临着诸多挑战，其对全球治理新实践的倡导和践行仍有很长的路要走：一方面，中国仍需大力落实和拓展早期收获，优化风险防范措施，建立健全后续评估体系，进而推动全球治理的新实践系统化，为全球治理调整变革营造更加有利的环境；另一方面，中国也应更好地处理全球治理中自上而下与自下而上的平衡，"一带一路"倡议更多是一种自下而上的努力，有利于推动全球治理自上而下努力的发展，但绝非一种替代关系。

（原载于《国际关系研究》2017 年第 2 期）

"一带一路"：引领包容性全球化[*]

    "一带一路"建设是新时期我国全方位对外开放的旗帜和主要载体，也是我国推动世界经济治理改革的尝试。该战略源自习近平总书记2013年9月和10月出访中亚和东南亚国家期间提出的两个倡议：9月7日在哈萨克斯坦纳扎尔巴耶夫大学演讲时，总书记提出与中亚国家共建"丝绸之路经济带"的倡议；10月3日在印度尼西亚国会演讲时，总书记提出与东盟国家共建"21世纪海上丝绸之路"。在2013年12月召开的中央经济工作会上，"一带一路"成为一个专有名词，特指"丝绸之路经济带"和"21世纪海上丝绸之路"。2015年3月28日在海南博鳌亚洲论坛上，经过国务院授权，国家发展和改革委员会、外交部和商务部共同发布了《推动共建丝绸之路经济带和21世纪海上丝绸之路的愿景与行动》（以下简称《愿景与行动》）[①]。2016年8月17日，中央召开推进"一带一路"建设工作座谈会，习近平总书记发表了重要讲话，提出"八个推进"，并强调以"钉钉子"的精神把"一带一路"建设工作一步一步推向前进。

    三年多来，"一带一路"建设已进入全面实施阶段，取得了不少重要进展，在国际上产生着愈来愈广泛的影响。不但沿线国家普遍支持"一带一路"建设，而且一些处于观望或视而不见的发达国家也已开始重新审视共建"一带一路"

---

   * 本文作者：刘卫东，中国科学院地理科学与资源研究所所长助理、研究员、博士生导师，中科院特聘研究员（核心骨干），中国科学院大学岗位教授，2011年杰青获得者。兼任中国地理学会理事、经济地理专业委员会主任；国际区域研究协会理事、中国分会理事长等。研究方向为经济地理学与区域发展，近三年来主要从事"一带一路"战略研究。

   基金项目：国家自然科学基金（41530751），国家社会科学重大基金（2015MZD039），中科院地理科学与资源所特色所培育建设项目（"一带一路"建设决策支持研究）。

   ① 国家发展和改革委员会，外交部，商务部：《推动共建丝绸之路经济带和21世纪海上丝绸之路的愿景与行动》，外交出版社2015年版。

倡议。当前，国际形势正在发生剧烈变化，保护主义和民粹主义抬头，给世界经济增长带来诸多不稳定因素。特别是，美国特朗普政府退出 TPP（跨太平洋伙伴关系）并计划撕毁多边贸易协定，使经济全球化出现某种程度的倒退趋势。在此背景下，共建"一带一路"倡议必将承担更为重要的历史责任，成为世界经济增长的稳定器和发动机，以及推动经济全球化改革发展的一面旗帜。本文将分析"一带一路"建设的宏观背景，讨论经济全球化的机制与局限性，并从推动经济全球化改革发展的角度来探讨"一带一路"建设的内涵，认为共建"一带一路"倡议是包容性全球化的倡议，将为 21 世纪的世界和平与发展带来新的哲学思维，为当前低迷的世界经济亮起一盏航灯。

一、"一带一路"建设的宏观背景①

"一带一路"建设是党中央和国务院统筹国内外形势变化制定的长远、重大战略，是我国发展到特定阶段以及世界经济格局变化的必然结果。总体上看，无论是我国庞大的经济体量及其转型升级的需要，还是当前世界格局和世界形势对我国承担更多国际责任的需要，都要求我国必须及时转变观念，更多地从全球视野去思考问题、谋划资源配置②。唯有如此，才能推动我国社会经济持续健康发展，建设世界强国，实现"中国梦"；也才能更好地参与国际经济治理，为全球可持续发展做出更大的贡献。

近 40 年来，全球社会经济格局发生了重大变化，而其驱动力主要是经济全球化。全球化看似包罗万象，但其核心现象是在制度、经济和技术力量的共同推动下，世界正在被塑造成为一个紧密的社会经济空间，各主体之间的相互关联和相互影响愈来愈强。其突出特征是投资和贸易自由化，具体表现是全球贸易增长快于生产增长、对外直接投资快于贸易增长、跨国公司数量和势力不断上升、生产方式转变（特别是零部件"外包"日趋流行）导致了紧密的全球生产网络等。从结果看，一方面，经济全球化曾对促进全球经济增长起到了积极作用。1970—2010 年，世界经济增长速度年平均达到了 3.16%，总规模增长了3.47 倍。另一方面，全球化也加剧了世界各国（地区）发展的不均衡，其中大量发展中国家获益较少。在发达国家内部，大公司及其高管获益最多，基层民

---

① 本小节根据《"一带一路"战略研究》第一章相关内容提炼而成。特此说明。
② 刘卫东，田锦尘，欧晓理等：《"一带一路"战略研究》，商务印书馆 2017 年版。

众获益少。这导致了全球范围内社会不公平现象日益突出。根据扶贫慈善机构乐施会（Oxfam）的研究，2016 年占全球总人数 1% 的富人群体所拥有的财富超过其余 99% 全球人口财富的总和①。因此，如何在推进全球化深入发展的同时避免贫富差距继续扩大，是全球实现可持续发展面临的突出问题。

与此同时，借助全球化的力量，近 40 年我国实现了举世瞩目的高速经济增长，改变了世界经济格局（图1）。1978 年，按当年汇率计算我国国内生产总值（GDP）占世界的份额只有 1.8%（按购买力平价计算为 4.9%），出口额占世界的比重不到 1.5%；2015 年，两个数字分别已上升到 15.0%（按购买力平价计算为 20%）和 13.8%。相应地，2010 年我国成为世界第二大经济体，2013 年成为世界第一大货物贸易国，2015 年成为世界第二大对外投资国。同时，我国还

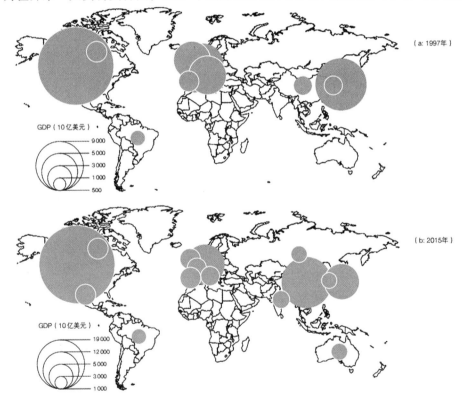

图1 世界主要国家 GDP 分布格局

资料来源：世界银行数据库。

---

① 《乐施会全球贫富差距报告》http：//finance. chinanews. com/cj/2015/01 – 27/7009775. shtml）

是世界制造业第一大国，占世界制造业产值的 24%。自 2008 年全球金融危机以来，我国对世界经济增长的贡献率平均保持在 30% 左右。如此庞大的经济体（2016 年为 11 万亿美元）必然是塑造世界格局的重要力量。伴随美国特朗普政府的"新政"落地，国内外不少媒体纷纷炒作"中国领导世界""中国引领全球化"等话题。但是，在当今世界格局下，我国如何更加深入地参与世界经济治理、承担好应该承担的世界责任，是需要仔细研究和妥善处理的，也是需要创新理念和实施平台的。

尽管当前我国已经是世界第二大经济体、中等偏上收入国家，但仍处在实现"中国梦"的征途之中，实现产业转型升级、成为世界强国还有很长的路要走。从百年尺度看，近 40 年我国的经济崛起是 100 年来世界经济格局最大的变化，也是 300 年来世界格局变化中屈指可数的重大事件。根据经合组织原首席经济学家麦迪逊的估算，18 世纪初我国占全球经济的比重接近 1/3，在新中国成立之时该比重降至 4.6%，一直到改革开放之初也只有 4.9%（图 2）。经过近 40 年的奋斗，按麦迪逊的计算方法，我国占世界经济的比重已升至 20% 左右。以重回世界强国作为参照系，我国当前的位置犹如爬山到半山腰。一方面，每向上一步都是艰难的，容不得懈怠；另一方面，需要更加开阔的视野，放眼世界。

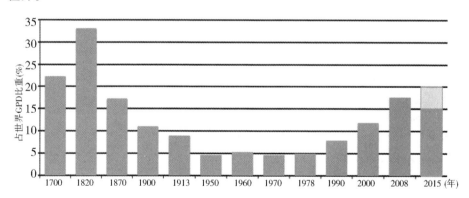

图 2 中国经济总量（GDP）占世界比重的变化

资料来源：Maddison（2009）①，2015 年为作者估算值（深色为按官司方汇率计算结果，加上线色部分为按 PPP 法估算结果）。

---

① Maddison A. Statistics on World Population，GDP and Per Capita GDP，1 – 2008 AD，"Maddison Project"，2009. http：//www. ggdc. net/maddison/oriindex. htm.

此外，经过近 40 年的高速增长，我国的经济体系面临着巨大的转型压力。首先，我国为取得的经济增长成就付出了巨大的资源环境代价。大气污染（特别是雾霾）、水体污染、土壤污染、湿地消失、草原退化等一系列生态环境问题，已经严重威胁到我国的可持续发展，因此建立一个资源环境可持续的经济体系刻不容缓。其次，从经济系统看，我国进入了"新常态"，需要从要素高投入和出口导向型发展模式转向依靠创新活动、更加重视国内消费拉动的多元化发展模式。无论是产业转型升级还是实施创新驱动发展，都意味着经济活动的空间重组，特别是全球尺度的空间重组。也就是说，我国转变发展方式，需要从全球尺度去谋划、在全球尺度上去配置资源才能实现。事实上，这种空间重组已经拉开了序幕。2006—2016 年，我国对外直接投资从数十亿美元迅速攀升至 1700 多亿美元（不含金融类投资）。保障我国大规模海外投资的利益，并让我国的资本全球化惠及更多的发展中国家和地区、实现合作共赢，需要一个全新的国家战略，一个面向全球的国家战略。

二、经济全球化的机制与局限性

共建"一带一路"倡议是在经济全球化大背景下产生的。正确理解该倡议的重要意义和作用，需要深刻认识经济全球化的机制及其局限性。如前所述，经济全球化是制度、经济和技术力量共同作用下出现的一个历史现象，其中既包含有客观的动力也涉及制度因素。从客观动力来看，一方面，资本积累具有无休止的空间扩张和空间重组的内在需求；另一方面，生产方式从福特主义向后福特主义转变让零部件"外包"日趋流行，这使得世界很多地区被紧密的供应链联系在一起，形成了各种各样的全球生产网络。此外，过去半个多世纪以来交通和通信技术的进步，让跨越空间组织经济活动的成本大幅度下降，产生了所谓的"时空压缩"。然而，这一切都只是创造了可能性，决定性因素是包括发达和发展中国家在内的世界多数国家"相信"自由贸易是有利的，纷纷拥抱了投资和贸易自由化政策。当然，这种将全球化的动力机制区分为客观和主观的看法，源自于不同的本体论和认识论，即人类不是"经济动物"，有意愿也有能力管理自己的需求与欲望。

尽管"经济全球化"这个术语在 20 世纪 90 年代后才开始被广泛地使用，

但经济全球扩张的进程却已经存在了几个世纪①。第一次高潮出现在 18 世纪末至 19 世纪中期，其主要表现形式是殖民背景下的贸易扩张。当时，以英、法为代表的发达工业国以武力为后盾强迫殖民地国家降低甚至取消关税，将后者变成原料供应地、商品倾销市场和资本输出场所，形成了"核心—边缘"国际分工。此时的所谓"自由贸易"是建立在殖民主义基础上的不平等贸易。第二次高潮发生在 19 世纪下半叶至 20 世纪初，其主要形式为技术进步推动的资本全球扩张。一方面，电力、通讯、交通技术的进步使人类跨越空间的成本大幅度下降，另一方面技术创新催生了垄断资本主义。其结果是世界对外直接投资大幅度上升。例如，1900—1914 年，世界对外投资总额几乎翻了一番，达到 430 亿美元。然而，这一时期资本的全球扩张仍然具有明显的殖民主义色彩，不过由于两次世界大战戛然而止。

"二战"后世界迎来了第三次经济全球扩张的高潮，其特征是美国主导建立的一系列国际经济合作机制和国际机构，如布雷顿森林体系、国际货币基金组织、世界银行、关贸总协定等，及其形成的汇率机制和自由贸易机制。尽管战后殖民地体系逐步瓦解，但历史上形成的"核心—边缘"模式仍然发挥作用，不平等的分工未能改变。在战后繁荣期，西方主要国家采取了凯恩斯主义政策，认为政府管制和干预主义措施是必要的。同时，由于当时这些国家经济繁荣，资本积累压力不大，流向海外的内在动力小。再加上"冷战"格局的影响，这一时期的经济全球扩张中贸易的成分远大于资本扩张，因而未形成真正意义上的经济全球化。

20 世纪 70 年代，西方主要发达国家结束了战后繁荣期，出现了严重的"滞涨"问题。为了摆脱危机，以里根和撒切尔政府为代表的西方国家纷纷抛弃了凯恩斯主义政策，拥抱哈耶克的新自由主义思想，大幅度减少政府干预，将国有企业私有化，并采取措施推动投资和贸易自由化②。在此背景下，发达国家的资本开始大规模流向发展中国家，出现了彼得·迪肯称之为"全球产业转移"

---

① James P, Steger M B A. Genealogy of Globalization: The Career of Concept. Globalizations, 2014, 11 (4): 417 – 434.

② Hudson R. Rising powers and the drivers of uneven global development. Area Development and Policy, 2016, 1 (3): 279 – 294.

的现象①。特别是，90 年代初"冷战"结束后，发达国家的对外投资呈现出爆发式增长。与此同时，经济危机迫使西方企业不断调整生产方式，从过去的垂直一体化、大规模生产的福特主义方式，转向零部件"外包"、灵活生产的后福特主义方式。这使得供应链逐渐拉长，零部件生产的地区专业化分工愈来愈明显，带来了供应链贸易的大幅增长。例如，尽管产业集群日趋流行，但当前东亚内部贸易中 70% 以上是中间产品的贸易。因此，发达国家大规模对外投资、生产方式的转变、信息技术的进步以及新自由主义思潮的流行，共同推动世界正在成为一个愈来愈紧密的社会经济空间。这便是我们称之为"经济全球化"的历史现象，也是经济全球扩张的第四次高潮。

纵观历史进程，资本空间扩张的本性是经济全球扩张的根本动力，技术进步是"催化剂"，而国家管制和干预则是"闸门"。马克思在《资本论》中精彩地论述过，资本主义生产方式总会产生过度积累的压力，从而导致周期性经济危机。而他也曾指出，技术进步和空间转移可以延缓经济危机的发生。20 世纪 70 年代，美国著名地理学家大卫·哈维把马克思的思想发展成为一套完整的解释资本积累地理机制的学说，其核心概念就是资本的"空间出路"②③。哈维认为，资本积累离开空间扩张和空间重组难以维系，需要不断寻求"空间出路"，而交通和通信技术的进步为资本空间扩张提供了必要条件，降低了其空间位移的成本。因此，无休止的运动是资本积累的一个突出特点。正是资本积累"空间出路"与新自由主义思潮的完美结合，拉开了资本在全球尺度上进行大规模空间扩张的序幕，催生了经济全球化的出现。

由此可见，过去 30 多年的经济全球化是欧美发达国家为了解决当时遇到的"滞涨"问题而打造的一套国际经济治理机制，其根基是新自由主义思想。在推行经济全球化过程中，这些发达国家不但认为市场可以解决所有问题，而且认为世界上存在一条"最佳"发展道路，这就是他们曾经走过的道路，并不断向发展中国家输出这种思想。20 世纪 90 年代的"华盛顿共识"正是新自由主义政策的产物，让苏联和东欧国家陷入多年的经济衰退。在这方面，西方主流经

---

① 彼得·迪肯：《全球性转变：重塑 21 世纪的全球经济地图》，刘卫东等译，商务印书馆 2007 年版。

② Harvey D. The geography of capitalist accumulation：areconstruction of the Marxian theory. Antipode，1975，2（S）：9 - 12.

③ Harvey D. The Spatial Fix：Hegel，Von Thunen and Marx. Antipode，1981，13：1 - 12.

济学和发展经济学起到了推波助澜的作用。很多主流经济学家用数学模型论证自由贸易可以让各国实现均衡发展，而现实却大相径庭（至少在很多空间尺度上如此)①。事实上，早在19世纪中叶，英国在废除本国的"谷物法案"后就鼓动西欧国家实施完全自由贸易，而仅仅20多年之后其他国家便感觉到利益受损，纷纷采取保护主义措施②。另外，主流经济学关于自由贸易的理论是基于平均个体认识论的，社会基层很容易被"平均"。这正是发达国家在全球化中获得了巨大利益，而其基层民众利益受损的重要原因。

因此，新自由主义经济全球化是一套主要满足资本空间扩张需要的机制。在这个机制下，资本和大公司获得了巨大利益，而社会特别是基层民众付出了巨大代价，导致了严重的社会问题。此外，由于资本可以自由流动而劳动力难以自由流动的内在矛盾，新自由主义全球化是一个导致"几家欢乐、几家愁"的过程。任由这套机制主宰世界经济治理，全球社会矛盾将日益突出，全球可持续发展目标将难以实现。事实上，特朗普当选美国总统、英国脱欧等一系列"黑天鹅事件"，都显示出世界存在改革经济全球化机制的巨大需求。

三、"一带一路"建设的核心理念：包容性全球化

经济全球化是一把"双刃剑"，既推动了世界经济增长，也带来了严峻的社会问题。近期，美国退出TPP并计划撕毁多边贸易协定，使经济全球化似乎出现倒退趋势。但是，现代生产方式、全球生产网络和现代通信技术已经把世界上很多国家紧密联系在一起，你中有我、我中有你，世界已经不可能退回到完全的孤立主义和封闭时代。因此，在这个历史节点上，世界需要的是改革经济全球化的机制，而不是推倒重来。

不难观察到，当今世界回荡着谋求改革的声音，而改革尤其需要新的思维和新的模式。作为世界第二大经济体以及拥有成功发展经验的大国，我国应该为经济全球化改革发展提供中国方案。从解决全球化负面效应来看，新的国际经济治理模式，需要顾及社会基层的利益，需要让现代化的基础设施延伸至更多的地区，需要让经济增长惠及更多的民众。而过去30多年的实践证明，完全

---

① Sheppard E. Limits to Globalization：Disruptive Geographies of Capitalist Development. Oxford：Oxford University Press，2016.

② Sheppard E. Limits to Globalization：Disruptive Geographies of Capitalist Development. Oxford：Oxford University Press，2016.

依靠市场机制，很难实现这样的目标。因此，既要继承经济全球化有益的一面，也要进行改革。从根本上讲，应该摒弃新自由主义思维，树立起"包容性全球化"的旗帜。而这正是习近平总书记提出的共建"一带一路"倡议的核心内涵和精髓；"一带一路"将成为引领包容性全球化的一面旗帜①。

　　根据习近平总书记重要讲话，共建"一带一路"就是用"丝路精神"推动沿线国家的合作，实现互利共赢。所谓"丝路精神"指在"丝绸之路"上薪火相传的"和平合作、开放包容、互学互鉴、互利共赢"的精神。《愿景与行动》明确提出，共建"一带一路"将"秉承开放的区域合作精神，致力于维护全球自由贸易体系和开放型世界经济""旨在促进经济要素有序自由流动、资源高效配置和市场深度融合，推动沿线各国实现经济政策协调，开展更大范围、更深层次的区域合作，共同打造开放、包容、均衡、普惠的区域经济合作架构"②。这其实正是"丝路精神"与经济全球化理念的有机结合，是开创包容性全球化道路的重要尝试。

　　"一带一路"建设是包容性全球化的倡议，至少可以从以下几点来理解。首先，应重视政府的作用，特别是在维系社会公平和减少贫困方面的作用，而不是依赖市场机制解决所有问题；其次，推崇发展道路选择的多样性（新自由主义全球化只推广一条道路，即发达国家已经走过的道路），每个国家应该根据自身的特点探索适宜的发展道路；第三，强调国家之间发展战略的对接，寻找利益契合点，这并非仅仅满足资本"信马由缰"的空间扩张需要，将让更多地区受益；第四，坚持"开放包容"和"平等互利"的理念，突出"共商、共建、共享"的原则，把寻找发展的最大公约数放在首位，谋求共同发展、共同繁荣；第五，遵循"和而不同"的观念，在维护文化多元性的基础上共谋发展、共求繁荣、共享和平。

　　因此，共建"一带一路"倡议为推动经济全球化深入发展提供了新的思维，这就是包容性全球化。从历史趋势看，包容性全球化可以视为经济全球化的 2.0 版本，将为世界的和平与发展带来中国智慧和中国方案。或许这就是凯恩斯主义和新自由主义之后新的治理模式。

---

① Liu W D, Dunford M. Inclusive Globalization: Unpacking China's Belt and Road Initiative. Area Development and Policy, 2016, 1 (3): 323 – 340.

② 国家发展和改革委员会，外交部，商务部：《推动共建丝绸之路经济带和21世纪海上丝绸之路的愿景与行动》，外交出版社 2015 年版。

四、结论

世界在经历 200 多年的经济全球扩张后，在制度、经济和技术因素共同作用下进入了经济全球化时代，而经济全球化在 30 多年后走到"十字路口"，何去何从对于全球可持续发展至关重要。当前，关于经济全球化的争论很多，既有坚定的拥趸者，也有尖锐的批判者。由于我国的经济增长得益于经济全球化，国内外很多学者和媒体呼吁我国去引领全球化。这种呼声从大方向看是正确的，但是我国不能原封不动地去推动全球化的老路。首先，不能忽视经济全球化带来的负面问题，应该正视这些问题，寻找解决办法。其次，我国获益于经济全球化是因为我国有一个强有力的政府，将市场力量与政府力量有机结合起来，而不是照搬西方发展模式。继续推动主要满足资本空间扩张需要的新自由主义全球化，不仅不利于全球可持续发展，也与我国的社会制度不相容。因此，我国应该用自己的发展经验去引领经济全球化机制的改革，为国际经济治理提供中国方案。

习近平总书记提出的共建"一带一路"倡议，基于"丝绸之路"的历史文化内涵，向世界展示了全新的合作理念和合作模式。其精髓是"丝路精神"与全球化的有机结合，其内涵是包容性全球化。三年多前，当我国提出并开始"一带一路"建设之时，没有人能够预见到全球化形势会如此急转直下。当时，我国只是想通过"一带一路"建设为全球经济治理"添砖加瓦"。现在经济全球化进入"十字路口"和迷茫区，这在客观上使"一带一路"建设成为世界各国推动经济全球化深入发展和机制改革的一面旗帜，将引领包容性全球化。

（原载于《中国科学院院刊》2017 年第 4 期）

以“一带一路”建设重塑全球价值链*

引 言

后危机时代，新一轮科技革命特别是信息技术革命加速了以发达国家跨国公司为主导的全球价值链（Global Value Chain，GVC）在世界范围内的深化，中间投入产品的可贸易性、生产分工环节的可分解性、资源要素配置的可扩散性日益提升，越来越趋于碎片化的全球价值链增值环节也日趋增多①。由于对分工参与国的资源和技术禀赋要求较低，越来越多发展中国家参与到国际分工中来分享全球化红利。但从全球价值链的利润分配结构看，由于产品研发、关键零件生产及市场营销这些高利润环节被发达国家牢牢占据，而一般零部件的生产和加工等低利润及中游环节则基本落脚于发展中国家，因此发达国家跨国公司容易利用其核心能力来约束发展中经济体企业的知识创造与企业能力提升，

* 本文作者：黄先海，浙江大学经济学院；余骁，浙江大学经济学院。
基金项目：国家社科基金“全球生产网络、知识产权保护与中国外贸竞争力提研究”（15ZDB156）；国家社科基金重点项目“加快要素自由流动的对外贸易战略转型研究”（14AZD056）；浙江大学“一带一路”开发开放研究科技联盟、浙江大学中国西部发展研究院资助项目“一带一路与中国自贸区建设”（16CAWRD02）。

① 王直，魏尚进，祝坤福：《总贸易核算法：官方贸易统计与全球价值链的度量》，《中国社会科学》2015年第9期，第108－127页。

使发展中国家陷入长期的"低端锁定"困境①。这种"嵌入式困境"导致发展中国家只能通过承接低端转移产业进行"等距离"发展，导致其承接落后而在市场、技术两方面落入双重追赶的两难境地②。与此同时在对金融危机期间由于制造业空心化导致的一系列问题进行深入思考和总结后，西方主要发达国家纷纷出台制造业回流政策，如美国的"再工业化战略"、欧洲的"2020 战略"、日本的"重生战略"等都力图在市场、资源、人才、技术、规则、标准等方面的竞争中夺得一席之地，甚至主导权。这意味着在新时期许多发展中经济体在参与全球价值链分工时将面临发达国家"高端回流"和其他发展中国家"低端分流"的双重竞争。

一、以"一带一路"建设为契机构建双向"嵌套型"全球价值链分工新体系

后危机时期，国际经贸格局的重大变革导致我国利用传统优势继续参与全球价值链的扩展空间越来越小，如何通过转变国际分工嵌入模式形成新的对外贸易竞争力，避免陷入"中等收入陷阱"和"比较优势陷阱"成为当前我国经济发展的焦点。以"一带一路"建设③主导区域经济一体化或将是我国在新时期转移国内过剩产能、推进产业结构升级、实现国际分工地位提升的重要途径。

基于一国（地区）资源禀赋与比较优势的跨国公司区位选择引致了全球价值链分工体系的形成，而第三次产业转移浪潮④奠定了"先发国家（地区）居于两头、后发国家（地区）落脚底部"的全球价值链分工格局。由于中国长期以来投资带动增长的模式以及中国城镇居民的消费转型，中国制造业自 2010 年

---

① 张慧明，蔡银寅：《中国制造业如何走出"低端锁定"——基于面板数据的实证研究》，《国际经贸探索》2015 年第 1 期，第 52 – 65 页。

② 诚然在现有全球价值链中，后进国家可通过技术模仿实现一定的技术进步与经济增长，但该模式并不可持续，因为后进国难以在前向联系上脱离国际市场尤其是发达国家市场，同时在后向联系上也难以摆脱对发达国家先进技术资金的依赖，导致后发国家始终与发达国家保持一定技术距离而难以实现赶超。

③ "一带一路"（全称"丝绸之路经济带"与"21 世纪海上丝绸之路"）重大倡议于 2015 年 3 月 28 日由中国国家发展和改革委员会、外交部、商务部经国务院授权发布的《推动共建丝绸之路经济带和 21 世纪海上丝绸之路的愿景与行动》正式提出并作系统阐述。

④ 即指始于 20 世纪 80 年代中期由欧、美、日等发达国家以及"亚洲四小龙"等新兴工业化国家（地区）作为输出国（地）将劳动、资源密集型产业转移至中国、东盟等发展中及转型期经济体的过程（刘友金和胡黎明），刘友金，胡黎明：《产品内分工、价值链重组与产业转移——兼论产业转移过程中的大国战略》，《中国软科学》2011 年第 3 期，第 149 – 159 页。

起就面临严重的产能过剩问题，2012 年中国工业有 22 个行业产能相对过剩，过剩率达 80% 以上，尤其是钢铁、水泥、电解铝、平板玻璃等行业①。同时劳动力成本的不断提升使得这些产业亟待通过"走出去"来化解过剩产能。借"一带一路"建设加速第四次产业转移浪潮②形成新型全球价值环流将有可能成为中国及各沿线发展中国家突破"低端锁定"困境、避免"高低挤压"竞争、提升国际分工地位的关键所在。由于"一带一路"沿线国家要素成本与比较优势各不相同，各自所处发展阶段也不尽相同，因此通过共建"一带一路"重构经济地理、推进投资便利化进程、扩大中国与沿线各国在不同行业及特定行业上下游间的投资范围，将为中国与沿线国家进行国际产能合作与产业结构优化提供全新平台③。基于此，我国可以顺应比较优势规律将部分低端、过剩产业（区段）和过剩产能通过国际产能合作的形式梯度转移到处于较低经济发展水平的沿线国家，实现自身产业结构优化调整的同时，构建以中国为核心主导的"一带一路"区域价值链分工体系④，并整体嵌入到现今全球价值链分工体系中形成双向"嵌套型"全球价值链分工新体系（如图 1 所示），实现从发达国家引领中国融入全球价值链为中国引领其他发展中国家融入全球价值链的转变。具有经济发展基础与技术积累优势的中国作为核心枢纽国将起到"承高起低"的关键作用，并将从当前低端的"外部依赖"型嵌入模式转变成中高端的"核心枢纽"型嵌入模式，这是新一轮全球化条件下我国寻求与世界经济"再平衡"的绝佳机遇，也是实现我国及沿线各国在全球价值链中分工地位提升的必由之路。

---

① 储殷，高远：《中国"一带一路"战略定位的三个问题》，《国际经济评论》2015 年第 2 期，第 90 - 99 页。

② 本文在相关研究基础上，将危机后兴起的以部分新兴工业化国家为主要输出国的产业转移浪潮定义为"第四次国际产业转移"。

③ 卢锋，李昕，李双双，姜志霄，张杰平，杨业伟：《为什么是中国？——"一带一路"的经济逻辑》，《国际经济评论》2015 年第 3 期，第 9 - 34 页。

④ Pomfret & Sourdin 指出区域价值链的构建并不要求沿线国家放弃现有的全球需求与市场份额，两者本身互不相斥而相互促进，POMFRET R．，SOURDIN P. Global Value Chains and Connectivity in Developing Asia—with Application to the Central and West Asian Region [R]．ADB Working Paper, 2014,（142）．

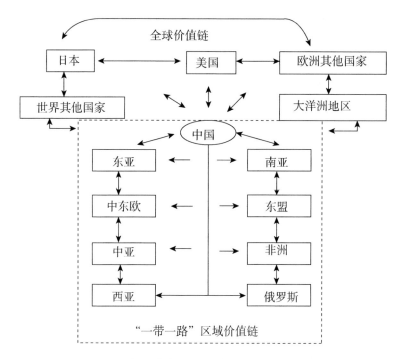

图1　双向"嵌套型"全球价值链分工新体系

资料来源：作者基于相关文献整理而得。

较早参与全球化进程所积累的经济、技术基础使中国实现了向较高附加值环节的快速攀升①，因此我国已经具备足够的能力和基础成为新型国际分工体系中的核心枢纽国，在功能上对外承接、转化、应用发达国家的先进技术与产品、对内主导"一带一路"区域经济一体化（虚线框内所示），而沿线各国又通过与中国开展分工合作参与到区域价值链中，实现自身经济的增长。值得注意的是，由于中国与各沿线国家在合作领域、合作重点、合作机制和合作内容等方面均存在差异，且部分沿线国家间长期存在的复杂对立关系（如长期敌对的印度和巴基斯坦，以及近年爆发过激烈冲突的吉尔吉斯斯坦和乌兹别克斯坦等），都导致短期内"一带一路"上的沿线国家倾向于单独与中国产生联系，呈现出多重双边伙伴关系②。这种特殊的经贸合作关系使中国与沿线成员国间形

---

① OECD. Cardiac Arrest or Dizzy Spell：Why is World Trade So Weak and What Can Policy Do About It［R］. OECD Economic Policy Paper，2016，（18）.

② 为清晰表述这种特殊关系，在图1中我们用实线表征各沿线成员国与中国的直接联系，以虚线表示除中国外其他沿线各国间的联系。

成了独特的"轮轴—轮辐"型架构的区域分工体系,具有经济技术优势的中国成为其中的"领雁国"带领沿线各国实现经济前行①。另一方面,这一经济循环系统虽相对独立,但以发展中国家为主要构成这一特征使该体系在国际市场、技术和资金等方面无法完全摆脱对发达国家的依赖;而后危机时代西方发达国家普遍低迷的经济增长态势又凸显出这些国家对中国及沿线后发国家广阔市场的重视②。这种双向需求关系不仅拓展了原有价值链分工体系的内涵(现有体系主要为单向控制关系),还能基于中国的全球性经贸影响力让沿线各国在国际市场上获得更多规则制定、产品定价等方面的话语权,在避免陷入"俘获式困境"的同时与先发国间实现良性公平的竞争与合作。这种特殊的内外部联系使中国必然成为新型分工体系中的核心枢纽环节,同时"一带一路"区域价值链也不可能游离于全球价值链之外而独善其身,这正是理解新分工体系中"双向"和"嵌套"这一特殊结构的关键所在。正如张良悦和刘东(2015)③ 所指出的,要将包容性发展、经济全球化与区域经济一体化的趋势结合起来,才能有力地支持对外经济开放质量的全面提升。

二、新型分工体系的支撑基础及其体系创新

(一)中国的核心枢纽地位

在进入世界贸易组织(WTO)以后,得益于国内改革持续推进和经济开放日益深化,中国经济实现了前所未有的高速增长,目前我国已完全具备构建自身主导的全球价值链分工体系的基础,这主要体现在我国近十年在经济总量、对外贸易与投资和技术创新这几个重点领域所取得的举世瞩目的成绩(见表1)。

1. 经济总量

从表1的结果来看,作为目前世界第二大经济体,中国的经济体量几乎占

---

① 中国虽为"一带一路"区域价值链的"轮轴"国,但该分工体系两端的关系本质上仍是互补,而非绝对的控制与被控制。

② 魏浩指出,发达国家对中国出口在其各类商品出口中的份额一直呈稳步提升的态势。而在亚投行创始成员国资格确认截止日期前夕,英、德、意、法等西方发达国家的陆续加入均说明西方发达国家对发展中国家尤其是中国市场的重视与依赖,魏浩:《中国进口商品的国别结构及相互依赖程度研究》,《财贸经济》2014 年第 4 期,第 69 – 81 页。

③ 张良悦,刘东:《"一带一路"与中国经济发展》,《经济学家》2015 年第 11 期,第 51 – 58 页。

到"一带一路"沿线国家的一半（2015年达48.6%），具有绝对的经济话语权，且GDP增速长期保持在8%左右，巨大的国内市场需求将是我国建立自身主导的新型价值链分工体系的有力保障。

表1　近10年中国对"一带一路"沿线国家及世界经济的影响（单位:%）

	2006	2007	2008	2009	2010	2011	2012	2013	2014	2015
生产总值										
占沿线国家比重	28.12	28.95	31.02	35.63	35.91	37.31	39.28	41.35	43.72	48.59
占世界比重	5.39	6.17	7.30	8.54	9.28	10.38	11.46	12.52	13.54	15.30
对外贸易										
占沿线国家比重	24.83	25.7	25.04	26.96	28.26	28.76	29.57	31.36	32.76	39.83
占世界比重	6.31	6.87	7.18	7.67	8.44	9.00	9.60	10.24	10.77	12.33
跨境投资										
占沿线国家比重（流入量）	27.71	25.33	26.18	31.62	40.84	45.16	40.83	46.44	44.98	45.93
占沿线国家比重（流出量）	12.94	5.78	17.71	23.19	22.48	19.02	26.45	24.87	34.52	53.33
专利使用										
占沿线国家比重（专利费收入）	7.02	8.53	9.22	7.47	11.84	8.94	11.36	8.64	6.11	11.64
占沿线国家比重（专利费支出）	22.34	23.25	21.64	24.72	24.05	24.29	25.82	27.66	30.16	36.25

注：1. 所有计算结果的原始数据均以当年美元价计；2. "一带一路"沿线国家数据以包括中国在内的65个沿线国家数据加总而得；3. 对外贸易数据为各国货物与服务贸易进出口总额。

数据来源：作者依据世界银行WDI数据库中相关国家的数据计算而得。

2. 贸易往来

作为目前世界第一大贸易国，我国的贸易总量占沿线国家总量的比重从2006年的不到25%飙升至2015年的近40%，占世界贸易总量的比重也超过12%，这为我国进一步与沿线各国在贸易往来尤其是互补性贸易方面展开合作铺就了良好基础。

3. 对外投资

随着近几年我国对外投资额的井喷式增长，目前中国的对外投资规模已经超越招商引资规模，开始成为资本的净输出国①，具备了大规模对外直接投资的基础，为我国实现有序产能合作转移奠定了根基。

4. 技术创新

以我国的专利收支情况为例，我国专利支出占比有较大幅度提升，说明近几年我国大幅引进、学习、转化国外先进技术，逐步实现发展模式从"低端模仿"向"创新模仿"的转变②。而对外专利授权收入也有长足进步，这为我国与沿线国家实现技术转移合作提供了强力支撑。

从上述几个方面来看，我国已经完全具备了成为双向"嵌套型"全球价值链分工新体系中核心枢纽的基础，这使得我国可以通过技术溢出、逆向跨国并购等方式从发达国家承接、吸收、转化、创新与扩散高新技术、新产品，继而又作为"一带一路"区域价值链内前沿技术、高新产品的主导国通过区域产能合作、对外直接投资等途径合理安排区域分工与利益分配，带动沿线国家经济的快速发展。

（二）"一带一路"沿线各国对区域内协同发展的积极诉求

截至目前"一带一路"建设共涉及 65 个沿线国家，基本涵盖了亚非所有发展中国家，覆盖总人口数超过世界人口的 60%，GDP 总量约占全球的 1/3，沿线区域资源禀赋丰裕，劳动力充足且成本低廉，发展潜力巨大。仅从贸易与投资方面来看，根据图 2 的计算结果可知近十年"一带一路"沿线区域在贸易与投资方面的增速大大超过以发达国家为主的跨大西洋贸易区域。在 2006 年至 2014 年期间，"一带一路"沿线区域的贸易与投资增速分别为 10.6%③和 7.6%，而同期跨大西洋贸易区域的贸易与投资增速仅分别为 4.5% 和 - 2.5%。即使是后危机时期，"一带一路"沿线国家的表现仍明显好于跨大西洋贸易区域的国家。

在金融危机与欧债危机余威不断、全球经济持续疲软的大背景下，成本和

---

① 详见 http：//www. mofcom. gov. cn。
② 陈凤仙和王琛伟的研究指出我国目前已经进入"创造性模仿"阶段，陈凤仙，王琛伟：《从模仿到创新——中国创新型国家建设中的最优知识产权保护》，《财贸经济》2015 年第 1 期，第 143 – 156 页。
③ 作者依据相关数据测算而得，下同。

风险越来越成为发达国家跨国公司进行海外区位投资、实现资源优化配置的首要考虑因素,因此新形势下全球价值链演进的一大趋势就是基于低生产成本考虑而盛行的离岸外包方式将逐渐被基于低运输成本考虑的近岸外包方式①②所替代,即过去更受欧美大型跨国公司青睐的亚洲代工区,可能会让位给新进入的拉美国家,因此长远来看部分亚太代工区的国家可能会被挤出现有全球分工体系。如前所述,由于地理位置、基础设施、政策环境等因素的限制,部分沿线发展中国家被天然排除在全球价值链分工体系之外。以基础设施为优先建设领域的"一带一路"倡议旨在为沿线国家搭建参与国际分工的基础,这些区域通常不是美日跨国企业愿意进入的投资领域,且基础设施也不是美日等国经济输入的主要方式③。同时沿线发展中国家大多处于工业化初中期阶段,要素资源丰裕而技术资金短缺,吸引外资、争取外援、参与区域分工以谋求经济发展的意愿强烈;而另一部分相对较发达的沿线国家或正受到西方的经济制裁(如俄罗斯),或在欧盟中影响力长期较低(如中东欧地区),导致这些国家/区域亟需寻求新的对外经贸合作伙伴。"一带一路"沿线各国离中国较近的天然地理位置优势、贸易产品和资源禀赋方面存在的较大互补关系④⑤、基础设施互联互通导致的区域经济地理重构以及自贸区/跨境电商平台兴起引致的贸易模式革新等将使更多沿线发展中国家参与到国际分工中来,通过发挥贸易投资的倍增效应实现经济发展的共赢。正如 Draper(2013)⑥ 所指出的,对于全球市场参与度较小且具有许多小规模生产商的国家,参与区域经济一体化可能是其达到国际认可的生产效率和质量水平的一个跳板。

---

① 王中美:《全球价值链的新趋势、新平衡和关键命题》,《国际经贸探索》2012 年第 6 期,第 105 – 114 页。

② 刘中伟:《东亚生产网络、全球价值链整合与东亚区域合作的新走向》,《亚太经济》2014 年第 4 期,第 126 – 160 页。

③ 卢锋,李昕,李双双,姜志霄,张杰平,杨业伟:《为什么是中国?——"一带一路"的经济逻辑》,《国际经济评论》2015 年第 3 期,第 9 – 34 页。

④ 桑百川,杨立卓:《拓展我国与"一带一路"国家的贸易关系——基于竞争性与互补性研究》,《经济问题》2015 年第 8 期,第 1 – 5 页。

⑤ 杜秀红:《中国与"一带一路"沿线国家的贸易关系及政策建议》,《现代管理科学》2016 年第 5 期,第 85 – 87 页。

⑥ DRAPER P. The Shifting Geography of Global Value Chains: Implications for Developing Countries, Trade Policy, andthe G20 [J]. Global Summitry Journal, 2013, 1 (3): 1 – 9.

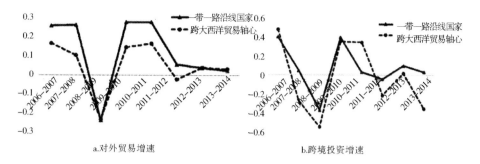

图2 贸易与投资增速:"一带一路"沿线国家与部分贸易区域的对比

注:1. 所有计算结果的原始数据均以当年美元价计;2. "一带一路"沿线国家数据以包括中国在内的65个沿线国家数据加总而得;3. 参照李丹和崔日明的研究,以大西洋贸易轴心(包括美国、加拿大和欧盟15国,由于希腊数据存在缺失予以剔除)作为对照,李丹,崔日明:《"一带一路"战略与全球经贸格局重构》,《经济学家》2015年第8期,第62-70页;4. 对外贸易为各国货物贸易与服务贸易的进出口总额;5. 跨境投资为各国FDI流入与流出量之和。

数据来源:作者依据世界银行WDI数据库中相关国家的数据计算而得。

(三)对现有全球价值链分工体系的创新

1. 嵌套型的分工结构

不同于当今全球价值链体系所呈现出的高端产品生产分工在发达国家内部循环、低端产品生产分工在欠发达国家内部循环的双闭环结构,新型全球价值链分工体系存在一个核心枢纽环节,该环节能通过衔接高低端产业链联通发展中经济体与发达经济体在多领域的合作与竞争渠道,形成相对复杂的"嵌套型"分工结构,不仅能提升后发国分工地位与经济增速,也有助于分散可能的外部冲击。

2. 双向型的运行机制

发达国家跨国公司作为当今全球价值链的主导,主要通过链条控制实现对以低廉要素成本优势嵌入价值链的后发国的"俘获式锁定",使后发国很难提升自身分工地位,本质上是单向控制型关系。而在新型分工体系中,由于和发达国家在经济发展方面存在双向需求关系,核心枢纽国中国通过衔接全球价值链与区域价值链,为沿线各国与发达经济体开展公平对话与经济合作提供平台与基础,在带动区域经济协同发展的同时,最终实现对现有全球价值链体系的制衡与补充。

3. 包容型的服务对象

如前所述，当今全球价值链主要从发达国家的根本需求出发，且受限于地理位置、人为因素和政治制度的影响，很多发展中国家长期被发达国家排除在全球价值链之外或参与程度很低①。而新型全球价值链分工体系则以沿线后进国家的发展诉求为主要出发点，通过"一带一路"建设将亚、欧、非中部分长期被排除在现今国际分工体系外的发展中国家纳入全球分工体系中，以"互利共赢"为宗旨共同打造跨区域整合的新国际分工框架，共享全球化红利。

4. 均衡型的竞争模式

在全球分工背景下，跨国公司通过对价值链的控制形成了链条（发达国家）对环节（发展中国家）的竞争模式，先天的竞争劣势②导致发展中国家难以提升自身的国际分工地位。而新型国际分工体系将逐步转变"链条对环节"为"链条对链条"的竞争模式，为我国与沿线发展中国家实现自身经济发展和提升国际分工地位提供前提条件。

三、新型分工体系提升中国全球价值链地位的路径分析

根据发达国家的发展经验来看，一国要想实现在全球价值链中分工地位的提升，构建自身主导的价值链是避免陷入"嵌入式困境"、有效提升自身分工地位的重要途径，这将分别从环节专精、链条广延和网络纵深这"环""链""网"三个层次提升我国的国际分工地位。

（一）价值环节的专精化

价值链上各环节的专精化可定义为根据自身所具备的核心技术资源专注于部分特定环节③来获取更高的产品附加值。这主要包括流程升级和要素升级两方面的内容。流程升级是指通过采用先进技术或重组生产系统来提升某一分工

---

① 赵江林：《大区域价值链：构筑丝绸之路经济带共同利益基础与政策方向》，《人文学刊》2016 年第 5 期，第 21–28 页。

② 这是一种单一资源对全球资源的竞争劣势。

③ 这里的特定环节并非完全指代高附加值环节。长远来看一味摒弃低端产业、环节会使一国经济存在较大风险。西方发达国家在危机后所显露出的制造业"哑铃化"结构问题就是最好的佐证。而王茜（王茜：《中国制造业是否应向"微笑曲线"两端攀爬——基于与制造业传统强国的比较分析》，《财贸经济》2013 年第 8 期，第 98–104 页）、索姆和伊娃柯娜尔（奥利弗·索姆，伊娃柯娜尔：《德国制造业创新之谜——传统企业如何以研发创新塑造持续竞争力》，人民邮电出版社 2016 年版）以日本和德国两大制造业强国为例指出低端产业在经济发展中仍具有举足轻重的作用。

环节的生产效率。日本制造业的"倒微笑曲线"凸显出较高的工艺水平同样能使低端的制造组装环节具有较高的附加值（见图 3）。在"一带一路"区域价值链体系内，存在部分发达经济体（中东欧各国）以及技术领先型经济体（如新加坡），因此在共建"一带一路"过程中我国可以通过加大与这些经济体在制造工艺、技术等方面的交流合作以及深化知识产权贸易往来来提升自身的工艺生产水平。要素升级同样包含两层含义，一是要素使用的高端化，二是要素成本的缩减化。在"一带一路"区域价值链分工体系中，我国企业可以通过"差异化"对外投资策略，即通过投资区域内技术前沿型经济体获取高端投入要素、通过投资区域内资源型以及低劳动力成本型经济体获取低成本投入要素来实现要素升级，提升各环节生产效率。

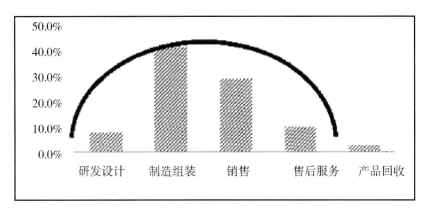

图 3　日本制造业的"倒微笑曲线"

注：实柱表示制造企业各环节利润率。

资料来源：日本《2006 年版制造业白皮书》。

（二）价值链条的广延化

价值链条的广延化可以定义为价值链长度的延伸，或是向高附加值环节的攀升。在现今全球价值链分工体系中，我国自改革开放以来凭借低廉的劳动力成本和土地资源禀赋等优势以及"引进来"战略的支撑，形成了"两头在外"的外贸模式。但是这种贸易模式因其在国内的循环链条和运行环节短而导致迂回程度低①，压缩了国内产业链在空间上延伸的可能性，也降低了产业的增值

---

① 陈爱贞，刘志彪：《自贸区：中国开放型经济"第二季"》，《学术月刊》2014 年第 1 期，第 20－28 页。

程度。通过"一带一路"建设过程中的贸易模式创新（与沿线各国共建各类自贸区与跨境电商平台），能够有效降低区域内各成员国间贸易投资壁垒以及国际市场的进入门槛，以此引致的竞争与市场规模扩大效应能倒逼我国企业提升技术水平与产品质量，实现向价值链前段（即服务端）的攀升。同时，作为新型分工体系中的核心枢纽，我国一方面可通过与西方发达国家以及区域内部分具有领先技术的沿线国家展开大量中间品贸易合作，通过学习转化中间品的技术溢出，生产中间进口品的变异品，增加产品种类，获得动态的贸易利得①；另一方面企业还可通过海外投资，即通过相对低端的逆向跨国并购以及相对高端的沿价值链高端环节的收缩开拓②来实现向价值链后端（即研发端）的攀升。

（三）价值网络的纵深化

相较于前两类提升模式，价值网络的升级是一个较为复杂的概念。狭义上的全球价值链指某一产品的全球生产分工过程，由于贸易产品的多样化以及同一产品存在同类不同质的现象，导致全球存在无数价值链条，发达国家跨国公司作为不同链条上的系统集成者，基于比较优势的国际空间布局使得不同链条相互交织嵌套形成价值网（亦称全球生产网络），发展中国家因此被分割而处于价值链上的孤立环节。中国要想实现价值链地位的跨越式提升，基于自身优势与发达经济体争夺全球价值链网络的发展主导权是有效途径。20 世纪 80 年代发展起来的新经济地理学认为一国的要素禀赋并非先天决定，而是可以主动调整的。投资可以带来规模经济，进而带来产业的集聚，而当产业集聚达到一定规模就能产生规模效益递增，使非先进的技术也能带来价值的增值，最终通过生产改变业已存在的禀赋条件。中国同绝大部分"一带一路"沿线国家一样在经济发展水平上存在相当高的离散性，收入水平的差异使各国人民对产品需求层次的差别也大，低附加值产品价值链仍能创造价值，因此我国应在共存的高低位价值链条中保持活跃。同时，对于不同位势的价值链，其自身的分工效率及收益分配机制的合理性亦十分重要。这就要求我国基于自身经济发展水平以及

---

① 刘仕国，吴海英，马涛，张磊，彭莉，于建勋：《利用全球价值链促进产业升级》，《国际经济评论》2015 年第 1 期，第 64 - 84 页。

② 这可以通过联想集团收购 IBM 个人电脑部门为例来加以说明：联想通过收购获得了高端研发能力和 ThinkPad 品牌，提升了自身的市场占有度和利润水平，使联想从个人电脑经销商升级为技术服务供应商；而 IBM 通过出售当前在价值链上获利能力较低的个人电脑部门而集中资源于利润更高的环节（如大型服务器、企业应用解决方案等）以期获取更高的市场回报率，这是一种较为高端的升级路径。

与沿线各国在资源禀赋上的互补性，通过嵌入大量不同种类、档次产品的价值网络实现规模效应与效率提升，获取价值链的发展主导权。

四、结论与政策建议

"一带一路"建设为我国在新时期深入参与全球价值链分工拓宽了思路指明了新的方向。通过"一带一路"建设我国可以构建以自身为核心枢纽的双向"嵌套型"全球价值链分工新体系，在实现国际分工地位跃升的同时带动沿线各国的经济发展。研究表明，西方发达国家在经济发展上与中国的互相需求及沿线各国对区域内协同发展的迫切诉求使通过"一带一路"区域产能合作形成双向"嵌套型"价值环流、重塑当前全球价值链分工体系成为可能。基于近十年来我国在经济总量、对外贸易与投资以及技术创新等领域所取得的卓越成就，我国完全具备成为新型全球分工体系中核心枢纽环节的能力。虽然新型分工体系在结构体系、运行机制、服务对象和竞争模式四大方面区别于现有全球价值链，但双向需求下的"嵌套型"架构使两者本质上既相互制衡又互为补充。最后文章认为新型分工体系可通过环节专精、链条广延和网络纵深三个层次来提升我国的国际分工地位。

基于以上研究结论，本文认为随着"一带一路"建设的不断深入，应加快落实国际产能合作的相关配套政策与措施，引导产业（区段）有序转移，形成合理产业分工体系，同时应将已有合作机制向各沿线国家倾斜，加快构建"一带一路"区域价值链，并以此整体嵌入全球价值链。同时作为双向"嵌套型"全球价值链分工新体系中的枢纽和核心，我国在新时期肩负着衔接"一带一路"区域价值链与全球价值链的作用，这就要求我国加大研发投入、深化国际交流合作倒逼创新发展，完善知识产权保护与跨国并购制度，切实引导技术进步，实现经济繁荣稳定增长。

（原载于《经济学家》2017 年第 3 期）

"一带一路"与中国地缘政治经济战略的重构[*]

解读"一带一路"与中国地缘政治的关系，首先要了解什么是"一带一路"，它是"丝绸之路经济带"和"21世纪海上丝绸之路"的简称，是习近平总书记首先倡导的一个和平发展理念，"一带一路"不作为具体的体制，最先是和平发展的信念和倡导，以中国与周边国家原有的周边外交政策为基础，借助成型的、有效的区域合作平台，意在借用古代"丝绸之路"的历史标签，以和平发展为号角，积极发展友好的、和平的周边地区政治经济关系，共同促进经济贸易合作发展的利益共同体。

一、"一带一路"的发展背景

1. 古代丝绸之路的蔓延

现今人们将西汉时期张骞出使西域开通的贸易古道称之为"丝绸之路"，它距今已经两千多年，在古代它是中国沟通亚洲、欧洲甚至非洲的重要桥梁，在商业贸易和政治交往中做出了重大贡献。

"丝绸之路"名字由来是古代主要运营蚕丝和丝绸等特色商品，途径西域通往南亚、西亚甚至欧洲、北非的陆上商业贸易的通道而闻名。经考古得知，"丝绸之路"基本形成于中国古代的西汉时期，那时"丝绸之路"一条路途经的邻国有现在的阿富汗、乌兹别克斯坦、伊朗，最远可达至古埃及的亚历山大城；另外一条路途经巴基斯坦、阿富汗喀布尔，到达波斯湾头。① "丝绸之路"的形

---

* 本文作者：孙嘉敏，西北大学。

① 高飞：《中国特色大国外交视角下的"一带一路"》，《经济科学》2015年第3期，第10－12页。

成促进古代各国商业以及文化的直接交往，从而使得各种古文明相互影响，发展促进了世界进步的繁荣与进步，令各国摆脱了封闭自守的状态，对于世界文明促进具有重大的意义。

"海上丝绸之路"同样是中国古代对外进行商业贸易和经济往来的另一条重要通道，与西域的陆上丝绸之路相反，它主要是进行海上交流，针对我国东部和南部的各地区文明。

2. 中国目前的地缘政治背景

中国目前的地缘政治复杂，甚至可以说是险恶，中国四面邻国众多，东有日韩，北有俄罗斯，南有东南亚各国，西有印度和巴基斯坦。日韩发展迅速，对亚洲霸主的地位早有心思，俄罗斯实力和野心也不容小觑，东南亚因南海问题也与中国偶有摩擦。如今无论是欧洲学者还是美国政治家都将欧亚大陆认为是当今世界的中心，认为谁能将欧亚大陆统治谁就能统治全世界，无形之中就将中国推向了风口浪尖，各强国特别是美国将中国视为其霸权主义最大的威胁。

从事实验证上，美国近代发动的朝鲜战争、海湾战争、阿富汗战争等侵略都是在试图加强对欧亚大陆的话语权。想要通过统治亚欧大陆的黄金地带来控制整个大陆，领导全世界。美国自奥巴马上任后，提出最多的就是"重返亚太"实施战略，并与之接应的在2011年发布了"新丝绸之路"战略，想要将已经控制的阿富汗地区加入丝绸之路亚太经济地区中收获渔人之利，目的是以阿富汗为交通中转站，使中亚和西亚地区经济政治一体化，加紧各地区的经济贸易，形成由美国控制其命脉的亚洲经济资源通道，来达到其控制亚洲经济的野心。

中国是亚欧大陆黄金地带的沟通道路的核心，是亚洲具有强烈话语权的大国，同时也是维护亚洲稳定发展的切实行动者，在世界上具有十分重要的地位，美国一直对中国严加防范，并且加以挑战，当今美国以"重返亚太"为借口，利用日本、菲律宾等国挑起与中国的岛屿争端，不仅是在"高政治"领域挑战中国。另外，美国还利用 TPP（Trans – Pacific Partnership Agreement，跨太平洋战略经济伙伴关系）和 TTIP（Transatlantic Trade and Investment Partnership，跨大西洋贸易与投资伙伴关系）① 等大型制度化区域经济合作在"低政治"领域挑战中国。因此，中国提出推进"西部开放"，以应对挑战。利用"一带一路"

---

① 阮宗泽：《美国"亚太再平衡"战略前景论析》，《世界经济与政治》2014年第4期，第4－20页。

沿线国家的商贸环境和经济交往，促进中国的产业发展和优化升级，其地缘政治经济战略地位突显。

"一带一路"不仅是经济上的发展指导，而且是新时期中国的外交战略。首要前提是中国的和平发展，顺应和平与发展的时代潮流，以合作共赢为目的，实现相关国家和地区在经济和政治上的合作互利。

二、"一带一路"的发展前景与方向

1. 维护发展秩序和国家利益

中国是负责任的大国，是公正合理的国际政治经济新秩序的倡导者和参与者，是人类和谐理念及各文明和谐相处的践行者。在中国这样的定位基础下，进行区域经济合作的领导和参与，同时将中国自己的立场原则摆明，秉持着和平、稳定、互利、共赢的原则，促进"一带一路"战略参与国和沿线地区经济的共同稳步增长。"一带一路"要推动区域经济一体化合作，并非要打破世界和平发展秩序。

2. 分析形势，加强合作

"一带一路"战略的提出和实施过程中会面对着许多艰难和挑战，中国应该理性分析优势和劣势，首先分析其优势，"一带一路"是将中亚和东南亚地域商业连接的纽带，在国家的意愿上都是强烈需求摆脱美国等大国的经济侵略和压迫，有着统一的思想战线，同时在地理位置和客观因素上，首先有古代丝绸之路和海上丝绸之路的历史维系，实施起来减少了沟通贸易的难度。目前交通基础建设的发展，高铁、港口等通道的技术成熟，是连接各地区的基础保证。中国也有一些劣势，首先综合国力以及文化软实力有待发展，出口商业经济不成熟以及缺少强大的国有品牌，当今社会不再是丝绸陶瓷的主导贸易，应该在尖端科技领域发展创新，形成优势。另一个劣势是沿线国家和地区对"一带一路"的不认同。并不是所有国家都认同"一带一路"战略，难免会出现猜疑。有些原因是不同民族、不同宗教信仰所带来的文明冲突，还有些则是强国干预抵制的风险等。

"一带一路"的区域合作形式并不只是相邻国家地区的功能性合作，而是围绕着亚欧大陆形成整个圈状形式，将整体框架扩大到西亚、中亚、南亚甚至到欧洲大陆和非洲大陆，在多元的文化形态下形成一个长期的经济交流体制，需要各参与国之间的密切交流、加强合作。中国在维护秩序和交流中做到指导

责任。

3. 推进政治经济体制改革

"一带一路"战略的发展需要中国国内经济的强大支撑，以目前的情形尚不足以撑起长期的战略需求，需要不断推进国内经济体制的创新优化，首先要加强政府对市场的宏观调控能力，形成国家经济力量与民间经济力量双驱并行，增强民间以及私营企业对"一带一路"认同，凝聚整个社会的向心力，积极支持参与"一带一路"建设。

要加快发展科技和经济，在尖端科技领域取得领先并增加其话语权，形成国家品牌和贸易商品，在出口中抢占优势。"一带一路"同时在海上和陆地发展，争取全面促进商贸交往，在兼顾两头的同时找到重点，抓取主要矛盾，争取以最小的成本赢取最大的利益，在陆上丝绸之路中首先重点突破中亚，它是丝绸之路的核心区域，是整个通商命脉的关键，并且在中国与中亚各国有着友好关系基础；在海上丝绸之路要把重点设在东南亚地区，它们有着重要的战略意义，是中国出口市场的主要集聚地，而且承担着能源资源的海上通关重任。"一带一路"最紧要的是打开这几个关键节点，以维护最根本的利益。

三、"一带一路"的发展意义

"一带一路"包括在边线国政策上的沟通、路途上的交流、商业贸易的往来、货币之间的流通、和民心的相通五方面，制定区域发展政策，积极修筑交通基础设施，加强商业贸易交流，消除贸易壁垒，降低货币流通成本，得到各国人民的理解和支持。这些方面既是对"一带一路"提出的要求也是其意义所在，确保了中国政治经济安全的同时也促进了新形势下地缘政治的构建。

"一带一路"战略是以经济贸易合作为基础，以政治外交为动力，以文化交流为枢纽，以共赢共利为目的的综合战略。它使亚非各个文明连接起来，沟通着当前急需发展的发展中国家，促进其稳步发展，也是对世界霸权的有力回应，在经济贸易合作中承担着文化交流的作用，保证经济合作的长期稳定发展。"一带一路"的经济往来促进了地缘政治经济的重构，同时也弘扬着和平合作的文化精神。

四、结语

中国面对世界发展的新形势，积极的应对挑战，创新提出了"一带一路"

279

战略，应该优化地缘政治经济的重构，以经济引领政治文化的发展，用自身的优势带动区域合作，提高中国的综合国力，营造一个合理、共赢的利益共同体。

参考文献

［1］高飞：《中国特色大国外交视角下的"一带一路"》，《经济科学》2015年第3期。

［2］刘稚：《命运共同体视角下的一带一路建设》，《光明日报》2015年3月19日。

［3］阮宗泽：《美国"亚太再平衡"战略前景论析》，《世界经济与政治》2014年第4期。

［4］黄仁宇：《现代中国的历程》，中华书局2014年版。

（原载于《金融经济》2016年第24期）

分享经济学理论下"一带一路"
建设的现实思考[*]

2013 年 9 月，中国国家主席习近平在哈萨克斯坦发表演讲时提出建设"丝绸之路经济带"的战略倡议；同年 10 月，在印度尼西亚国会的演讲中，他表示愿同东盟国家发展好海洋合作伙伴关系，共同建设"21 世纪海上丝绸之路"。作为一种战略思想和发展理念，"一带一路"的核心是依靠双边或多边机制，搭建国际平台，加强相关国家或地区的政策沟通，促进各国信息和贸易联通，实现互惠互利，共同发展。

作为这一战略构想的具体阐释，2015 年 3 月，国家发改委、外交部、商务部联合发布了《推动共建丝绸之路经济带和 21 世纪海上丝绸之路的愿景与行动》，进一步阐明了"一带一路"的时代背景、共建原则、框架思路、合作重点、合作机制、中国各地方开放态势以及中国的积极行动等主张。文件的发布立刻引起了全球的高度重视和关注，相关国家纷纷有了积极的表示。一些学者也迅即开始了学术探讨和研究。

一、文献评述

刘卫东（2016）认为，"一带一路"是包容性、全球化的倡议，是多元化的融合发展，不是要重建历史时期的国际贸易路线，不是中国的区域发展战略，也不是简单的"线状"经济体和地缘战略。刘传春（2016）认为中国应通过与

---

* 本文作者：李金华，中国社会科学院数量经济与技术经济研究所，研究员、博士生导师，中国数量经济学会常务副理事长兼秘书长，主要从事数量经济研究。
基金项目：国家自然科学基金项目（71673296）。

沿线国家的政治互信，建立创新合作机制，构造人类命运共同体，推进"一带一路"建设的成功实施。邹嘉龄等（2015）发现中国与"一带一路"沿线国家间的贸易依赖程度加深，但呈现出不对称性；提出要密切关注沿线大国的贸易政策变化，加快贸易通道建设，进一步增强中国与"一带一路"沿线国家贸易联系，充分发挥各省区市的区位、产业和文化等优势，扩大对"一带一路"沿线国家的贸易合作。李晓敏等（2016）认为沿线国家不仅是高腐败地带和高政治风险之地，而且是低法治水平区域。中国企业应该根据自身的行业特征、规模、风险承受能力选择"走出去"的路径。谭晶荣等（2016）建议推进中国—中亚自由贸易区的建立，消除关税壁垒及非关税壁垒，加快双边农产品贸易的发展，不断提升中国对中亚 5 国主要农产品贸易潜力。喻海虬（2016）认为"一带一路"会使中国与欧洲贸易受益，同时惠及沿线国家，获得新的贸易方式和贸易增长点，助力亚欧各国的贸易新增长。这些研究成果，或者从局部或者从某个侧面对"一带一路"的构想进行了分析，提出了相应的对策建议，这对本文的研究提供了有益的借鉴与启示。与前述研究不同的是，本文拟在分享经济学的理论框架下，比较分析"一带一路"沿线国家或经济体的经济状况以及与中国的贸易关系，进而思考"一带一路"建设中可能面临的问题和挑战。

二、沿线国家经济现状比较

按照中国官方定义："一带一路"是世界跨度最长的经济大走廊，发端于中国，贯通中亚、东南亚、南亚、西亚及欧洲部分地区，包括东亚、东盟、西亚、南亚、中亚、独联体、中东欧的 65 个国家，多为新兴经济体或发展中国家，总人口约 44 亿，经济总量约 21 亿美元。建设"一带一路"需要这些国家的协作和参与，中国需要与这些国家建立互信和贸易往来关系。这就有必要了解这些国家的经济规模和外贸特征。据此，选取人均国内生产总值反映国家的经济规模，货物和服务进出口额、外商直接投资反映国家的外贸状况，相关指标可由表 1 列示如下。

表1 "一带一路"沿线国家经济和贸易现状比较表

	人均GDP（美元）	货物出口总额（亿美元）	服务出口总额（亿美元）	外商直接投资（百万美元）
中国	6995	22090	2106	117586
蒙古	4056	43	9	2047
越南	1911	1320	104	8900
老挝	1661	23	...	296
柬埔寨	1007	93	25	1396
缅甸	869	112	...	2621
泰国	5779	2285	586	12946
马来西亚	10538	2283	392	12306
新加坡	55182	4102	1166	63772
印尼	3475	1833	220	18444
菲律宾	2765	567	223	3860
文莱	38563	114	...	895
东帝汶	1371	...	...	20
斯里兰卡	3280	100	...	916
马尔代夫	6666	3	22	325
巴基斯坦	1275	252	32	1307
印度	1499	3132	1526	28200
孟加拉	958	291	19	1599
尼泊尔	694	9	10	74
卡塔尔	93714	1369	101	-840
巴林	24689	209	...	989
土库曼斯坦	7987	180	...	3061
乌兹别克斯坦	1878	126	...	1077
吉尔吉斯斯坦	1263	18	19	758
塔吉克斯坦	1037	12	8	108
哈萨克斯坦	13610	825	46	9739
波兰	13648	2020	404	-6038
捷克	19845	1615	227	4991
斯洛伐克	18047	860	74	561
匈牙利	13481	1081	210	3091
斯洛文尼亚	23289	341	72	-679
克罗地亚	13608	118	128	580
罗马尼亚	9499	658	136	3617
保加利亚	7499	295	76	1450
塞尔维亚	6354	146	45	1377
黑山	7107	5	14	447
马其顿	4838	43	12	...
波黑	4662	57	12	332

续表

国家	人均GDP（美元）	货物出口总额（亿美元）	服务出口总额（亿美元）	外商直接投资（百万美元）
不丹	2363	5	…	21
阿富汗	665	5	…	69
伊朗	4763	820	…	3050
土耳其	10972	1518	437	12866
叙利亚	…	20	…	2833
黎巴嫩	9928	…	…	…
巴勒斯坦	…	…	…	…
以色列	36051	668	331	11803
约旦	5217	79	52	1799
伊拉克	6863	896	…	2852
科威特	52197	1150	…	2329
沙特	25962	3759	118	9298
也门	1473	92	…	-134
阿曼	21929	564	…	1626
阿联酋	43049	3790	…	10488
阿尔巴尼亚	4659	23	20	1225
爱沙尼亚	18783	163	57	950
立陶宛	15538	326	70	531
拉脱维亚	15375	145	48	808
白俄罗斯	7575	372	69	2233
乌克兰	3900	633	194	3771
摩尔多瓦	2239	24	10	231
俄罗斯	14612	5233	656	79262
埃及	3314	285	193	5553
阿塞拜疆	7812	318	46	2632
亚美尼亚	3505	15	8	370
格鲁吉亚	3605	29	30	1010
平均值	11332	1122	225	7413
标准差	15674	2940	4100	19474

资料来源：世界银行 WDI 数据库（http://www.worldbank.org.cn），世界贸易组织数据库（https://www.wto.org），联合国贸易和发展会数据库（http://www.unctad.org）资料所属时间为 2013 年。作者加工整理。表中以省略号表示的，指没有这个数据或暂缺此数据。

表 1 反映了 65 个国家经济和对外贸易基本情况，比较分析可以发现：

第一，"一带一路"沿线国家整体经济实力并不强大，多数是欠发达国家。2013 年，65 个国家人均 GDP 的均值为 11332 美元，而这一数字低于全球平均水平。根据国际货币基金组织（IMF）官方网站发布的数据，2013 年全球 186 国家或地区的人均 GDP 约为 13838 美元。其中，人均 GDP 最高的国家为卢森堡，高达 11.21 万美元。人均 GDP 处于前 10 位的依次是挪威、卡塔尔、瑞士、澳大利亚、阿联酋、瑞典、丹麦、加拿大、新加坡。中国香港地区以 38797 美元排名第 24 位，中国台湾地区排名第 38 位，中国大陆排名第 86 位。在"一带一路"沿线 65 个国家中，有 51 个国家的人均 GDP 未达到全球平均水平，占比高达 78%。

第二，国家经济规模个体差异很大。65 个国家人均 GDP 的平均值为 11332 美元，但标准差却高达 15674 美元，标准差系数达 138.32%；从极差上看，人均 GDP 最高的是卡塔尔达 93714 美元，而最低的是阿富汗为 665 美元，两者相差 93049 美元。在经济学上，经济实力的差异一般也可反映出国家或地区在增长模式、产业结构、贸易结构、国民财富、居民收入水平、科技实力等方面的差距。大量事实表明，一些国家由经济发展的原因导致失业率高、治安状况差、政局不稳、社会矛盾突出、投资环境恶化。

第三，外贸货物出口规模、服务出口规模不大，外商直接投资少，且差别巨大。整体上，65 个国家或地区的货物进出口总额、外商直接投资规模均不大。货物出口额较高的国家是中国（22090 百万美元）、俄罗斯（5233 百万美元）、新加坡（4102 百万美元）等，较低的国家是马尔代夫（3 亿美元）、不丹（5 亿美元）、阿富汗（5 亿美元）；服务出口额较高的国家是中国（2106 亿美元）、新加坡（1166 亿美元）、印度（1526 亿美元）等，较低的国家是塔吉克斯坦（8 亿美元）、蒙古（9 亿美元）、尼泊尔（10 亿美元）；外商直接投资较高的国家是中国（117586 百万美元）、俄罗斯（79262 百万美元）、印度（28200 百万美元）等，最低的国家则为负数，如波兰、卡塔尔、斯洛文尼亚等。货物、服务进出口和外商直接投资反映了一个国家经济的开放程度和投资环境。进出口量小、外商直接投资少，一方面说明其经济对外的依赖程度小，与他国贸易往来少；另一方面也反映他国与该国进行贸易往来的困难多，或者他国对其资源产品的需求小。

进一步地，按如上 4 个经济指标对 65 个国家进行聚类分析，对其归类。

聚类分析的基本思想是：先将 n 个样品（或者变量）看作一类，共有 N 类；而后依据数据选择某种方法计算每两类之间的距离（或者相似系数），即聚类统计量；根据所得距离，将关系最为密切的两类合为一类，剩余的类不变，即得到 N−1 类；继续按前面选定的计算方法计算新类与其他类之间的距离（或相似系数），再将关系最为密切的两类归并为一类，其余不变，即得到 n−2 类；如此重复计算下去，每次都减少一类，直到最后所有的样品（或者变量）都归为一类为止。聚类分析中常用的距离计算公式为平方欧氏距离，计算公式为：

$$d_{ij} = \sum_{k=1}^{p} (x_{ki} - x_{kj})^2$$

其中，d_{ij} 满足条件：$d_{ij}=0$，（当第 i 个个体与第 j 个个体相等时）；$d_{ij} \geq 0$，（对一切 i，j）；$d_{ij}=d_{ji}$（对一切 i，j）；$d_{ij} \leq d_{ik}+d_{kj}$，（对一切 i，j，k）。

依据表 1 的数据，对除中国外的 64 个国家作聚类分析，统计分析软件 Statistical6.0 运行得出结果如下①：

第一类：卡塔尔、阿联酋、以色列、文莱、科威特、新加坡共计 6 个国家；

第二类：沙特阿拉伯、俄罗斯、爱沙尼亚、斯洛伐克、捷克、巴林、斯洛文尼亚、阿曼、拉脱维亚、塞尔维亚、波兰、克罗地亚、匈牙利、哈萨克斯坦共计 14 个国家；

第三类：印度、泰国、土耳其、马来西亚、罗马尼亚、黎巴嫩、印度尼西亚、越南、伊拉克、白俄罗斯、阿塞拜疆、保加利亚、土库曼斯坦、黑山、塞尔维亚、马尔代夫、立陶宛共计 17 个国家；

第四类：伊朗、巴勒斯坦、叙利亚、摩尔多瓦、不丹、乌兹别克斯坦、阿富汗、尼泊尔、孟加拉、缅甸、塔吉克斯坦、柬埔寨、巴基斯坦、吉尔吉斯斯坦、也门、东帝汶、老挝、乌克兰、菲律宾、阿尔巴尼亚、波黑、马其顿、约旦、格鲁吉亚、亚美尼亚、斯里兰卡、蒙古共计 27 个国家。

按照人均 GDP、货物出口总额、服务出口总额、外商直接投资额 4 个指标进行归并聚类，64 个国家可分成 4 类，不同类型的国家在经济规模和贸易量方面存在差异性，而同一类型里各个国家的经贸状况则存在一定的相似性。

三、中国与沿线国家贸易现状比较

"一带一路"核心是经贸往来。中国作为"一带一路"倡导国，沿线各国

---

① 由于软件绘出的聚类分析图庞大，故此处略去，以文字表述。

与中国的经贸往来情况就显得尤为重要。反映贸易往来情况的常用指标是进出口额、工程承包额、劳务派出人数等。根据《中国统计年鉴》提供的数据，可将反映中国与沿线国家贸易状况的指标列示如下（见表2）。

表2　中国与"一带一路"沿线国家贸易状况表

	全球总量	64个国家合计	占全球比（%）	最大量国家
进出口总额（亿美元）	41589.93	10404.57	25.02	马来西亚（2.55）、俄罗斯（2.15）、新加坡（1.82）、沙特（1.74）、泰国（1.71）
出口总额	22090.04	5690.29	25.76	俄罗斯（2.24）、越南（2.20）、印度（2.19）、马来西亚（2.08）、印尼（2.07）
进口总额	19499.89	4714.28	24.18	马来西亚（3.08）、俄罗斯（2.03）、沙特（2.74）、泰国（1.98）、印尼（1.61）
承包工程营业额（万美元）	13714273	6540228	47.69	沙特（4.29）、印度（3.85）、印尼（3.44）、巴基斯坦（2.70）、越南（2.62）
劳务派出人数（人）	255674	49172	19.23	新加坡（11.69）、俄罗斯（2.36）、马来西亚（0.86）、柬埔寨（0.68）、蒙古（0.67）
外商直接投资（万美元）	11758620	866360	7.37	新加坡（6.15）、泰国（0.41）、马来西亚（0.24）、印尼（0.11）、菲律宾（0.06）
中国对外直接投资流量（万美元）	10784371	1263429	11.72	新加坡（1.88）、印尼（1.45）、老挝（0.72）、泰国（0.70）、伊朗（0.69）

资料来源：国家统计局《中国统计年鉴》2014年，中国统计出版社。资料所属时间2013年，作者加工整理。表中国家后面括号中的数字，指占中国相应总量指标的比值。

由表2的总量指标和相对指标可以发现：

第一，中国与沿线64个国家的贸易总量并不大，且差异巨大。2013年，中国的全球贸易总量为41589.93亿美元，其中与沿线64个国家的贸易总量只占25.02%。同样地，中国对64个国家劳务派出人数也只占全球总量的19.23%，只是工程承包营业额的比重占到了全球总量的47.69%。

第二，中国与少部分国家有一定的贸易往来，与大部分国家的贸易往来较少或者完全没有贸易往来。数据显示：中国与马来西亚、俄罗斯、新加坡、沙特、泰国、越南、印尼、巴基斯坦等贸易往来量较大，而与其他国家的贸易往来量都很小；有些国家，如东帝汶、巴勒斯坦、不丹等与中国没有贸易往来的数据记载；有些国家如斯洛伐克、黑山、爱沙尼亚、立陶宛、东帝汶、马尔代夫、摩尔多瓦、拉脱维亚、塞尔维亚、阿曼、阿尔巴尼亚等，没有数据显示这些国家与中国在工程承包、劳务合作方面有合作关系；有些国家尽管与中国有少量的劳务合作，但占比却十分小，如吉尔吉斯斯坦、塔吉克斯坦、哈萨克斯坦等。

第三，中国与沿线国家的贸易往来各具特色。国家统计局提供的《一带一路相关国家统计资料》显示，中国与沿线国家的贸易往来受本国经济结构和资源的影响明显，表现出显著的地域特色。如中国向老挝出口的产品主要是汽车、摩托车、纺织品、钢材、电线电缆等，进口品是铜、木材、农产品等；中国向马来西亚出口的产品主要是计算机及部件、集成电路、服装、纺织品等，进口品则是棕榈、塑料制品等；中国向印度出口的产品主要是机电产品、化工产品、纺织品、塑料及橡胶制品等，进口品主要是铁矿砂、铬矿石、宝石及贵金属、植物油等；中国向卡塔尔出口的产品主要是机械设备、电器及电子产品、金属制品，进口品主要是液化天然气、原油、聚乙烯等；中国向哈萨克斯坦出口的产品主要是机电产品、服装、鞋类等，进口品主要是铜及铜材、钢材、原油等；中国向约旦出口的产品主要是机电产品、通信器材、纺织服装，进口品主要是钾肥等；中国向沙特出口的产品主要是机电产品、钢材、服装等，进口品主要是原油、石化产品等。中国与另一些国家的贸易往来则主要是工程承包和劳务派出，如巴基斯坦、印度尼西亚、伊拉克等。

转换角度观察，中国是越南、缅甸、马来西亚、新加坡、黎巴嫩、俄罗斯等的第一大贸易伙伴国，中国也是泰国第二大贸易伙伴国，是孟加拉、约旦、土库曼斯坦的第三大贸易伙伴国。对这些国家而言，与中国的贸易往来具有重要意义。

四、分享经济理论下的现实分析

"一带一路"是一个政治互信、文化包容、经济融合的责任共同体，也是一个命运和利益的共同体，每一个参与建设的国家均可从建设中获取红利，从中分享成果。而沿线 65 个国家，有中东欧国家、独联体国家，也有东南亚国家、东盟国家；有经济相对发达国家，也有发展中国家；有新兴经济体，也有传统经济体，个体差异极大。如何建成"一带一路"？如何分享建设红利？这将是一个巨大的难题，也是对分享经济学理论的一个挑战。

分享经济本身是解决资本所有者与劳动者利益分配问题的，但其所提出的分享、共享理念、思想对建立"一带一路"经济体利益分配机制却是有重要借鉴和启示意义的。基于前文对沿线国家经济实力、经贸状况所做的对比分析，从分享经济学的视角进一步观察思考，"一带一路"战略的实施将面临系列重大挑战。

1. 挑战之一：建立起具有激励作用，沿线国家普遍认同的分享机制

分享经济理论认为，在均衡状态下，分享制度在资本收益和资源分配格局上与工资制度无异，但当经济处于偏离均衡状态时，适当的分享系数将使经济加速回到均衡状态，使劳动参与者生活过得更美好，劳动参与者的整体收入增长处于平均化倾向。分享经济学还认为，劳动者的异化和个体差异、资本对劳动的权力在没有合理的分享制度下都可能导致恶果，只有合理的分享制度才会使劳动参与者具有尊严，使其产生责任感和使命感。由一这原理拓展开去，"一带一路"的建设目标是互利共赢，让参与者受惠，这就需要建立一种激励各国自觉自愿参加，能为参与国广泛认同的利益分享机制。

然而，沿线国家发展水平差异巨大，政治环境、生态环境迥异，国与国之间关系错综复杂。特别是一些国家政局不稳，内乱不断，政权更迭频繁，投资风险大，劳务输出困难，如缅甸就存在和中央政府对立的地方武装，其辖区内的石油管道、交通电信基础设施的安全没有保障；在巴基斯坦境内活动的极端武装分子就曾破坏交通基础设施，袭击外方工程劳务人员；叙利亚、阿富汗、巴勒斯坦、伊拉克常常危机连连，武装冲突频发；尼泊尔、不丹、缅甸等国家经济落后，民生问题突出；等等。不同的社会经济发展状况决定了这些国家利益诉求的多元化和复杂化。因此，构建"一带一路"的分享机制，既要遵循国际通行准则，又要因时因地而异；既要尊重市场规律，又要发挥政治外交作用；既要宏观谋划和统筹，又要个案分析、个体对待；既需要多元化的激励手段、多元化的激励要素，又要保证多元要素、多元手段的均衡。设计这一机制是一个复杂的系统工程，也一个长久持续的过程，是对人类智慧的一大挑战。

2. 挑战之二：应对分享机制设计过程中参与国政治经济利益的激烈博弈

分享经济理论认为，在社会系统中，如果单独一个厂商或者某一个体实现分享制度，那么该厂商的生产量和就业量可能增加，但人均收益则会降低，这显然是不可行的。只有全体或者大多数个体转向分享制度，经济才会产生平衡和扩张效应。同时，分享经济认为，个体决策者的不稳定倾向和自私自利的动

机会扰乱分享制度的实现过程。故而，需要国家作为一种确定可靠的领导力量来推进这个过程的实现。这种力量表现为：通过各种方式引导社会意识流，或者对某种意识施加压力使之成为主流社会意识；利用舆论工具营造分享制的生存发展环境，从教育、信息等多方入手，制订一个宏观性的计划，使分享经济的良好宏观效果为大众所理解和接受，从而使社会责任感注入分享协议中。因此，分享协议的设计过程就是多方利益主体博弈的过程。

显然地，"一带一路"沿线国家互利互惠共享机制的建立过程，也是各国政治经济利益激烈博弈的过程。沿线 65 个国家，每一个参与国都是一个利益主体，都是博弈局中的"局中人"。然而，这是一个大"局"，是一个多阶段、多层次的"局"，是一个结构极其复杂的"局"。这种复杂性是由参与者的结构、历史和现状所决定的。

从现实来看，中东地区是东西方文化频繁交流的地区，多种民族在这里汇聚，不同种族、不同宗教信仰、不同风俗习惯导致了文化和利益冲突，使得中东长期成为不安定地区。东南亚是民族资本主义发展，西方资产阶级民主政治影响强烈的地区。由于历史原因，东南亚经济体的地域主权、民族构成、文化元素等都留存大量的殖民地时代烙印，给民族国家的建设和发展形成了重大阻碍。近年，民族隔阂与民族矛盾，领土争端与主权危机，国际移民与政治体制，经济滞后与管理基础，海洋战略与国际竞争力，人口膨胀与生存空间，产业发展与资源储备等，给东南亚地区的政治稳定、经济发展造成了严重影响。而独联体各国，曾共处在苏联高度中央集权的国民经济体制下，历史、政治、文化以及人际领域至今仍都有着千丝万缕的联系，长期的共同发展经历，使得各国的经济形成了很强的依赖性和互补性，但是各国并没有把自己的对外经济联系拘泥于独联体范围之内，而是尽力扩大与世界更多国家和地区的联系，实现对外经济联系的多元化。因此，独联体各国之间矛盾也是错综复杂，再加上西方大国从全球战略角度的干预，独联体在振兴经济、实现一体化的道路上也是困难重重。

在这样的基础上建立利益分享机制，也就是要满足多种环境、多种条件、多种形式、多种特征的利益诉求。这场国与国对阵的 N 人博弈中，每个"局中人"可以持有限个策略，进行有限博弈，也可以使用无限个策略，进行无限博弈。由于各"局中人"的诉求，博弈的时间、地域、条件各异，所以博弈将是多局的，有些会是合作博弈，有些则是非合作博弈；有些可能是静态博弈，有些可能是动态博弈。当全体"局中人"遵行博弈规则，各自需求基本得到满足时，博弈结果达到均衡，实现双赢和多赢，得到纳什均衡（Nash Equilibrium）点。可以预见的是，这场博弈将旷日持久，十分激烈。

3. 挑战之三：建设过程面临多种不确定因素

"一带一路"建设工程浩繁，涉及的面广，时间跨度大，这会让工程建设面临诸多不确定性因素。如果把建设过程以一个多元回归模型来描述，那么这个模型中的随机干扰项将会显著的存在。

在长时期的建设过程中，沿线国家的版图可能变化，政权可能更迭，经济可能出陷入困境，资源环境可能出现危机，一旦这种情况发生，就会影响"一带一路"的建设。如西亚是全球石油、天然气蕴藏最为丰富的地区，石油是各国经济的命脉，石油业在国内生产总值、国民收入和出口值中的比重都居绝对优势。这也使得这些国家经济结构单一，时常受国际市场，特别是能源市场的冲击。同时，这些国家劳动力资源不足，每年需从国外引入大量外籍工人和技术员，形成对世界劳务市场长期依赖，全球经济的即时变化，立刻就会敏感地威胁这些国家的经济安全。此外，西亚地区一些国家政治体制僵化，政治参与渠道单一，政府腐败问题严重，社会矛盾突出，时常发生政局动荡。而不同的政治领导人，会有不同的政治主张，不同的经济政策，这会构成影响"一带一路"建设的不确定因素。

政治经济易于发生变化的另一典型地区是中东欧。20 世纪 80 年代末到 90 年代初，最先在波兰，后扩展到东德、前捷克斯洛伐克、匈牙利、保加利亚、罗马尼亚等东欧各社会主义国家，政治经济制度接连发生根本性变革，社会剧烈动荡。此后，这一地区进入政治经济转型时期，并相继陷入各类危机（朱晓中，2015）。在 20 世纪 90 年代初，短时期内，中东欧各国急速开放价格与市场，实行浮动汇率制度，允许各种所有制企业进入市场，掀起了大规模的私有化浪潮，国家陷入转型危机。2004 年之后，一些中东欧国家纷纷加入欧盟，这使得各个国家的政党，政党内部的各派别失去合作的基础和目标，政府频繁发生更迭，波兰、捷克、匈牙利和斯洛文尼亚、罗马尼亚都在入盟后不久发生了政府变动，中东欧国家又陷入了加入欧盟后危机。2008 年以后，一些中东欧国家货币全面贬值，股价跳水，银行相继倒闭，经济陷入困境，各国又陷入欧元区主权债务危机。多重危机反映出中东欧国家在社会、经济、文化领域存在的深刻矛盾，这些矛盾不时地会爆发，直接影响国家的政治经济政策。

可见，在"一带一路"建设过程中，沿线国家会出现各类不同的问题，或者是机遇，或者是困境，或者是危机，而这些情况的发生都是不确定，不可预见的，这会程度不同地影响"一带一路"建设的进程。在经济学上，偶然性因素，或随机干扰项的影响力是绝不可忽视的，它可直接决定或者改变一个现象或一个事件的预期结果。

4. 挑战之四：世纪性的基础设施建设工程

建设"一带一路"，软性要素是原则、制度、协议、合约等，硬性要素是铁路、公路、管道、线缆等基础设施。软性要素和硬性要素犹如汽车的"双轮"，对"一带一路"而言缺一不可。"一带一路"贯穿亚欧非大陆，覆盖的地域辽阔，涉及的人口众多，连接着东亚经济圈和发达的欧洲经济圈，要形成"带"，构成"圈"，就必须有"路"、有"线"、有机场、有港口、有口岸，有油气管道、输电网、跨境光缆等。而沿线气候地理环境差异大，地质结构复杂；国情域情差别显著，经济发展水平参差不齐，市场开放程度不一；一些国家政局变化频繁，政策变动性大，甚至内战冲突不断；一些地区国际恐怖主义、宗教极端主义、民族分裂主义势力和跨国组织犯罪活动猖獗，地区局势长期动荡。这都是"一带一路"基础设施建设的不利因素。

特别地，一些国家，尤其是一些大国的政界、学界对"一带一路"战略的认知、理解不尽相同，对这一战略意图的信任程度也有深有浅。例如，印度尼赫鲁大学专门从事中国问题研究的学者狄伯杰（B. R. Deepak）就曾质疑（林民旺，2015）："一带一路"既能引发人们的期许，也让人们产生了怀疑，这一倡议与古代的丝绸之路之间是否存在某种关联？可否将其理解为中国外交目标的多元化？可否理解为中国对美国太平洋伙伴关系协定的一种对抗策略？可否理解为中国旨在挑战美国霸主地位，重塑地缘政治，再造全球经济构架？印度另一学者维杰·沙胡加（Vijsy Sakhuja）也认为（林民旺，2015），"一带一路"可能有助于中国海军进入并立足印度洋，它可能导致中国恣意侵入印度的后院南亚，这应是中国化解"珍珠链战略"① 的说辞。美国也有观点（赵进军等，

---

① 珍珠链战略，是国外一些媒体制造的一种"中国威胁论"，意指中国正通过援助、支持等方式在海外获取军舰停泊基地，主要包括缅甸、柬埔寨、巴基斯坦、孟加拉国、泰国等国家的部分港口或机场，这些国家在地图上联系起来犹如一串珍珠，故有此名称。事实上，中国的援助并不参与主权管理，中国尚未建立海外海军基地，所涉国家也没有中国加强海军力量的证据。

2015）：中国的"一带一路"就是在对抗美国的亚太再平衡战略①，是在与美国争享陆上和海上空间权力，是在亚洲地区进行一场去美国化的运动。俄罗斯政界也有人认为：中国的"一带一路"是对俄罗斯中亚主导地位的挑战，一旦实施将会使俄的地区政治影响力衰退，也会使俄罗斯能源垄断地位被摧毁。在东南亚，赵进军等（2015）认为，"一带一路"是中国版的"马歇尔计划"②，其实施可能抵消美国的再平衡战略，确立中国的地区主导权，从而使东盟的作用消弭，令东盟国家失去地区领导权，故东南亚各国应持选择性参与态度，与中国保持适距离。已有研究表明，有些国家已在对"一带一路"战略采取反制措施（林民旺，2015）。

所有这些，都会对"一带一路"基础设施的建设产生负面影响，都可能阻滞着工程的进度。而且，"一带一路"基础设施建设投资大、周期长、收益慢，在很大程度上依赖有关国家的政治稳定和合作态度。因而，基础设施建设是"一带一路"战略实施面临的又一重大挑战。

五、结语

"一带一路"遵循国际通行规则，奉行自觉自愿的准则，通过建设，达到各类资源和要素的有序流动和合理配置，实现参与国家和地区多领域的互利共赢，这是一个美好的愿望，是一个宏大的战略构想。近年，中国政府一直通过高层引领推动，签署合作框架，推动项目建设，完善政策措施，发挥平台作用等手段积极促进这一战略落地实践。但是，需要清楚，"一带一路"不可能一蹴而就，它需要国际社会长时期的通力合作，需要长期努力，建设的过程漫长而又艰难，充满机遇、风险、挑战和各种变数。

---

① 2012 年 6 月 3 日，美国国防部长帕内塔在香格里拉对话会上提出了"亚太再平衡战略"，即美国将在 2020 年前向亚太地区转移一批海军战舰，届时美军 60% 的战舰会部署在太平洋上，目标是利用中国周边国家对中国发展的担忧来加固美国在亚太的战略地位。该战略被认为是对美国重返亚太的进一步充实。

② 马歇尔计划（The Marshall Plan），官名为欧洲复兴计划（European Recovery Program），因时任美国国务卿乔治·马歇尔而得名，内容是美国在战后对遭战争重创的西欧各国进行经济援助、协助重建。该计划于 1947 年 7 月正式启动，持续 4 年。这段时期内，西欧各国通过参加经济合作发展组织（OECD）等形式总共接受了美国技术、设备、金融等各种形式的援助共计约 130 亿美元。

参考文献：

[1] 李晓敏，李春梅：《"一带一路"沿线国家的制度风险与中国企业"走出去"的经济逻辑》，《当代经济管理》2016年第3期，第8－14页。

[2] 林民旺：《印度对"一带一路"的认知及中国的政策选择》，《世界经济与政治》2015年第5期，第42－57页。

[3] 刘传春：《"一带一路"战略的质疑与回应——兼论人类命运共同体构建的国际认同》，《石河子大学学报》2016年第1期，第43－48页。

[4] 刘卫东：《"一带一路"战略的认识误区》，《国家行政学院学报》2016年第1期，第30－34页。

[5] 谭晶荣，王丝丝，陈生杰：《"一带一路"背景下中国与中亚五国主要农产品贸易潜力研究》，《商业经济与管理》2016年第1期，第90－96页。

[6] 喻海虬：《"一带一路"北线的贸易效用分析——中国、俄罗斯、欧盟三个经济体的贸易关联度分析》，《财经研究》2016年第1期，第26－28页。

[7] 赵进军，王国庆，龚婷等：《"一带一路"与周边外交》，《公共外交》2015年第3期，第63－67页。

[8] 朱晓中：《中东欧国家转型过程中的三重危机》，《俄罗斯学刊》2015年第6期，第18－28页。

[9] 邹嘉龄，刘春腊，尹国庆等：《中国与"一带一路"沿线国家贸易格局及其经济贡献》，《地理科学进展》2015年第5期，第598－605页。

（原载于《经济经纬》2017年第1期）